Josef Dirnbeck

Das Buch von den Engeln

Josef Dirnbeck

Das Buch von den Engeln

Von wunderbaren Mächten, die uns schützen und leiten

Pattloch

Bibliografische Information der Deutschen Bibliothek
Die Deutsche Bibliothek verzeichnet diese Publikation in der Deutschen Nationalbibliografie; detaillierte bibliografische Daten sind im Internet über http://dnb.ddb.de abrufbar.

Umschlaggestaltung: Atelier Lehmacher, Friedberg (Bay.)
Satz, Layout und Herstellung:
Hartmut Czauderna, München
Druck und Bindung: GGP Media GmbH, Pößneck
Printed in Germany

ISBN 3-629-01673-1

Inhaltsverzeichnis

Einleitung

Worin besteht die Substanz der Seele? Ist sie Luft? Wind? Ein Hauch? Eine Flamme? Sicherlich nichts von alledem, denn das alles ist körperlich, und die Seele ist unkörperlich. Wir erkennen das Wesen unserer Seele nicht vollkommen oder vielmehr, wir erkennen es überhaupt nicht. Obgleich wir das Wesen unserer Seele nicht erkennen, möchten wir doch die Natur der Engel erkennen. Trotz unserer Nachforschungen vermögen wir sie nicht zu begreifen.

(Johannes Chrysostomus)

»Engel – gibt's die?« – So grundsätzlich, wie sie klingt, war die Frage gar nicht gemeint, mit der der schwedische Regisseur Lars Magnus Lindgren Anfang der sechziger Jahre die Leute scharenweise ins Kino lockte. In seinem Film *Änglar, finns dom?* wurde gar nicht nach der Existenz himmlischer Wesen gefragt, da ging es um eine sehr irdische Liebesgeschichte.
Auch der *Blaue Engel*, der im gleichnamigen Film mit Marlene Dietrich und Emil Jannings für Irrungen und Wirrungen eines biederen Pädagogen sorgt, leibt und lebt höchst real. Er schwebt nicht in höheren Sphären, sondern ist ein Engel zum Anfassen.

»Engel – gibt's die?«

Für die Unterhaltungsindustrie ist es gar keine Frage, dass es Engel gibt. Sie käme überhaupt nicht ohne sie aus. Im Kino gibt es Legionen von Engeln. Einen Engel mit dem Flammenschwert und einen Engel mit dem Saitenspiel. Einen Engel mit der Mörderhand und einen Engel mit den blutigen Flügeln. Den Engel mit der Posaune und den Engel mit der Trompete. Den Engel, der ein Teufel war, und den Engel, der seine Harfe versetzte. Engel des Satans und Engel der Hölle. Engel auf heißem Pflaster und eiskalte Engel. Engel der Gejagten und Engel der Halbstarken. Engel, die ihre Flügel verbrennen, und Engel im Abendkleid. Engel des Alltags und Engel der Nacht. Engel aus Eisen und ein Engel namens Levin. Die Engel von Sankt Pauli und drei Engel für Charlie – um nur einige wenige zu nennen.

Aber es sind nicht nur Engel im *übertragenen* Sinn, die die Produkte der Traumfabrik beleben. Auch die richtigen Engel kommen nicht zu kurz. Nicht nur in Bibelfilmen herkömmlicher und neuerer Bauart dürfen sie auf Leinwand und Bildschirm erscheinen, auch in der seriösen Cinema-World haben sie ihren großen Auftritt. Mit dem bissig-gesellschaftskritischen und gleichzeitig unheimlichen und bedrohlichen *»Würgeengel«* hat Luis Buñuel ebenso Kinogeschichte geschrieben wie Pier Paolo Pasolini mit seiner politisch-religiösen Parabel *»Teorema«*.

Nicht bloß menschliche Gefühle, sondern sogar eine richtig irdische Liebesgeschichte mutete der deutsche Regisseur Wim Wenders einem der beiden Engel zu, die er in seinem poetischen Kinomärchen *»Der Himmel über Berlin«* im Jahr 1987 in die damals noch geteilte Stadt an der Spree kommen ließ. Die beiden von Bruno Ganz und Otto Sander gemimten Engel sind himmlische Wesen, die es wagten, anderer Meinung zu sein als ihr oberster Chef. »Damiel« und »Cassiel« haben ein Herz für die Menschen, während Gott sich wegen der Schandtaten, die die Menschen in der Zeit des Nationalsozialismus verübt haben, von der Menschheit abgewandt hat. In ihrer radikalen Sehnsucht nach der Welt der Menschen machen diese Engel freilich auch die Güte und Menschenfreundlichkeit des Schöpfers sichtbar und offenbaren die andere, die weltzugewandte Seite Gottes, der nicht nur ein strenger Richter aller Sünder ist.

In einer Starbesetzung mit Meg Ryan und Nicolas Cage in den Hauptrollen hat Hollywood unter der Regie von Brad Silberling das Wenders-Thema neu in Szene gesetzt: Die Herzchirurgin Maggie Rice wird durch den unerklärlichen Tod eines Patienten auf dem OP-Tisch tief verunsichert. Seth, ein Engel, dessen eigentliche Aufgabe darin bestand, den Sterbenden ins Jenseits zu begleiten, verliebt sich in Maggie, gibt sich ihr sichtbar zu erkennen, ja verliert ihr zuliebe sogar seine Unsterblichkeit und damit seine Unverletzlichkeit ... – ein Film, der Millionen von Zuschauern in die Kinos lockte.

Aber auch in der Popmusik haben die Engel sichtbare Spuren hinterlassen: »There must be an angel playin' with my heart ...«, singt die Sängerin Annie Lennox von den Eurythmics und Millionen Fans liegen ihr zu Füßen.

Engel im Kino, Engel in der Popmusik, Engel in der Kirche, Engel in den Schaufenstern der Buchhandlungen. Engel in Kunstgalerien und auf Christkindlmärkten, Engel in Esoterikläden und im Internet. Engel, Engel, Engel. Die himmlischen Boten sind allgegenwärtig, wie es scheint.

»Engel sagen Ihre Zukunft voraus ...« – »Nehmen Sie Kontakt zu Ihrem Engel und zu Ihren Schutzgeistern auf ... – »Kartenlegen, Hellsehen, Wahrsagen, Traumdeutung oder Engelskontakte. Rufe an oder registriere dich für den Chat oder eine E-Mail-Beratung ...« – »Handgearbeitete Geschenke, Engel und Glasbonbons aus Venedig und Murano ...« – »Engel und über 2000 Artikel echt Erzgebirge, Räucherfiguren, Osterhasen, Blumenkinder, Nussknacker, Engel, Bergmänner, Schwibbögen, Weihnachtspyramide, Räuchermänner, Spieldosen, Fensterbilder, Dekorations- und Geschenkideen für das ganze Jahr ...«

Wohin man auch blickt, überall findet man Engel.

Nur im *Glaubensbekenntnis* sucht man Engel vergebens. Da wird zwar ein gewisser Pontius Pilatus namentlich erwähnt, aber keiner von den Engeln. Weder Michael noch Gabriel noch Rafael. Nicht einmal das Wort Engel kommt vor. Von den himmlischen Heerscharen ist im »Credo« höchstens indirekt die Rede – nämlich dort, wo gesagt wird, dass der Schöpfer des Himmels und der Erde nicht nur eine sichtbare, sondern auch eine *unsichtbare* Welt erschaffen hat.

Anders im »Gloria«. In diesem feierlichen Lobgesang sind die Engel unüberhörbar. Da werden jene berühmten Worte zitiert, mit

denen die Engel in Bethlehem anlässlich der Geburt des lange erwarteten Retters den Frieden auf Erden ausgerufen haben: »Ehre sei Gott in der Höhe und Friede den Menschen auf Erden ...« (Lk 2,14).
Auch in den dreimal täglich erklingenden Angelus-Glocken, die die Gläubigen aufrufen, das Angelus-Gebet – den »Engel des Herrn« – zu beten, findet sich ein Nachhall der zentralen Ereignisse der Heilsgeschichte: »Der Engel des Herrn brachte Maria die Botschaft ...«

Die unsichtbare Seite der Schöpfung

Beim »Sanktus« der Heiligen Messe werden nicht nur die Worte zitiert, mit denen die Engel in der Vision des Propheten Jesaja die Gegenwart Gottes ehren (vgl. Jes 6,3), da werden die Gläubigen sogar aufgefordert, mit den Engeln mitzusingen. »Darum singen wir mit den Engeln und Erzengeln, den Thronen und Mächten und mit all den Scharen des himmlischen Heeres«, heißt es am Ende der so genannten Präfation – eines Gebetes, das in den Gesang des dreimaligen »Heilig« mündet. Aber der Kontakt, in den die sichtbare Welt und die unsichtbare Welt beim Gottesdienst miteinander treten, ist in Wirklichkeit noch viel enger, als ein Außenstehender ahnt. Im Schuldbekenntnis, das gleich zu Beginn der Messe gesprochen wird, kommen die Engel ebenfalls vor. Das »Confiteor«, wie dieses Gebet herkömmlicherweise genannt wird, ist ein sichtbarer Ausdruck dafür, dass zwischen der »streitenden« Kirche auf Erden und der »triumphierenden« Kirche im Himmel eine »Gemeinschaft der Heiligen« besteht. Die feiernde Gemeinde weiß sich mit der unsichtbaren Welt innig verbunden.
Das Schuldbekenntnis ist der einzigartige Fall, dass in einem liturgischen Gebet nicht nur Gott, Engel und Heilige, sondern im selben Atemzug auch *Menschen* angesprochen werden. Hier fleht der sich seiner Sündhaftigkeit bewusste Christenmensch nicht nur seine himmlischen Verbündeten um Fürbitte an, sondern wendet

sich auch an seine Mitchristinnen und Mitchristen, die während des Gebetes neben ihm stehen, und fordert sie auf, das Gleiche zu tun: »Darum bitte ich die selige Jungfrau Maria, alle Engel und Heiligen und *euch*, Brüder und Schwestern, für mich zu beten bei Gott, unserem Herrn.«

Bildlich dargestellt findet sich diese Gemeinschaft zwischen Menschen und Engeln auf den Gemälden, die Fra Angelico geschaffen hat – ein Dominikanermönch, der schon vom Namen her eine innige Beziehung zu dem erkennen ließ, was er malte: »Fra Angelico« heißt auf Deutsch »Bruder Engelgleich«. Auf seinen Bildern sind die Seelen der Auferstandenen zu sehen, wie sie in Form eines Reigentanzes zu den Toren des himmlischen Jerusalem ziehen. Je ein Seliger und sein Schutzengel wechseln in dem Reigen ab.

Bei einer so geballten Ladung von Bezügen zwischen Engeln und Menschen mag es überflüssig oder gar frivol erscheinen, wenn man die Frage stellt, ob alle, die so beten oder die Worte des Glaubensbekenntnisses sprechen, wirklich auch glauben, was sie sagen. Aber die Frage muss erlaubt sein. Schon deshalb, weil schon Jesus so gefragt hat. »Lippenbekenntnis? Nein, danke ...« – So gütig und verständnisvoll, sanftmütig und menschenfreundlich der Nazarener auch sein mochte, aber Heuchler brachten ihn auf die Palme. Nicht jeder, der zu ihm sagte: »Herr, Herr«, hatte bei ihm einen Stein im Brett. Pharisäismus war für Jesus ein rotes Tuch. Jegliche Art von Verlogenheit war ihm ein Dorn im Auge, *religiöse* Verlogenheit jedoch reizte ihn bis zur Weißglut. »Der Prophet Jesaja hatte Recht mit dem, was er über euch Heuchler sagte«, donnerte er die Pharisäer und Schriftgelehrten an: »Dieses Volk ehrt mich nur mit den Lippen, sein Herz aber ist ferne von mir ...« (Mk 7,6).

Was halten die Gläubigen von den Engeln? Glaubt jeder, der zur Kirche gehört, alles, was das Lehramt sagt? Glauben wenigstens die, die nicht nur einen Taufschein besitzen, sondern auch regelmäßig zum Gottesdienst kommen, dass es Engel gibt?

»Woran glauben die Deutschen?« – Nicht forsche Reporter, denen es nur um die Sensation geht, sondern die katholischen Bischöfe waren es, die es ganz genau wissen wollten. Darum hatten sie beim Allensbacher Institut für Demoskopie eine Studie in Auftrag gegeben, in der erforscht wurde, wie die deutschen Katholiken ihr persönliches Verhältnis zu Kirche und Religion einschätzen.
Die Oberhirten waren interessiert zu erfahren, was ihre Schäfchen von der Pastoral ihrer Hirten halten: ob und worüber sie etwas zu meckern haben und wie weit sie sich mit der offiziellen Haltung der Kirche in zentralen Glaubensfragen identifizieren oder ob sie mit ihr im Clinch liegen.
Wer es für selbstverständlich gehalten hätte, dass Menschen, die sich zum christlichen Glauben bekennen, allesamt an die Existenz Gottes glauben, konnte gleich bei der ersten Frage sein blaues Wunder erleben. Nicht hundert Prozent der Katholiken, sondern nur 86 % stimmten dem Satz zu, mit dem das Glaubensbekenntnis beginnt: »Ich glaube an Gott ...«. 6 % bekannten, dass sie *nicht* an Gott glauben. 8 % antworteten ausweichend.
Bezüglich der Engel ergab die Studie, dass nur 42 % der deutschen Katholiken an die Existenz von Engeln glauben. 38 % sind davon überzeugt, dass es keine Engel gibt. Die restlichen 20 % wollten sich nicht festlegen *(vgl. »Woran die Deutschen glauben. Umfrageergebnis: Hoffnungsschimmer oder Desaster?« Kirche In Nr. 6/ Juni 2003)*. Mit anderen Worten: Jeder zweite Katholik zwischen Hamburg und Passau, Essen und Dresden glaubt nicht an Engel.
Ein anderes Bild ergibt sich, wenn man die Grenzen Deutschlands überschreitet und die benachbarten Ländern zu einem Vergleich heranzieht. Noch einmal anders sehen die Dinge aus, wenn man nicht nur die Einstellungen konfessionell gebundener Kirchenmitglieder – Katholiken, Protestanten, Orthodoxe usw. – ins Visier nimmt, sondern herauszufinden versucht, wie die Gesamtbevölkerung über diese Dinge denkt.
Leider gibt es hierzu keine flächendeckende Studie mit exakten

Zahlen, sondern nur verschiedene Einzelstudien, die mit unterschiedlichen Methoden erarbeitet wurden und nicht alle von gleicher Aussagekraft sind. Aber wenn man dies berücksichtigt und die Ergebnisse miteinander verknüpft und entsprechend hochrechnet, dann lässt sich sagen, dass – grob geschätzt – nur noch 40 % der Menschen in Westeuropa an einen persönlichen Gott glauben. Hingegen sind es 60 %, die nicht daran zweifeln, dass es Engel gibt. Mit anderen Worten: Zwischen Lissabon und Wien, Palermo und Oslo glauben im ersten Jahrzehnt des Dritten Jahrtausends um die Hälfte mehr Menschen an *Engel* als an Gott.
Die prominente Meinungsforscherin Elisabeth Noelle-Neumann liegt selbst voll im Trend, wenn sie bekennt *(Christ in der Gegenwart Nr. 29/1. Juni 2003)*: »Mehrfach in meinem langen Leben habe ich die Erfahrung einer Begegnung mit Engeln gehabt, aber nie die Erfahrung einer Nähe von Gott.«

Wege und Irrwege

»Heiliger Schutzengel mein, / lass mich dir empfohlen sein! / Steh in jeder Not mir bei, / halte mich von Sünden frei, / führe mich an deiner Hand / in das himmlische Vaterland!«
So lautete ein im 19. und im 20. Jahrhundert populäres und beliebtes *Kindergebet zum heiligen Schutzengel*, mit dem brav erzogene Kinder, ehe sie abends zu Bett gingen, den Tag beschlossen – falls sie nicht darauf vergaßen.
In den Jahren nach 1968 galt es in linken Kreisen als schick, den antiautoritär und selbstverständlich *nicht*religiös erzogenen Kindern in den WGs statt frommer Abendgebete den folgenden netten kleinen Spruch beizubringen: »Der Storch bringt nicht die Kinder, / die Torte macht nicht dick, / und einen Teufel gibt es nicht / in uns're Republik.« Mit »uns're Republik« war die DDR gemeint. Aber so ernst, dass sie sich gleich hundertprozentig damit identifizieren hätten müssen, nahmen Herr und Frau Achtundsechziger die Sache auch wieder nicht. Im Zweifelsfall blieb

man doch lieber »hüben«, in der real existierenden Bundesrepublik, auch wenn man diesen Staat massiv kritisierte und seine Politik von Herzen ablehnte, statt nach »drüben« zu gehen, in die Deutsche Demokratische Republik, wo ein Sozialismus ablief, der weder von Ochs noch Esel aufgehalten werden konnte.
Verfasst wurde das Gedicht angeblich von Bertolt Brecht, wobei »angeblich« hier wortwörtlich zu verstehen ist: Die Leute, die den Vierzeiler mündlich verbreiteten, gaben an, es handle sich um ein *Kinderlied von Brecht*. Aber nicht nur die Bibel wird oft falsch zitiert. Bei Brecht haben die vier Zeilen die Überschrift »Aberglaube« – und vor allem: die zweite Zeile lautet ganz anders. Im Original heißt es: »Die Sieben bringt kein Glück« *(vgl. Bert Brecht: Aberglaube. In: »Kinderlieder«, 1956)*. Den Satz mit der Torte wird man in Brechts Gesammelten Werken vergeblich suchen. Es wäre ja auch ziemlich absurd, Kindern auf witzige Weise allerlei Aberglauben ausreden zu wollen und ihnen gleichzeitig einzureden, dass Torte nicht dick mache. Bekanntlich ist das Gegenteil wahr.
Nun könnte man darüber rätseln, welcher Teufel wohl schuld gewesen sein mag, dass diese Kalorienbombe ins sozialistische Kinder-Credo hineinplatzen konnte. Aber da in jener Zeit der Teufel abgeschafft war, wird es vermutlich ein Mensch gewesen sein, der sich hier einen kleinen Scherz erlaubt hat, über den dann auch andere amüsiert schmunzelten – und der nächste, der nur noch die parodistisch veränderte Fassung kannte, hat den Vierzeiler eben in diesem Wortlaut blauäugig weiterverbreitet, ohne die subversive Seite der Textänderung zu bemerken.
Immerhin hatte sich der hübsche Vierzeiler plötzlich in einen echt ätzenden Kommentar zu den realen Verhältnissen im sozialistischen Nachbarstaat verwandelt: Wenn es tatsächlich stimmt, dass Torte dort nicht dick macht, dann natürlich nur deshalb, weil der dünne Vetter in der DDR eben nicht so viel zu futtern hat wie der fette im Westwirtschaftswunderland.
In einer Republik, in der es keinen Teufel gab, durfte es klarerweise auch keine Engel geben – nicht einmal dann, wenn es sie gab. Darum war es nur konsequent, dass man den ideologisch

wackeren Versuch gewagt hat, den Engeln durch politisch korrekte Sprache den Garaus zu machen. Und es begab sich Wundersames. In der Deutschen Demokratischen Republik waren Weihnachtsengel eines Tages keine Weihnachtsengel mehr, sondern wurden als »Jahresendflügelpuppen« [*geflügelte Puppen zum Jahresende*] gehandelt. Genützt hat die kabarettreife Wiedertäuferei freilich wenig. Die Engel waren zählebiger. So zählebig und unverwüstlich wie das weihnachtliche Kitschritual der Tante Milla in Heinrich Bölls berühmter Erzählung »Nicht nur zur Weihnachtszeit« aus dem Jahr 1951, bei dem ebenfalls ein Engel eine zentrale Rolle spielt.

Silbrig und rotwangig oder im Kampfanzug

»Die Hauptattraktion am Weihnachtsbaum meiner Tante Milla waren gläserne Zwerge, die in ihren hocherhobenen Armen einen Korkhammer hielten und zu deren Füßen glockenförmige Ambosse hingen. Unter den Fußsohlen der Zwerge waren Kerzen befestigt, und wenn ein gewisser Wärmegrad erreicht war, geriet ein verborgener Mechanismus in Bewegung, eine hektische Unruhe teilte sich den Zwergenarmen mit, sie schlugen wie irr mit ihren Korkhämmern auf die glockenförmigen Ambosse und riefen so, ein Dutzend an der Zahl, ein konzertantes, elfenhaft feines Gebimmel hervor. Und an der Spitze des Tannenbaumes hing ein silbrig gekleideter rotwangiger Engel, der in bestimmten Abständen seine Lippen voneinander hob und ›Frieden‹ flüsterte, ›Frieden‹ ...« *(Heinrich Böll: Nicht nur zur Weihnachtszeit, Verlag Kiepenheuer & Witsch, Köln 1981).*

Doch was besagt es schon, wenn Brauchtum, Nostalgie und geschickte Vermarktung Engelsvorstellungen am Leben halten, die nichts oder nur sehr wenig mit dem zu tun haben, was die *Religionen* mit der Rede von Engeln meinen? Jahr für Jahr wandern Millionen von Schokoosterhasen über die Ladentische, aber es wäre doch wohl etwas voreilig, daraus zu schließen, dass jeder, der diese in Stanniolpapier verpackten Figuren süß findet, an den Oster-

hasen glaubt. Muss einer, der ein aus 44 Karten bestehendes »Heilorakel der Engel« kauft und sich davon Antworten und Anregungen für sämtliche Krisenfälle des Lebens erwartet, deswegen gleich ernsthaft an Engel glauben?
»Operation Jesus« heißt ein Science-Fiction-Roman, den der spanische Bestseller-Autor Juan José Benitez verfasst hat. Darin wird erzählt, wie ein Mann aus dem 20. Jahrhundert aus nächster Nähe miterlebt, was sich im Jerusalem des Jahres 30 abgespielt hat. Auf Getsemani, als Jesus in Todesangst betet und Blut zu schwitzen beginnt, schlafen die Jünger. Nicht so der Zeitreisende. Er hat die Augen offen und kann ganz genau sehen, wie der tröstende Engel per Ufo einschwebt. »Beinahe im gleichen Augenblick, als der weiße Lichtzylinder die Lichtung berührte, erschien eine menschliche Gestalt – zumindest kam es mir so vor – auf der Steinplatte und näherte sich dem Rabbi. Sie drehte mir den Rücken zu. Sie musste einen mächtigen Körper haben, denn als sie zum Meister gelangte, verdeckte sie ihn mit ihrem Leib. Ich konzentrierte meine ganze Aufmerksamkeit auf diese Gestalt. Sie war sehr groß. Viel größer als Jesus. Möglicherweise erreichte sie etwas mehr als zwei Meter. Sie war nicht wie wir angezogen. Ihre Kleidung erinnerte mich im Gegenteil an die der Kampfpiloten der US Air Force, wenn sie auch einen viel engeren Schutzanzug trug, der intensiv metallisch glänzte. Obwohl ringsum völlige Stille herrschte, konnte ich kein Wort hören. Ich weiß nicht, ob die beiden miteinander sprachen. Als Einziges vermochte ich wahrzunehmen, dass dieses Wesen den rechten Arm bewegte und Jesus entgegenstreckte, während dieser wohl immer noch auf den Knien lag.« *(Juan José Benitez: Operation Jesus. Der Augenzeugenbericht eines Zeitreisenden von den letzten elf Tagen des Jesus von Nazareth, Scherz-Verlag, Bern 1993).*
Engel als außerirdische Astronauten, die ohne störende Flügel-Accessoires mittels einer Raumkapsel vom Himmel zur Erde düsen – wäre das womöglich die von Religionspädagogen erwünschte Art, jungen Menschen von heute die Wirklichkeit der Engel nahe zu bringen, die durch die Bilder auf kitschigen Andachtsbildchen eher verdeckt als vermittelt wird?

»Engel ist die Bezeichnung des Amtes, nicht des Wesens. Dem Wesen nach sind sie Geister, dem Amte nach Engel, dann nämlich, wenn sie gesandt werden«, sagte der Theologe und Kirchenlehrer Augustinus. Müsste nicht gerade ein Christ, dem sein Glaube etwas wert ist, viel unnachsichtiger sein und nicht den geringsten Etikettenschwindel dulden, wenn ihm Engelsvorstellungen zugemutet werden, die so lichtvolle und erhabene Geschöpfe Gottes auf die Ebene von Zinnsoldaten herunterholen? Ist nicht auch das ernst gemeinte Bild vom Schutzengel, der ein Kind umschwebt, das auf einem Holzsteg ohne Geländer einen reißenden Wildbach überquert, eine unzulässige Verniedlichung?
Doch die kitschigen Verniedlichungen sind nur die eine Seite. Die *nicht*-verniedlichenden Engelsvorstellungen sind gleichfalls nicht unproblematisch. Niemand wird behaupten wollen, dass die Bibel Vorstellungen von den Engeln enthält, die mit der christlichen Glaubenslehre unvereinbar wären. Aber steht nicht oft auch die Art und Weise, *wie* die Bibel von Engeln redet, dem Verständnis dessen im Wege, *wovon* sie eigentlich redet?

Sie haben Flügel und fliegen nicht

Die Bibel lesen heißt noch lange nicht die Bibel verstehen. Gerade bei Bibelstellen, in denen von Engeln erzählt wird, merkt man sehr schnell, dass diese Texte von Menschen geschrieben wurden, die ein anderes Wirklichkeitsverständnis hatten als wir.
Nach dem biblischen Weltbild war der Weg vom Himmel zur Erde überschaubar und erfreulich kurz. Da war die Erde eine schwimmende Scheibe, über die sich das blaue Firmament wölbte, und über diesem *sichtbaren* Himmel befand sich – wie in einem oberen Stockwerk – der eigentliche Himmel, in dem Gott und die Engel wohnten. In solchen Größenverhältnissen konnte eine Leiter genügen, um den Abstand zwischen Himmel und Erde zu überbrücken. Aber welche Leiter wäre imstande, in einem Milliarden von Lichtjahren großen Universum Verbindung zwischen dem gewal-

tigen Himmel und irgendeinem winzigen Planeten im Sonnensystem zu schaffen?
Und überhaupt: In welche Richtung müsste sie angelegt werden? Wo ist in diesem gigantischen Wirbel von rotierenden Galaxien eigentlich »oben« und »unten«? Und wie lange wären Engel, die solcher Leitern bedürfen, unterwegs?
Es musste nicht erst ein Juri Gagarin kommen und in kreuzbravem Atheismus verkündigen, er sei mit seinem Raumschiff oben gewesen und habe nichts von dem gesehen, was die Frommen in ihrer törichten Phantasie dort oben als existent vermuteten. Die Widersprüche und Unstimmigkeiten, die die Bildersprache der Bibel erzeugt, fielen kritischen Augen schon auf, ehe die ersten Raketen ins All geschossen wurden und der erste Sputnik die Erde umkreiste.
Kaiser Leopold I. war keineswegs der Erste, dem es auffiel und der es merkwürdig fand. Aber er war wohl der einzige Politiker, dem jemals in so witziger Weise zu verstehen gegeben wurde, dass diese plumpe, sich an Äußerlichkeiten festmachende Kritik an den Engeln der Sache nicht gerecht wird.
Der österreichische Monarch, so berichtet eine Anekdote, besuchte eines Tages das Kloster der Barfüßer-Augustiner in Wien und ließ sich vom Prior alle Räume des Klosters zeigen. Als der Kaiser in die Kirche geführt wurde, fiel ihm das Bild auf, auf dem die Jakobsleiter zu sehen war. Der Maler hatte eine Reihe von geflügelten Engeln dargestellt, die auf der Leiter vom Himmel herniederstiegen. Leopold I. betrachtete das Bild mit großer Aufmerksamkeit und wandte sich an den Prior. »Wie kommt es denn«, wollte er vom Vorsteher des Klosters wissen, »dass die Engel auf der Leiter herabklettern, obwohl sie doch Flügel haben?« Der Prior machte ein betroffenes Gesicht und sah seine Mönche an, die ebenfalls ein betroffenes Gesicht machten. Aber weder er noch die Mönche wussten eine Antwort. Da trat ein junger Novize vor und sagte zum Kaiser: »Eure Majestät! Die Engel werden damals gerade in der Mauser gewesen sein.«
Kaiser Leopold und die Mönche, heißt es, sollen über diese Poin-

te herzlich gelacht haben, und es wird wohl auch nicht ganz verkehrt sein, wenn man vermutet, dass sich der Monarch, als man ihm sagte, wie der witzige junge Kleriker hieß, gedacht haben dürfte: Den Namen wird man sich merken müssen. Tatsache ist jedenfalls, dass er sich den Namen merkte und Abraham a Sancta Clara später zum Hofprediger machte.

Engel mit Flügeln, die nicht fliegen, sondern eine Leiter benützen? Die Maler haben sich nichts Besonderes dabei gedacht. Engel sind nun einmal Gestalten mit Flügeln, und das mit der Leiter steht in der Bibel. Was sollten sie also machen? Und überhaupt, von wegen Realität: der biblische Erzähler sagt ja ausdrücklich, dass es sich um einen *Traum* handelte, in dem der Erzvater Jakob all diese Dinge sah (vgl. Gen 28,12). Und im Traum, das weiß jedes Kind, sieht man oft Dinge, die es in Wirklichkeit gar nicht gibt. Trotzdem war der Traum kein Schaum, sondern hatte einen Sinn – und die Bibel verrät uns sogar, welchen. Dem Erzvater Jakob ging in dieser Situation auf, dass er in der Gegenwart Gottes lebte.

»Furcht überkam ihn, und er sagte: Wie ehrfurchtgebietend ist doch dieser Ort! Hier ist nichts anderes als das Haus Gottes und das Tor des Himmels. Jakob stand früh am Morgen auf, nahm den Stein, den er unter seinen Kopf gelegt hatte, stellte ihn als Steinmal auf und goss Öl darauf. Dann gab er dem Ort den Namen Bet-El [*Haus Gottes*].« (Gen 28,17–19)

Auch Abraham a Sancta Clara war bibelfest genug, um zu wissen, dass die Szene mit der Himmelsleiter ein Traumbild war. Eine ernsthafte Nachfrage, warum die Engel zu Fuß gingen, obwohl sie hätten fliegen können, erübrigte sich demnach – und die Antwort, die der wortgewaltige Kanzelredner der Barockzeit dem Kaiser gab, ist nichts weiter als die charmant verpackte Botschaft: »Frag nicht so blöd! Merkst du denn nicht, dass es um anderes geht?«

Engel, die eine Leiter brauchen, um vom Jenseits ins Diesseits zu kommen, gibt's nur im Traum – gut und schön. Aber die Bibel erzählt noch ganz andere Dinge von Engeln, die keineswegs symbolisch gemeint sind und von denen zumindest der Erzähler überzeugt war, dass sie sich wirklich so abgespielt haben, wie er sie erzählt, obwohl sie eine Zumutung für den gesunden Menschenverstand sind.

Löwen, Esel, elektrischer Strom

Da fasst zum Beispiel ein Engel einen Propheten namens Habakuk, der sich gerade ein Mittagessen gekocht hat, am Schopf (vgl. Dan 14,36) und versetzt ihn samt der warmen Mahlzeit kurzerhand von Judäa nach Babylon, wo ein anderer Prophet hungrig in einem Loch sitzt, umgeben von hungrigen Löwen, die ihm aber wunderbarerweise nichts tun.

Wenn man darüber nachdenkt, wie viele wunderbare Dinge geschehen müssen, bis Daniel in der Löwengrube endlich seine Suppe auslöffeln kann, dann könnte man vielleicht fragen, ob es nicht auch auf einfachere Weise möglich gewesen wäre, einem unschuldig Verfolgten ein Essen zukommen zu lassen – zumal der erhöhte Aufwand, der nötig war, um den hungrigen Propheten in der Löwengrube zu sättigen, vom Betroffenen selber gar nicht gewürdigt wird. Daniel schickt zwar, wie sich's gehört, ein Dankgebet zum Himmel, doch sein Gebet ist von überraschender Nüchternheit. Es fällt ihm nicht ein, für diese erstaunliche Kette von glücklichen Fügungen zu danken, die die göttliche Vorsehung extra um seinetwillen zustande gebracht hat. Er reduziert das Eingreifen der himmlischen Macht lediglich auf den Punkt einer *nicht*-unterlassenen Hilfeleistung, die die Verlässlichkeit Gottes unter Beweis stellt: »Gott, du hast also an mich gedacht. Du lässt die nicht im Stich, die dich lieben« (Dan 14,38).

Dem Propheten genügt es zu konstatieren, dass er wieder einmal erfahren durfte, dass Gott mit ihm ist und für ihn sorgt. Aber dem *Erzähler* genügt das nicht. Man merkt seiner Schilderung an, dass es ihm offensichtlich Freude macht, diesen Akt göttlicher Fürsorge durch auftrumpfende Übertreibung zu unterstreichen, gleichsam nach dem Motto: Je komplizierter, desto besser. Statt sich damit zu begnügen, mit seiner Geschichte schlicht und einfach zu sagen, dass dort, wo die Not am größten ist, Gottes Hilfe am nächsten ist, macht der biblische Erzähler ein riesiges Blow-up. Die kleine barmherzige Geste, dass einem Gefangenen Essen gebracht wurde, wird zur großen Enthüllungsstory. »Our Lord is the greatest« – lautet die Botschaft. Je aufwändiger die Hilfe ist, die der Herr denen zuteil werden lässt, die ihn lieben, umso besser kann man sehen, dass kein anderer als unser Gott der Größte ist.

Um diesen Zweck zu erreichen, muss ein Prophet im wahrsten Sinne des Wortes an den Haaren herbeigezogen werden – und damit das *eine* imposante Wunder geschehen kann, müssen noch ein paar zusätzliche Wunder geschehen, die im Grunde noch viel wunderbarer sind als das eigentliche Wunder.

Die Strecke zwischen Judäa und Babylon – oder in heutigen Begriffen gesprochen: zwischen Israel und Irak – ist selbst für schnelle Militärflugzeuge keine Quantité négligeable. Der Engel schafft es jedoch in null komma nichts, und da der überschallschnelle Flug offensichtlich fast mit Lichtgeschwindigkeit vonstatten gegangen sein muss – noch dazu ohne Schutzanzug, Druckausgleich, Sauerstoffmaske etc. –, mussten weitere technische und physikalische Probleme, von denen der Erzähler gar nichts ahnte, erst einmal gelöst worden sein.

»Engel – gibt's die?« – Ja schon, aber man fragt sich: Wo ist da die Grenze zum Märchen vom fliegenden Teppich? Will denn die Bibel nicht schon von ihrem Ansatz her etwas anderes sein als so etwas wie »Tausendundeine Nacht für Fromme«? Gänzlich bei den Gebrüdern Grimm scheint man angelangt zu sein, wenn man die Geschichte von Bileam liest (vgl. Num 22,22–35). Hier wird nicht nur von einem Engel erzählt, der sich einem auf einem Esel reitenden Gottesmann in den Weg stellt, hier wird einem auch noch eine Eselin zugemutet, die sprechen kann.

Am Ende wundert man sich über gar nichts mehr. Von der Eselin, der der Herr den Mund auftut, damit sie dem Herrn Propheten eine erbauliche Moralpredigt halten kann, bis zum Engel, der selbst in Gestalt eines Esels erscheint, ist es dann nur ein kleiner Schritt.

Anna Katharina Emmerick hat ihn gesehen, den Engel in *Eselsgestalt,* der mit Maria und Josef von Nazareth nach Bethlehen mitging. Die westfälische Visionärin, deren innere Schauungen vom Dichter Clemens von Brentano zu Papier gebracht wurden, sah außer dem vom Nährvater Josef geleiteten Esel, auf dem die schwangere Gottesmutter saß, auch noch einen *zweiten* Esel mitgehen; und dieser Esel war ein Engel, der die Aufgabe hatte, dem trauten hochheiligen Paar den richtigen Weg zu weisen.
Natürlich darf das, was eine fromme Frau, die die Wundmale Christi am Leib trug, in frommer Phantasie vor sich sah, nicht den gleichen Anspruch auf Wahrheit erheben, den die Bibel erhebt – auch wenn manche Kreise den Emmerick-Visionen eine schier höhere Autorität zubilligen wollten als der Bibel und immer wieder versucht wurde, die Erkenntnisse der Bibelwissenschaft aufgrund der Privatoffenbarungen dieser Frau zu korrigieren. Aber wir müssen gar nicht so weit in die Kirchengeschichte oder gar ins Münsterland gehen. Auch in der Bibel selbst liegen genug Stolpersteine für heutige Leser. Nicht nur die altertümlichsten Teile des Alten Testaments, sondern auch die Schriften des Neuen enthalten Berichte über Engel, die sich beim besten Willen nicht mit dem modernen, naturwissenschaftlich geprägten Weltbild in Einklang bringen lassen.
Im Neuen Testament begegnet uns zum Beispiel ein Engel, der von Zeit zu Zeit vom Himmel in den Teich von Betesda herniedersteigt, um dort das Wasser in Heilwasser zu verwandeln: »In Jerusalem gibt es beim Schaftor einen Teich, zu dem fünf Säulenhallen gehören; dieser Teich heißt auf Hebräisch Betesda. In diesen Hallen lagen viele Kranke, darunter Blinde, Lahme und Verkrüppelte, die auf die Bewegung des Wassers warteten. Ein Engel des Herrn aber stieg zu bestimmter Zeit in den Teich hinab und brachte das Wasser zum Aufwallen. Wer dann als Erster hineinstieg, wurde gesund, an welcher Krankheit er auch litt.«
Spätere Textzeugen fügen zur Erklärung dieses Phänomens diese Verse ein. Da sie im ursprünglichen Text nicht enthalten sind, sucht der Leser sie in einigen Übersetzungen vergeblich. An ande-

rer Stelle berichtet der Evangelist Matthäus von einem Engel, der den Rollstein, mit dem man das Felsengrab verschlossen hat, in dem Jesus beigesetzt wurde, wegwälzt und sich anschließend draufsetzt (vgl. Mt 28,2). In der Apostelgeschichte erscheint ein Engel, der den mit Ketten gefesselten Petrus aus dem Kerker befreit (vgl. Apg 12,7).
Die biblische Botschaft in Ehren, aber muss jeder, der bereit ist, sie als Wahrheit zu akzeptieren und sein Leben nach ihr auszurichten, auch die Art und Weise akzeptieren, in die diese Wahrheit sprachlich und gedanklich gekleidet wurde? Rundheraus gefragt: Muss man wirklich alles und jedes, was einem da erzählt wird, für bare Münze nehmen? Täte man nicht gerade um der erhabenen Wirklichkeit jener Wesen willen, die wir Engel nennen, besser daran, bloß das »Kerygma« – wie der griechische Fachausdruck für die von der Bibel verkündete *Botschaft* lautet – herauszuarbeiten und all diese oft reichlich befremdenden *mythologischen Vorstellungsweisen* konsequent beiseite zu lassen, die die biblischen Autoren benutzt haben bzw. ihrem altertümlichen, vorwissenschaftlichen Weltbild gemäß benutzen mussten?
Der Theologe Rudolf Bultmann (1884–1976) war ganz entschieden dieser Meinung. »Man kann nicht elektrisches Licht und Radioapparat benutzen, in Krankheitsfällen medizinische und klinische Mittel in Anspruch nehmen und gleichzeitig an die Geister- und Wunderwelt des Neuen Testamentes glauben«, meinte er *(Rudolf Bultmann: Neues Testament und Mythologie, in: H. W. Bartsch, Kerygma und Mythos, Hamburg [2.Aufl.] 1951. S.18)* – und mit solchen kühnen Sprüchen hatte der evangelische Neutestamentler keineswegs eine Zerstörung der biblischen Botschaft im Sinn, sondern das genaue Gegenteil. Das von ihm propagierte Programm einer *»Entmythologisierung«* wollte in Wirklichkeit nichts anderes als den Kern der biblischen Botschaft freilegen und dem modernen Menschen verständlich machen.

Trotzdem hat sich Bultmann getäuscht. In den vielen Jahrzehnten, die seit der Entmythologisierungsdebatte vergangen sind, hat sich gezeigt, dass der moderne Mensch sehr wohl imstande ist, elektrischen Strom zu benutzen und die Segnungen der modernen Intensivmedizin in Anspruch zu nehmen, und trotzdem an Engel zu glauben.

Die Vernunft ist nicht das Maß aller Dinge. Schon Blaise Pascal (1623–1662) hat gesagt: »Das Herz hat seine Gründe, von denen der Verstand nichts weiß.«

Die Engel sind immer noch da. Sie leben als Urbilder in den Tiefenschichten der Seele. Man muss sie nicht erst lange erklären und begründen. Jeder versteht sie. Ihr Licht ist stärker als das Licht elektrischer Glühbirnen.

Auch im 20. und 21. Jahrhundert machen Menschen Erfahrungen, die sie zur Überzeugung gelangen lassen: Ich bin einem Engel begegnet.

I.
»Muss ich auch wandern in finsterer Schlucht ...«
oder:
Die Engel sind da

Muss ich auch wandern
in finsterer Schlucht,
ich fürchte kein Unheil;
denn du bist bei mir ....

(Psalm 23,4)

1. Sie singen noch immer

Alles Sichtbare ist nur die äußere Gestalt, in die sich ein Unsichtbares hüllt.

(Gertrud von Le Fort)

Der Prediger, der am Fest des heiligen Michael in Oxford auf die Kanzel stieg, war sich ganz sicher. »Es gibt eine zweifache Welt, die sichtbare und die unsichtbare«, sagte er. »Die Welt, die wir *nicht* sehen, ist ebenso wirklich da wie die Welt, die wir sehen. Sie ist uns ebenso innig nahe wie die Welt, die wir sehen.«
Kardinal John Henry Newman (1801–1890) war noch lange kein Kardinal – ja, nicht einmal Katholik, als er diese Worte sprach. Er gehörte noch der anglikanischen Kirche an, als er diese viel beachtete Predigt hielt, die man bald auch in gedruckter Form nachlesen konnte *(John Henry Newman: Parochial and Plain Sermons, London 1834)*.

Goldene Worte in Oxford

»Rings um uns sind zahllose Wesen, die kommen und gehen, wachenden Auges, wirkend oder wartend, ohne dass wir sie sehen. Das ist eine Welt, die das Auge nicht erreicht, sondern einzig der Glaube. Der allmächtige Gott ist weit wirklicher und absoluter da als irgendeiner der Mitmenschen, deren Dasein uns durch die Sinne vermittelt wird. Man redet gewöhnlich so, als ob die andere Welt nicht jetzt, sondern erst nach dem Tod Gegenwart wäre. Aber nein: sie ist *jetzt* da, obschon wir sie nicht sehen. Sie ist mitten unter uns und umschließt uns. Wir stehen in Beziehung zu ihr und haben Anteil an ihr.
Wir wissen, dass das Vergehen der sichtbaren Welt das Hervortreten der unsichtbaren Welt sein wird. Wir wissen: das, was wir se-

hen, ist wie eine Zwischenwand, die uns Gott und Christus, seine Heiligen und Engel verbirgt. Und in tiefem Ernst ersehnen und erflehen wir die Auflösung allen dessen, was wir sehen, weil uns nach dem verlangt, was wir *nicht* sehen.«

In einem anderen Zusammenhang sagt Newman: »Ich betrachte die Engel als die wirklichen Ursachen der Bewegung des Lichtes, des Lebens und jener elementaren Prinzipien des physischen Universums – und nicht bloß als Diener, die vom Schöpfer in der jüdischen und christlichen Offenbarung verwendet werden.« Der Theologe aus dem 19. Jahrhundert ging sogar so weit, von den Engeln als von den »verborgenen Maschinisten des Weltalls« zu sprechen: »Die Natur ist nicht seelenlos. Ihr tägliches Wirken atmet Intelligenz. Sie gehorcht Befehlen, die sie empfangen hat. Wohin wir auch blicken, alles erinnert uns an jene Wesen voller Gnade und Heiligkeit, Diener des Höchsten, die geruhen, sich in den Dienst der Erben der Verheißungen zu stellen.«

John Henry Newman verstand es, mit poetischen Worten auszumalen, was diese Engelerfahrung bedeutet: »Bei jedem Lufthauch, bei jedem Licht- und Wärmestrahl, vor jedem Anblick der Schönheit berühren wir die Fransen, sehen wir das wallende Gewand jener, die Gott von Angesicht schauen.« Man hat durchaus nicht den Eindruck, dass hier ein überspannter Schwärmer redet oder ein wundersüchtiger Phantast, der das Gras wachsen hört. Es ist eher der brüderliche und geschwisterliche Geist eines Franz von Assisi, der Newmans Predigt durchatmet und ihn drängt, die Schöpfung zu umarmen.

»Ich stelle mir einen Gelehrten vor«, sagt er. »Er ist dabei, eine Blume, einen Grashalm, einen Stein, einen Lichtstrahl zu zergliedern. Wie tief ergriffen müsste sich dieser Mann fühlen, wenn er plötzlich unter diesen sichtbaren Formen ein verborgenes mächtiges Wesen entdecken würde, das ihnen ihre Schönheit, Anmut, Vollkommenheit verliehe!

Wie unangenehm ist es uns, wenn wir jemanden achtlos mit dem Ellbogen gestoßen haben oder ihm auf den Fuß getreten sind. Nicht dass wir glauben, ihn beleidigt zu haben, wir sind uns ein-

fach eines Mangels an Achtung bewusst. Wie viel Dinge stecken in einem Grashalm, einer Blume, die uns überraschen und überwältigen!
Es kann sein, dass unser Wissen ebenso groß ist wie dasjenige des genialsten Botanikers; was wissen wir jedoch im Vergleich zu jenen *unsichtbaren* Gelehrten, in deren Augen unsere höchste Wissenschaft nichts als Unwissenheit ist? Darum sollten wir in unserem Nachdenken über die Dinge der Natur, in der Wiederholung der Namen und in der Beschreibung der Eigenschaften der Wesen an jene großen Diener Gottes denken, die uns hören, und uns nicht ohne ehrfürchtiges Zögern auszudrücken wagen, so wie wir es in Gegenwart von Menschen tun, die gelehrter sind als wir.
Man glaube ja nicht, es handle sich dabei um eine Fantasie-Andacht! Wenn uns die Heilige Schrift von den Engeln spricht, so tut sie es gewiss nicht ohne Grund, und ich sehe meinerseits nicht ein, wie sich unser Verstand nützlicher beschäftigen könnte, als wenn er das Bild dieser materiellen Welt mit einer anderen Welt verbände.«

Die Sache mit der Nadel

Für den Chemiker war der Fall klar. In einer modernen Welt war kein Platz für Engel. Man lebte schließlich nicht mehr im Mittelalter. Keiner, der Augen im Kopf hatte, konnte leugnen, wie herrlich weit es die Menschheit durch Forschung und Wissenschaft gebracht hatte. Gar nicht auszudenken, wie weit sie es erst hätte bringen können, wenn auch schon die Gelehrten früherer Zeiten ihr Hirnschmalz für den Fortschritt eingesetzt hätten, statt die Zeit damit zu vergeuden, tief schürfende Überlegungen über die Existenz oder Nichtexistenz irgendwelcher geflügelter himmlischer Wesen anzustellen.
Ganz bestimmt wären so nützliche Dinge wie Kunstdünger oder Fleischextrakt schon viel früher erfunden worden, und die Welt hätte nicht erst auf einen wie ihn warten müssen, bis diese segensreichen Errungenschaften ihren Siegeszug antreten konnten.

Justus von Liebig (1803–1873) konnte sich richtig empören, wenn er sich vorstellte, wie sehr das finstere Mittelalter den Fortschritt blockiert hatte. In den »Chemischen Briefen« aus dem Jahr 1844 – einer Aufklärungsschrift, die als Lektüre für ein breites Publikum gedacht war – ließ er seinem Unmut freien Lauf.

Die Entwicklung des menschlichen Geistes sei praktisch »ein Jahrtausend lang unterbrochen« gewesen, und die Wissenschaft biete den traurigen Anblick eines »in den seltsamsten Windungen verkrüppelten Baumes«, konstatierte der Forscher. So wie ein Baum verkümmern muss, wenn er durch äußere Einflüsse im Wachstum gehindert wird, »so verkümmerten die edelsten Kräfte in den Formen einer spitzfindigen Dialektik«, heißt es im vierten der »Chemischen Briefe«.

»Männer von anerkanntem Ruf und Gelehrsamkeit schrieben Bücher und Traktate über Gewitter und über Blutregen, worin von allem andern, nur nicht von der *Erklärung* dieser Naturerscheinung die Rede war«, sagt Liebig und beklagt, dass sie sich statt dessen herauszufinden bemühten, »welches Alter und Kleid der Engel hatte, welcher der heiligen Jungfrau die himmlische Botschaft ausrichtete, ob es im Paradies auch Exkremente gegeben habe, ob die Engel griechisch oder hebräisch sprechen oder wie viel tausend Engel auf einer Nadelspitze Platz hätten, ohne sich zu drängen«. In den Augen des deutschen Chemikers waren dies Fragen und Untersuchungen, »welche in unserer Zeit als gültige Beweise von Verstandesverwirrung und Narrheit angesehen werden würden«.

Justus von Liebig war nicht der Einzige, dem die spitzfindigen Debatten mittelalterlicher Theologen verrückt erschienen. Der Psychoanalytiker Theodor Reik (1888–1969) schlug in die gleiche Kerbe. Dem prominenten Schüler von Sigmund Freud waren frappante Ähnlichkeiten zwischen religiösen Gedankengebäuden und den Zwangsideen psychiatrischer Patienten aufgefallen, die er 1927 in der Studie »Dogma und Zwangsidee« beschrieb. Die Frage nach den Engeln auf der Nadelspitze erschien dem Seelenforscher geradezu ein Musterbeispiel an realitätsfremder Absurdität.

Sogar in den Schriften von Marx und Engels, wo man sie wohl am allerwenigsten suchen würde, begegnet einem die ominöse Frage, wie viele Engel auf einer Nadelspitze Platz haben. In einem Kommentar für eine englische Zeitung kritisierte Karl Marx einmal gewisse Vorschläge, die William Ewart Gladstone gemacht hatte *(»The People's Paper« vom 16. April 1853).* Marx warf dem britischen Politiker »Finanzgaukelei« und »abscheuliche Börsenscholastik« vor und zitierte genüsslich einen Ausspruch von Benjamin Disraeli, der gesagt hatte, die Vorschläge Gladstones – seines politischen Gegenspielers – würden ihn an die feinsinnigen Erörterungen erinnern, wie viele Engel auf einer Nadelspitze tanzen können.

Nicht nur skeptischen Wissenschaftlern von gestern und vorgestern ist die Frage nach den Engeln auf der Nadelspitze grotesk und weltfremd erschienen. Auch Studenten von heute wird sie als Musterbeispiel für eine unnütze und überflüssige Diskussion und für sinnlose Haarspalterei vorgeführt.

Auf der »Userpage« der Freien Universität Berlin gibt es eine Anleitung, in der beschrieben wird, was Anfängerinnen und Anfänger zu berücksichtigen haben, wenn sie zum ersten Mal in ihrem Leben – etwa in einem Proseminar – ein Protokoll verfassen müssen *(userpage.fu-berlin.de/~boulang/proseminar/techniken/Goetze-Protokoll.htm).*

Ein Protokoll sei dazu gedacht, den Interessierten, die nicht an der Sitzung teilnehmen konnten, den Inhalt zu vermitteln, heißt es da. Besonders zu beachten sei, dass der Verfasser oder die Verfasserin des Protokolls bei Zusammenfassung der Wortmeldungen das, was gesagt wurde, nicht werten darf: »Auch wenn man selber es tooooodlangweilig oder suuuuuuuuperblöd fand, dass sich das Seminar eine halbe Stunde an der Frage der transzendentalen Möglichkeit der Existenz von Engeln auf einer Nadelspitze beschäftigt hat – dieser Punkt muss trotzdem mit der der Diskussion gebührenden Ausführlichkeit ins Protokoll aufgenommen werden!«

Solche und solche Experten

Jeder weiß es. Jeder hat es schon einmal gehört. Jeder glaubt es ganz genau zu wissen. Da hat es also tatsächlich Theologen gegeben, die nichts Besseres zu tun hatten, als sich über eine so verrückte Frage den Kopf zu zerbrechen: Wie viele Engel können auf einer Nadelspitze tanzen? Spitzfindig ist die Frage in jedem Fall. Aber möglicherweise ist sie leichter zu beantworten als die vergleichsweise simple Frage: Wo bitte hat jemand jemals im Ernst über eine solche Frage diskutiert? Vielleicht ist die verrückte Story, die man sich schon seit vielen Generationen erzählt, gar nicht wahr. Oder es war alles ganz anders. Sollte es sich womöglich nur um eine Scherzfrage gehandelt haben, deren feine Ironie nicht erkannt wurde?

Jeder weiß es: Theologie ist eine ernsthafte Sache. Aber man darf nicht vergessen: Theologiestudenten sind auch nur Menschen. Nichts Menschliches ist ihnen fremd. Je mehr ihnen die Köpfe vom vielen Studieren rauchen, umso größer der Spaß, die abgehobenen Argumentationen ihrer Dozenten zu parodieren. Ernsthaft diskutieren kann man schließlich über alles, und sei das Thema auch noch so blöd.

Spurensuche im Engelkrimi. Tatort Universität. Tatzeit Spätmittelalter. Eine Szene wie bei Carl Orff. »In taberna, quando sumus ...« – volle Kanne in der Kneipe. Die fahrenden und sesshaften Scholasten sind nicht nur von *Wissens*durst geplagt. Auch die mit der Tonsur in der Frisur zechen, was das Zeug hält. In demselben trockenen Ton, den sie in ihrer Dogmatik-Vorlesung gehört haben und den sie satt haben bis oben hin, wälzen sie Probleme, die gar keine sind. Theologisches L'art pour l'art – und wenn kein Tropfen im Becher mehr ist, kommt erst recht Metaphysik auf: Dann wird »materia prima« nachgeschenkt.

An den Nachbartischen wundert man sich, wie gut drauf die Jungkleriker heute wieder sind. Kein Wunder: Einer von ihnen ist auf die Idee gekommen, die Engel einer *Nadel*probe zu unterziehen. Die theologische Nachwuchsmannschaft feixt und schlägt sich amüsiert auf die Schenkel – und die anderen, die den Sarkasmus nicht verstehen, weil sie von der höheren Mathematik der Dogmatik keine Ahnung haben, tippen sich an die Stirn. »Engel auf einer Nadelspitze? Das darf doch nicht wahr sein! Die spinnen, die Römer ...«

Im Ernst: Wenn es wirklich wahr wäre, dass es scharenweise Gottesgelehrte gab, die nichts lieber taten, als dieses Problem mit der Nadelspitze nach allen Regeln der Kunst zu erörtern, dann müsste es ein Leichtes sein, die Täter zu ermitteln. Wer waren denn diese Theologen? Wo haben sie gelebt? Wie viele Stunden lang haben sie disputiert – und vor allem: zu welchen Ergebnissen sind sie gekommen? Haben sie herausgefunden, wie das ist bei den Engeln: Sind es Millionen, die auf einer Nadelspitze Platz haben, ohne zu drängeln? Oder sind es nur zwei oder drei? Sind es unendlich viele oder schafft es nicht einmal einer?

Täter hinterlassen Spuren. Das weiß jeder Krimileser. Ein Gerücht allein macht noch kein Delikt. Selbst die Nürnberger hängen keinen, sie hätten ihn denn. Alles klar, Herr Kommissar? Also schön, in welchem Keller liegt denn die Leiche? Es wird doch um Gottes willen herauszufinden sein, in welcher Bibliothek die Schriften zu finden sind, in denen man die Ergebnisse des tief schürfenden Scharfsinns jener Engelforscher schwarz auf weiß nachlesen kann.

Das Internet wäre nicht das Internet, wenn dort nicht auch schon heftig über diese Fragen diskutiert worden wäre. Zum Beispiel im »Experten-Forum« von »www.wer-weiß-was.de«, wo zigtausend registrierte Benutzer ihr Wissen austauschen können. Und so wird's gemacht: Wer über ein bestimmtes Thema etwas wissen möchte, dem wird von denen, die sich auskennen, Auskunft gegeben. Dafür stellt er dann als Gegenleistung sein eigenes Expertenwissen zur Verfügung, um anderen Usern bei Themen zu helfen, mit denen *er* sich auskennt. »hallo, ich hab mir sagen lassen, dass es bei den scholastikern ne menge dazu zu lesen gibt ...« – solche und ähnliche Wortmeldungen konnte man im erwähnten Experten-Forum zur Frage nach den Engeln auf der Nadelspitze lesen. Aber

wer denn nun wirklich diese mittelalterlichen Finsterlinge waren, die sich mit derlei haarsträubenden Haarspaltereien herumschlugen, und in welchen Schriften man ihre geistigen Ergüsse nachlesen kann, das wusste keiner der Experten so genau zu sagen.
Immerhin gab es eine heiße Spur in diesem Engel-Krimi. Sie führte zum berühmtesten Theologen des Hochmittelalters: zu Thomas von Aquin. Der Mann hatte doch zu allem und jedem etwas geschrieben, auch eine ganze Menge über das Thema Engel. Wetten, dass im Heuhaufen seiner »Summa theologiae« irgendwo auch das mit der Nadel zu finden ist?
Nicht schlecht kombiniert. Doch nicht immer ist der, der am meisten der Tat verdächtigt wird, tatsächlich der Täter. Vielleicht wäre es hilfreich gewesen, zu einer anderen Website zu surfen. Unter »www.bistum-augsburg.de« kann jedermann nachlesen, was der Augsburger Bischof Viktor Josef Dammertz zum Thema zu sagen weiß. Das Expertenwissen, über das dieser Mann verfügt, hat er in einer Ansprache dargelegt, die er im Jahr 2003 im Rahmen eines Universitätsgottesdienstes gehalten hat – am Fest des mittelalterlichen Theologen und Kirchenlehrers Thomas von Aquin. Dammertz wörtlich: »Wie viele Engel haben auf einer Nadelspitze Platz? Diese Frage wurde in der Vergangenheit immer wieder als Beleg für die These angeführt, die Theologie als Ganze und Thomas von Aquin im Besonderen würden sich in ihrem Denken in Distinktionen und subtilen Feinheiten verlieren, die für die Welt und das Leben überhaupt keine Relevanz hätten. Allerdings hat Thomas von Aquin diese Frage, die ihm von jungen Theologiestudenten brieflich gestellt wurde, niemals beantwortet. Im Gegenteil: Er hat es abgelehnt, überhaupt auf sie einzugehen. Denn sie ist sinnlos. Aber Thomas hat es nicht bei einer einfachen und schroffen Ablehnung belassen. Er hat vielmehr philosophisch und theologisch begründet, warum diese Frage letztlich unsinnig ist.«

Engel? Für den Musiker war der Fall sonnenklar. Er sagte es ganz unverblümt: »Ich glaube, dass es Engel gibt, denn mir ist einer begegnet.« Öffentlich darüber reden wollte er allerdings nicht. Das sei das Letzte, was er sich vorstellen könne. Von Talkshow zu Talkshow tingeln, um gelangweilten Fernsehzuschauern ein Häppchen Sensation zum Nachmittagskaffee zu liefern, nein danke. Dazu sei ihm das, was er erlebt hatte, viel zu heilig. Die Begegnung mit einem Engel sei etwas Intimes. Er würde auch nicht bereit sein, wildfremden Leuten von seiner ersten Liebesnacht zu erzählen. Davon abgesehen verspüre er keinen Drang in sich, andere von seiner Sicht zu überzeugen. Wer den Engel nicht sehen wolle, dem könne er auch nicht helfen.

»Mit den Engeln ist es wie mit der Musik«, sagte der Musiker, »man muss ein Ohr für sie haben. Ich kann mir den Mund fransig und fusselig reden, um jemandem zu erklären, wie schön die Jupitersinfonie ist, aber wenn ihm das Ohr nicht aufgeht, nützt alles nichts. Dann wird sich ihm nichts erschließen. Da könnte ich mit Menschen- und Engelszungen zu ihm reden, und die schönste Musik wird für ihn trotzdem nur klingen wie tönendes Erz und klingende Schellen.«

Er wisse das deshalb so genau, sagte der Musiker, weil es ihm auch so ergangen sei. Er habe ebenfalls die längste Zeit kein Ohr für Engel gehabt. Obwohl von Haus aus gläubiger Christ und von Kindesbeinen an in der Kirche aktiv, habe er mit Engeln nie viel anfangen können. Engel seien für ihn nichts weiter gewesen als Inventarstücke der abendländischen Kultur. Sie hätten einfach dazugehört – zur Welt, in der er aufgewachsen war, und zur religiösen Erziehung, die er genossen hatte. Aber sie hätten ihn »nie vom Hocker gerissen«. Im Gegenteil, die Rede von Engeln sei ihm eigentlich immer nur wie eine langweilige Pflichtübung erschienen, »am Rande der Verlogenheit«, wie er sich ausdrückte. Bei Bachs Johannespassion habe er immer ein wenig Bauchweh bekommen, wenn der Schlusschor erklang. Diese kitschige Vorstellung von

den lieben Engelein sei für ihn »schier unerträglich« gewesen, »nicht auszuhalten, wenn die Musik nicht so stark wäre«.
Aber seit seinem Erlebnis mit dem Engel habe sich das grundlegend geändert. Jetzt könne er sogar diesen schlichten und einfältigen Worten im Schlusschoral etwas abgewinnen: *»Ach Herr, lass dein lieb' Engelein am letzten End' die Seele mein in Abrahams Schoß tragen …«* Bach habe es völlig richtig erfasst. Je schlichter und kindlicher die Worte, umso gewaltiger und monumentaler die Musik. Es sei ein »gigantisches Urvertrauen«, dem der Thomaskantor hier Ausdruck verliehen habe, sagte der Musiker zu mir an jenem Dezemberabend, als wir uns zum ersten Mal trafen. »Aber ich will Ihnen was sagen, Herr Dirnbeck: Seit meinem Erlebnis mit dem Engel kann ich den Choral am Schluss der Johannespassion nicht mehr hören, ohne dass mir die Tränen kommen!«
Auch beim »Elias« von Felix Mendelssohn-Bartholdy bekomme er regelmäßig Herzklopfen und verspüre ein Würgen im Hals, wenn es im Terzett der drei Engel heißt: *»Er wird deinen Fuß nicht gleiten lassen, und der dich behütet, schläft nicht. Siehe, der Hüter Israels schläft noch schlummert nicht. Wenn du mitten in Angst wandelst, so erquickt er dich …«*
Ich möchte ausdrücklich betonen, dass ich keine Indiskretion begehe, wenn ich hier schildere, was mir jemand irgendwann einmal in einem katholischen Bildungshaus unter vier Augen erzählt hat. Es ist keineswegs so, dass ich hier frischfröhlich und ungeniert alles ausplaudern würde, was mein Gesprächspartner Hinz und Kunz vor der Glotze partout nicht preisgeben wollte. Der Mann hat mich ausdrücklich ermächtigt, über sein Erlebnis schreiben zu dürfen, wenn mir dies sinnvoll erscheine. Nur wollte er nicht mit Namen genannt oder so deutlich beschrieben werden, dass man sofort erkennen könne, um wen es sich handle. »Nicht auszudenken, wenn ich dann erleben müsste, wie die Leute auf der Straße zu tuscheln beginnen oder meine Kollegen zueinander sagen: Ach du liebe Zeit, das ist doch der mit dem Engel!«
Man wisse ja, wie die Geschichte ausgegangen sei, als die Brüder des ägyptischen Josef zueinander sagten: »Seht, da kommt der

Träumer!« Nicht dass er Angst hätte, irgendwelche übel wollende Mitmenschen würden ihn in eine Zisterne werfen wollen. Ihm gehe es einfach darum, seine intime religiöse Erfahrung nicht zu profanisieren, wobei ihm die Wundersüchtigen genauso suspekt seien wie die blanken Rationalisten. »Steht nicht irgendwo geschrieben, man soll das Heilige nicht den Hunden vorwerfen?«, sagte er. »Und die Perlen nicht vor die Säue«, erwiderte ich. »Stellen Sie sich vor, es hat nicht an Leuten gefehlt, die es gut mit mir meinten und die mir mein Erlebnis ausreden wollten! Sie verstehen schon, so nach dem Motto: Wer Visionen hat, gehört in eine geschlossene Anstalt ...« Ebendieses Unverständnis, das er mit seiner Geschichte geerntet hatte, sei es gewesen, das ihn zu größter Zurückhaltung veranlasst habe.

»Die Leute haben versucht mir einzureden, dass man das, was passiert ist, auch ganz anders erklären kann. Aber ich kann nur sagen: Was ich erlebt habe, habe ich erlebt, und seit ich es erlebt habe, bin ich einfach nicht mehr imstande, daran zu zweifeln, dass es Engel gibt, beim besten Willen nicht. Verstehen Sie?«

Das Gespräch zwischen mir und dem Musiker fand an einem besinnlichen Adventsabend statt, im Anschluss an eine Veranstaltung, an der ich mitgewirkt hatte. Zusammengebracht hatten uns – wenn man so sagen darf – die Engel. Die Engel von Bethlehem.

Wesen mit Weitblick

Unter dem Motto »Unterwegs zur Krippe« hatte ich an diesem Abend wie so oft im Advent meine »Texte zur Menschwerdung« vorgetragen. Der Musiker war einer der Zuhörer. Nach dem Ende der Veranstaltung ging er auf mich zu und fragte höflich, ob er mich etwas fragen dürfe. Der Mann war durchaus nicht mit dem Vorsatz zu meiner Lesung gekommen, mir von seinem Engelerlebnis zu erzählen. Er tat es fast widerwillig – eigentlich nur, weil ich ihn mit einer bestimmten Frage provoziert hatte. »Was macht Sie denn in Ihrem Urteil so sicher?«, hatte ich gefragt, weil er im

Verlauf unseres Gesprächs eine Bemerkung gemacht hatte, die mich hellhörig machte. Er hatte sich nämlich einigermaßen geringschätzig über Rainer Maria Rilke geäußert. »Dieser Rilke hat doch überhaupt keine Ahnung von Engeln! ›*Jeder Engel ist schrecklich*‹, sagt er. Aber das Gegenteil ist wahr! Engel sind beglückend ...«
Der Musiker konnte nicht wissen, was für offene Türen er damit bei mir einrannte. Ich hatte mich nie so recht mit den »Duineser Elegien« anfreunden können. Diese poetisch überhöhte Art, von Engeln zu reden, schien mir genauso unangemessen zu sein wie die verniedlichende und verharmlosende Tour. Für mich war das Kitsch in die andere Richtung, ein ästhetischer Egotrip, berauschend formuliert, aber religiös völlig belanglos, und ich hatte nie verstanden, wieso selbst kritische Theologen angesichts dieser Dichtungen von einem beeindruckenden »Zeugnis für die Engel« sprechen konnten, obwohl Rilke bekanntlich selbst zugegeben hat, die Engel in seinen Elegien hätten mit dem christlichen Himmel nichts zu tun. Die einzige Erklärung, die ich für diesen merkwürdigen Befund hatte, war der Verdacht, dass diese Leute, eingeschüchtert von der Unverständlichkeit einer exaltierten Sprache, sich gar nicht genau genug mit den Texten beschäftigt hatten und vorschnell für Gold hielten, was lediglich glänzte.
Kurz und gut: Bis zu diesem Adventsabend im Bildungshaus war ich immer nur Leuten begegnet, die voller Bewunderung von Rilke und seinen »Duineser Elegien« sprachen. Und nun saß ich jemandem gegenüber, der mir locker vom Hocker erklärte: »Dieser Rilke hat doch überhaupt keine Ahnung von Engeln!« Klar, dass mich interessierte, wie er dazu gekommen war, so trefflich zwischen Spreu und Weizen unterscheiden zu können. Den Musiker seinerseits hatte interessiert, was ich in meiner Lesung über die weinenden Engel gesagt hatte. Diese Geschichte war für ihn neu. Davon hatte er noch nie gehört, dass die Engel an der Krippe des neugeborenen Erlösers weinen. »Soviel ich weiß, sind es byzantinische Legenden, in denen das zum ersten Mal erzählt wurde«, sagte ich. »Aber den Gedanken, der diesen Legenden zugrunde liegt, können Sie in jeder besseren Dogmatik erörtert finden. Die

Engel als körperlose Wesen, als so genannte reine Geister haben ein anderes Erkenntnisvermögen als wir Menschen, die an Zeit und Raum gebunden sind und allen möglichen Einschränkungen unserer Wahrnehmungs- und Erkenntnisfähigkeit unterliegen. Engel sind demnach imstande, die Dinge, wenn sie beginnen, bereits von ihrem Ende her zu sehen ...«

In Bethlehem
sangen die Engel.
Sie sangen
vom Frieden
auf der Welt.

Sie sangen
aus Freude darüber,
dass mit der Geburt
dieses Kindes
der Frieden kommt,
und sie verkündeten
diese Freude.

So steht es
in der Bibel.

Aber uralte
christliche Legenden
wissen anderes
zu berichten.
Sie erzählen
von weinenden
Engeln.

Die Engel weinen
an der Krippe
des Jesuskindes.

Alle Menschen
freuen sich über den
neugeborenen Erlöser,
nur die Engel
verhalten sich
völlig entgegengesetzt.
Denn sie sehen,
was kommt.

Sie sehen das Kreuz,
sie sehen die Passion –
die Krippe
ist der erste Schritt.
Darum weinen die Engel.

Allerdings lachen sie dann
am Karfreitag.
Ausgerechnet dann,
wenn die ganze
Christenheit weint,
freuen sich die Engel.

Wiederum
wegen ihres Weitblicks.
Denn sie sehen,
was kommt.

Sie sehen
das leere Grab.
Sie sehen,
dass die Erlösung
vollendet ist.
Sie sehen,
dass das Leiden
ein Ende hat ...

Das Hauptaugenmerk meines Meditationstextes, von dem hier nur ein kleiner Ausschnitt zitiert ist *(»Was war los in Bethlehem?« In: Josef Dirnbeck, Wer zum Fest lacht, lacht am besten. Heitere und besinnliche Weihnachtstexte. Otto Müller Verlag, Salzburg 2000)*, gilt nicht diesem besonderen Erkenntnisvermögen der Engel. Die eigentliche Pointe ist der Gedanke an die Konsequenzen, die dieses Erkenntnisvermögen hat. Was hat es zu bedeuten, wenn Wesen von solchem Weitblick vom *Frieden* singen?
Mit anderen Worten: Der Weitblick der Engel gibt Anlass zur Hoffnung, dass sie vielleicht doch nicht so ganz ins Blaue hinein gesungen haben, als sie den Frieden auf Erden verkündeten.

In Bethlehem
sangen die Engel
die Botschaft
vom Frieden.

Jahrtausendelang.
Gestern. Heute.
Sie singen noch immer.

Sie singen
in friedloser Zeit.
Mitten in den Kriegen,
mitten im Terror –
mitten in Hass,
Angst, Gewalt
singen die Engel
vom Frieden.

Sie singen
gegen alle Erfahrung,
sie singen
gegen den Augenschein.
Aber sie singen. *(Josef Dirnbeck)*

Ein echter Engel sieht anders aus

»Kennen Sie John Updike?«, fragte mich der Musiker. – »Den amerikanischen Schriftsteller?« – »Jawohl.« – »Ich habe kaum etwas von ihm gelesen,« erwiderte ich wahrheitsgemäß, »jedenfalls viel zu wenig, um mir ein Urteil über ihn erlauben zu dürfen.« – »Updike versteht *auch* nichts von Engeln«, behauptete der Musiker. »Er ist zwar auf der richtigen Spur, aber so, wie er es macht, geht es nicht.«

In einem wenig bekannten Text, einem Gedicht über Ostern, habe John Updike den Finger auf einen wunden Punkt gelegt. Es sei typisch für die Gläubigen der heutigen Zeit, sich um die Realität des Übernatürlichen herumzuschwindeln. Zum Beispiel, indem sie sagen, all diese Dinge, von denen die Tradition der Religion erzählt, seien nur symbolisch zu verstehen.

Es habe ihm sehr gefallen, sagte der Musiker, dass Updike in diesem Zusammenhang sagt, wir sollten Gott »nicht mit Metaphern hänseln« und nicht irgendwelche Ausflüchte benutzen, sondern »durch die Vordertür ins Haus gehen«. Kurz und gut: Wenn wir schon an einen Engel glauben, dann sollte es ein *echter* Engel sein. Aber wenn man sich dann genauer ansehe, wie sich der Dichter einen echten Engel vorstellt, stünden einem die Haare zu Berge: »schwergewichtig wie Max Plancks Quanten und mit viel Haar«, »eine solide Masse«, »in echtes Leinen gekleidet, das aus einer echten Textilfabrik stammt ...« und so weiter. Es war nicht zu übersehen, wie genau sich der Musiker mit diesem Gedicht beschäftigt hatte, das ihn faszinierte und zugleich empörte. Er zitierte die einschlägigen Passagen wörtlich aus dem Gedächtnis und versprach, mir eine Fotokopie des Textes zu senden *(vgl. John Updike: Sieben Osterstrophen. In: »Telephone Poles and other Poems«, New York 1963. – Deutsch von Johann Hoffmann-Herreros. In: Spur der Zukunft. Moderne Lyrik als Daseinsdeutung, Mainz 1973).*

»Updike erinnert mich an Juri Gagarin«, sagte der Musiker, »denn er bewegt sich eigentlich auf dem gleichen Niveau wie dieser sowjetische Astronaut, der da sagte, er sei im Himmel gewesen und habe dort oben von Gott nichts gesehen. Das Anliegen, einen *echten* Engel erleben zu wollen, ist ein richtiges Anliegen. Aber diese massiv materielle Vorstellung geht jämmerlich daneben.«

»Vielleicht hat John Updike das mit dem Engel sarkastisch gemeint oder er wollte damit nur provozieren und zu weiterem Nachdenken anregen, wenn er einfach plakativ ausmalt, was herauskommt, wenn man die religiösen Bilder wörtlich nimmt«, wagte ich einzuwenden. »Denken Sie nur an die Propheten im Alten Testament; die sind genauso drastisch vorgegangen, wenn sie die Götzenbilder der Heiden kritisiert haben – und dies alles nur, um den Gläubigen zu sagen: Passt auf, liebe Leute, lasst euch nicht bluffen! Bilder sind nichts weiter als Bilder ...«

Aber diesen Einwand ließ mein Gesprächspartner nicht gelten. Wenn ich so anfinge, dann höre sich alles auf. Mit einer solchen Argumentation könne man alles und jedes rechtfertigen. Dann könnte man auch sagen, Rilke habe sein pathetisches Geschwafel über Engel ebenfalls nur sarkastisch gemeint. »Ich finde, die Dichter sollen gefälligst sagen, was sie meinen, und uns nicht mit Sarkasmen hänseln«, sagte der Musiker. »Oder sind Sie anderer Meinung, Herr Dirnbeck? Sie haben doch das, was Sie von den weinenden Engeln erzählen, auch nicht sarkastisch gemeint, sondern wollten damit etwas ganz Bestimmtes ausdrücken. Ich nehme an, Sie haben diesen Text geschrieben, um Ihren Zuhörern die Augen zu öffnen – ihnen zu helfen, den Blick zu weiten und mehr von der Wirklichkeit zu sehen als bloß das Vordergründige.«

Es versteht sich, dass ich dieser tief schürfenden Analyse nicht widersprechen konnte. Und dann erzählte mir der Musiker von der Begegnung mit dem Engel, die er hatte. Seine Schilderung war allerdings so kurz wie die Begegnung selbst, und ich nahm sie hin, wie sie war, ohne den Erzähler durch neugierige Fragen zu zwingen, weniger wortkarg zu sein, als er sein wollte.

Es geschah auf der Straße. Sonntagabend im Frühsommer. Kein Stau, aber eine endlose Blechlawine Richtung Stadt. Rückflutverkehr. Der Musiker war stadtauswärts unterwegs und fuhr zügig dahin. Zuerst freie Bahn, und dann das: Ohne jede Vorwarnung schert auf der Gegenfahrbahn einer aus der Kolonne aus und rast frontal auf ihn zu. Kein Beinaheunfall, sondern ein richtiger Crash. Frontal. Volle Pulle. Ausweichen unmöglich. Kein frommer Moment. Kein letztes Vaterunser. Nur der Gedanke: »Hilfe, ein Selbstmörder!« Und dann der Engel. Die Rettung. Das Wunder. Die Leute, die hinterher sein Auto abtransportierten oder das, was davon übrig geblieben war, wunderten sich nicht so sehr, dass er den Unfall überlebt hatte. Sie wunderten sich, dass einer ohne fremde Hilfe aus dieser Ziehharmonika von Blech herauskommen hatte können.

Er wunderte sich ebenfalls. Aber er *war* herausgekommen. Und er hatte nicht nur überlebt, sondern war vollkommen in Ordnung. Keine Wunden, keine Knochenbrüche. Nur ein paar Hautabschürfungen, die er gar nicht spürte. Die Schnittwunde an der Hand hatte er sich erst hinterher zugezogen, als er dummerweise in eine Glasscherbe griff. Aber das durfte man nicht dazurechnen, das war genau genommen bereits ein zweiter Unfall, ein ganz anderes Missgeschick.

Das Auto hatte einen Totalschaden erlitten. Er aber lebte. Er hätte schwerverletzt auf der Intensivstation liegen können. Es hätte sein Schicksal sein können, für den Rest seines Lebens an den Rollstuhl gefesselt zu sein. Er hätte sein Augenlicht verlieren können. Seine Hand hätte kaputt sein können, so dass er nie wieder in seinem Leben ein Instrument hätte spielen können. Aber ihm war kein Unheil widerfahren. Sein Fuß war an keinen Stein gestoßen. Und was noch unglaublicher war: Sogar der Schock blieb aus.

»Es war nicht so, dass ich mit dem bloßen Schrecken davongekommen wäre, wie man sagt. Da *war* nichts Schreckliches, da war nur ein unvorstellbares Glücksgefühl. Ich habe es körperlich gespürt: Ich wurde gehalten.«

2. In Nacht und Grauen

Der Engel mag uns weltfremd scheinen, ich glaube jedoch, dass jene weltfremder, blinder sind, welche die Welt nur als Verzweiflung sehen. Die Erde hängt nicht im Nichts, sie ist ein Teil der Schöpfung. Das ist ein Unterschied.
(Friedrich Dürrenmatt)

»Engel – gibt's die?« – für den SS-Mann war der Fall klar. Stundenlang hatte er zusammen mit seinem Kollegen im schalldichten Keller den wehrlos an einen Tisch gebundenen Gefangenen verdroschen. Aber irgendwann musste Schluss sein. Auch SS-Männer waren schließlich nur Menschen.
Die beiden Männer legten die Schlagstöcke beiseite. Sie konnten nicht mehr. Sie hatten sich zu sehr verausgabt. Sie mussten Feierabend machen. Aber für eine kleine Abschiedsrede reichten die Kräfte noch. »Schlafen können Sie heute Nacht nicht«, bekam der Gefolterte zu hören. »Sie werden beten, und es wird kein Herrgott kommen und kein Engel, Sie herauszuholen. Wir aber werden gut schlafen und morgen früh Sie mit frischen Kräften weiter verhauen.«

Nacht über Berlin

Der wüst verprügelte Jesuit Alfred Delp kannte die Bibel. Als sein Herr und Meister damals auf dem Ölberg in Jerusalem Blut schwitzen musste, war ein Engel gekommen, um ihn zu stärken. »Vater, wenn es möglich ist, dann gehe dieser Kelch an mir vorüber. Aber nicht mein Wille, sondern der deine soll geschehen«, hatte Jesus gebetet. Und dann – so berichtet das Lukasevangelium – »erschien ihm ein Engel vom Himmel und stärkte ihn« (vgl. Lk 22,43).
Auch zu den drei unerschrockenen jungen Männern in Babylon, die König Nebukadnezar in einen Feuerofen hatte werfen lassen,

weil sie sein goldenes Standbild nicht anbeten wollten, war ein tröstender Gottesbote gekommen.

»Der Engel des Herrn war zusammen mit Asarja und seinen Gefährten in den Ofen hinabgestiegen und trieb die Flammen des Feuers aus dem Ofen hinaus«, erzählt das Buch Daniel. »Er machte das Innere des Ofens so, als wehte ein taufrischer Wind. Das Feuer berührte sie gar nicht, es tat ihnen nichts zuleide und belästigte sie nicht« (Dan 3,49–50). – Würde auch jetzt ein Engel kommen, jetzt im August 1944, hierher nach Berlin ins Gefängnis?

Alfred Delp war kein Phantast. Der als Volksfeind verfolgte, brutal gefolterte und schließlich im Namen des deutschen Volkes verurteilte und hingerichtete Widerstandskämpfer wusste, dass der zynische NS-Scherge Recht hatte. Ihn erwartete eine schreckliche Nacht, gefolgt von einem schrecklichen Tag. Am nächsten Morgen würden sie wieder mit ihren Stöcken zuschlagen. Das war so sicher wie das Amen im Gebet. Darauf konnte sich der Priester verlassen. Der SS-Mann hatte es prophezeit, und es war bestimmt nicht gelogen. Ein Engel? Nein. Das 20. Jahrhundert war anders als die Welt der Bibel. Die Zeiten, da noch Engel vom Himmel stiegen und zu Weggefährten der Menschen wurden, waren vorbei.

Pater Delp kannte nicht nur die Heilige Schrift, er hatte auch Rainer Maria Rilke gelesen. Er kannte die Frage, mit der der Dichter die »Duineser Elegien« eröffnet: *»Wer, wenn ich schriee, hörte mich denn aus der Engel Ordnungen? Und gesetzt selbst, es nähme einer mich plötzlich ans Herz: ich verginge von seinem stärkeren Dasein …«*

Delp wusste, dass es keinen Sinn gehabt hätte, in seiner Situation nach einem Engel zu rufen. Wer, wenn er geschrien hätte, hätte ihn denn gehört? Die Zeiten, in denen damit zu rechnen war, dass Engel zu den Menschen kommen, waren vorbei. Niemand hat es besser zu sagen verstanden als jener feinsinnige Dichter damals auf Schloss Duino: *»Wohin sind die Tage Tobiae, da der Strahlendsten einer stand an der einfachen Haustür, zur Reise ein wenig verkleidet und schon nicht mehr furchtbar; Jüngling dem Jüngling, wie er neugierig hinaussah …«*

Zum jungen Tobias, der eine beschwerliche Reise antreten musste und in einer lebensgefährlichen Mission unterwegs war, *kam* ein Engel vom Himmel (vgl. Tob 5,4), und er wurde von ihm begleitet und beschützt. Aber zum Priester im Dritten Reich, der wegen seiner Verbindung zum Kreisauer Kreis des Grafen Moltke nach dem 20. Juli 1944 verhaftet wurde?

Petrus war auch verhaftet worden. Dem Chef der Urkirche war es genauso ergangen wie Pater Delp. Den hatte man eines Tages ebenfalls eingelocht, und als er dann, schwer bewacht und mit zwei Ketten gefesselt, im Kerker lag und die ganze Gemeinde für ihn betete, kam plötzlich ein Engel. In der Apostelgeschichte kann man den Bericht über den Vorfall nachlesen.

»In der Nacht, ehe Herodes ihn vorführen lassen wollte, schlief Petrus, mit zwei Ketten gefesselt, zwischen zwei Soldaten. Vor der Tür aber bewachten Posten den Kerker. Plötzlich trat ein Engel des Herrn ein, und ein helles Licht strahlte in den Raum. Er stieß Petrus in die Seite, weckte ihn und sagte: Schnell, steh auf! Da fielen die Ketten von seinen Händen. Der Engel aber sagte zu ihm: Gürte dich, und zieh deine Sandalen an! Er tat es. Und der Engel sagte zu ihm: Wirf deinen Mantel um, und folge mir! Dann ging er hinaus, und Petrus folgte ihm, ohne zu wissen, dass es Wirklichkeit war, was durch den Engel geschah. Es kam ihm vor, als habe er eine Vision.« (Apg 12,6–9)

Wäre es der berühmte »Kleinglaube« gewesen, den Jesus immer wieder tadelte, wenn Alfred Delp nicht im Ernst damit rechnete, dass ihm dasselbe widerfahren könnte wie Petrus? Oder hätte es ganz im Gegenteil bedeutet, »vermessentlich« auf Gottes Barmherzigkeit zu hoffen, wenn er jetzt, in dieser Situation, ein Gebet zum Himmel geschickt hätte mit der schlichten Bitte, ein Engel möge ins Gefängnis kommen und ihn befreien?

Die Himmelsleiter, auf der der biblische Erzvater Jakob die Engel auf- und niedersteigen sah (vgl. Gen 28,12), reichte vom Himmel bis zur Erde. Würde sie auch bis in die Hölle hinunterreichen, in die von Menschen produzierte Hölle der Nazis?

»Sie werden beten, und es wird kein Herrgott kommen und kein

Engel, Sie herauszuholen, wir aber werden gut schlafen und morgen früh Sie mit frischen Kräften weiter verhauen ...«
Dem blutschwitzenden Jesus wurde in der Nacht, in der sein Kreuzweg begann, ein Engel geschickt, aber der am Rücken blutende Jesuit würde allein bleiben mit seinen Schmerzen. – Oder doch nicht?

Vierzehn Engel am Kinderbett

»O liebe Herzmutter, was weinest du und warum machst du mir nochmals das Kreuz? Ich habe ja schon gebetet!«
»Lieber Johannes«, sprach sie hierauf, »ich mache dir immer das Kreuz und küsse dich, wenn ich schlafen gehe, dass dir Gottes und deiner Mutter Segen in der Nacht zugute komme. Aber du hast bisher immer schon geschlafen, wenn ich es tat, und wusstest es darum nicht ...«
Es klingt wie eine Geschichte aus dem Bilderbuch, und es ist tatsächlich eine Geschichte, wie sie im Buche steht. Im Buch eines romantischen Dichters. *»Aus der Chronika eines fahrenden Schülers«* ist der Titel einer Erzählung von Clemens von Brentano (1788 – 1842), in der – eingebettet in eine ergreifende Handlung – das altbekannte und in vielerlei Varianten überlieferte Schutzengelgebet zitiert wird. »Die Mutter legte sich zu Bette und betete laut, ich aber sprach ihr nach:

Herr Jesus, ich will schlafen gehn;
lass vierzehn Engel bei mir stehn:
zwei zu meiner Rechten,
zwei zu meiner Linken,
zwei zu meinen Häupten,
zwei zu meinen Füßen,
zwei, die mich decken,
zwei, die mich wecken,
zwei, die mich weisen
zum himmlischen Paradeise!

Worauf wir ruhig einschliefen ...«
Der Jesuitenpater Alfred Delp konnte *nicht* ruhig einschlafen, als er nach der Spezialbehandlung, die man ihm hatte angedeihen lassen, in seine Zelle im Gestapogefängnis Berlin-Moabit zurückgeführt worden war. Wir können uns vorstellen, dass ihm ganz andere Dinge durch den Kopf gingen als Kindergebete. Aber wir können uns auch vorstellen, dass in jener Sommernacht des Jahres 1944, als der gefolterte Priester mit gefesselten Händen hilflos im Dunkeln lag, in so und so vielen Schlafzimmern Berlins und Großdeutschlands Abendgebete gesprochen wurden, in denen um den Schutz des allmächtigen Gottes und seiner Engel gefleht wurde.
Nicht nur die Kinder hatten einen solchen Schutz in dieser Kriegszeit bitter nötig, *alle* waren gefährdet. Auch in Berlin heulten in dieser Nacht die Sirenen, und jeder wusste, was das zu bedeuten hatte. Flugzeuge näherten sich, die den Tod an Bord hatten.
Sorglos im Bett schlummern, sofern man noch eines hatte, und sich von vierzehn Engeln bewachen lassen, war nicht unbedingt das Beste, was man einem Kind in Zeiten wie diesen wünschen konnte. Einen guten Schutzengel hatte nur, wer es schaffte, rechtzeitig in den Luftschutzkeller zu kommen.
Aber davon abgesehen: War es nicht auch in Friedenszeiten höchst merkwürdig, vielleicht sogar blasphemisch, ein solches Abendgebet zu sprechen? Aber nicht, weil es verkehrt wäre, sich Gottes Liebe zu überlassen und auf den Schutz der Engel zu vertrauen, sondern weil mit diesem Gebet irgendetwas nicht stimmt. Nichts gegen den Schutzengelglauben als solchen. Jesus selbst war es, der gesagt hatte, dass die Kinder Engel haben, die allezeit das Antlitz seines Vaters im Himmel sehen (vgl. Mt 18,10). Aber müssen es gleich *vierzehn* pro Kind sein? Eine ganze Schutztruppe von Engeln, größer als eine Fußballmannschaft. Sind vierzehn Engel besser als einer?
Die Zeugnisse für diesen *»Abendsegen«*, der in Deutschland, Holland und Skandinavien sehr verbreitet war, sind sich übrigens nicht ganz einig über die Anzahl der Engel. Im ältesten schrift-

lichen Beleg aus dem Jahr 1529 werden bloß zwölf Engel an die Bettstatt gebeten, aber ansonsten ist schon von Anfang an von *vierzehn* die Rede: *»Awens wann wi te Bedde gatt, vertien Engelkes bi mit statt ...«*
In England, Frankreich, Spanien und Italien ist die Anzahl der Engel wesentlich kleiner. Da sind es für gewöhnlich nur vier, manchmal fünf oder sieben, und ihre Aufgabe beschränkt sich darauf, zu Häupten und zu Füßen des Kindes zu stehen. Zudecken, aufwecken und rechts und links stehen entfällt. Diese kleinere Anzahl von Engeln kommt auch in altdeutschen und altnordischen *»Ausfahrtssegen«* vor. Hier betet der Fromme, bevor er eine Reise antritt: *»Nicht allein geh' ich aus, Vier folgen mir ...«* Oder er fleht zum Himmel, dass ihn *»fünf Engel Gottes«* begleiten mögen. Und wenn der Weg gefährlich ist und die Angst anwächst, wird die Zahl leicht verzehnfacht.
Im Halberstädter Segen aus dem 14. Jahrhundert sind es schon *fünfzig* Engel: *»Hode dath ich uth ga,* vefteg *engele mi na ga ...«*
Was soll diese merkwürdige Arithmetik? Kommt uns am Ende doch wieder durch die Hintertür die Frage mit der Nadelspitze ins Haus, die wir für eine Scherzfrage gehalten haben? Müssen wir womöglich anfangen, uns Gedanken zu machen, wie viele Engel in einem Kinderzimmer Platz haben, ohne einander zu beengen?

Fünfundfünfzig Engel und eine Frau

Auf Fluren und Feldern gibt es keinerlei Platzprobleme. Trotzdem sind es im alten *»Säerspruch«* bloß *zwölf* Engel, die gebeten werden, zum Acker zu kommen und das Wachsen des Getreides zu bewachen. Aber ansonsten sieht dieses Gebet dem Kindergebet zum Verwechseln ähnlich.

Herr Jesus, wir bauen und säen,
lass zwölf Engel beim Acker stehen:

zwei oben, zwei unten,
die wachen zu allen Stunden;
zwei zu beiden Seiten,
die ihre Flügel ausbreiten;
zwei, die die Körnlein decken,
zwei, die die Keimlein wecken,
zwei, die den Segen gießen,
aus den himmlischen Paradiesen.

Ein ganzer Tross von Engeln begleitet die Muttergottes, wenn sie im Sommer durch die Felder schreitet. Genau gezählte *fünfundfünfzig* geflügelte Himmelsboten sind es, die der heiligen Maria zu Diensten sind, wenn sie ihren himmlischen Wohnsitz verlässt und auf die Erde kommt, um die reifen Ähren, die duftenden Würzkräuter und die Heilpflanzen zu segnen.
Ein Dichter des 19. Jahrhunderts hat die im Brauchtum zum Fest Mariä Himmelfahrt fest verankerten volkstümlichen Vorstellungen in folgende Verse gefasst *(Franz Josef Koch: Unsere liebe Frau durch die Felder geht. In: Adolf Hüttemann, Katholische deutsche Dichter des 19. Jahrhunderts, Hamm in Westfalen 1913)*:

Unsere liebe Frau durch die Felder geht,
ein Morgenwölkchen sie weich umweht,
und fünfundfünfzig Engelein,
die wollen der Herrin zu Diensten sein.
Elf, die da teilen das Himmelsblau,
daraus schwebt hervor die heilige Frau.
Elf, die da halten den Kronreif hier,
dass ihr Haupt nicht drückt die güldene Zier.
Elf, die da tragen des Schleiers Rand,
dass er nicht schleift durch Ginster und Sand.
Elf, die da bringen den Weihekrug,
drin sie zu Nazareth Wasser trug.
Elf, die da binden den Ährenbund,
mit dem sie segnet die Felder rund.

Die größere Anzahl der Engel ist auffällig, aber die wunderbare Engelvermehrung hat einen tieferen Sinn. Bei der Szene, die geschildert wird, handelt es sich nicht nur um eine imposante Flurprozession, das Ganze ist – wenn man so sagen darf – gleichzeitig eine Art himmlischer Staatsakt. Die Gottesmutter wird hier nämlich in ihrer Eigenschaft als »Königin der Engel« vorgestellt. Die absolute Mehrheit der sie begleitenden reinen Geister ist mit der angemessenen Präsentation der Insignien beschäftigt, die der Gottesmutter als Monarchin zustehen.

Maria als Königin der Engel. Es ist kein Zufall, dass dieser Würdetitel der Mutter Jesu gerade im 19. Jahrhundert Hochkonjunktur hatte. Damals war in der katholischen Kirche ein neues Interesse an Engeln erwacht. Es war eine Zeit, da vielen verunsicherten Gläubigen der Schock der Aufklärung in den Knochen saß, so dass sie sich bemühten, neue Wege zu finden, in denen auch die emotionellen Bedürfnisse in der Religion auf ihre Rechnung kamen: Man versuchte, altbewährte Wege in neuer Weise zu beschreiten.

Den romantischen Hang zum Irrationalen, der auch und gerade in der Religion seinen Niederschlag fand, kann man als eine Antwort auf den Siegeszug der Vernunft betrachten. Im Hinblick auf Hexenwahn und hinterwäldlerischen Aberglauben hatte der Rationalismus der Aufklärung zwar einen lang ersehnten Befreiungsschlag gebracht, in anderen Bereichen jedoch wurde er als eine ernüchternde kalte Dusche erlebt.

Im Grunde war die Revolution des Gefühlvollen und Empfindsamen in jener Zeit genauso eine Protestbewegung wie der Aufbruch der Hippies und »Blumenkinder« in den sechziger und siebziger Jahren des letzten Jahrhunderts. Da wie dort gingen junge Leute auf die Suche nach den wahren Werten. Die »Achtundsechziger« hofften – angewidert von den Auswüchsen des Spätkapitalismus, betroffen von der Brutalität des Krieges in Vietnam und besorgt über die Spirale des atomaren Wettrüstens – den Sinn ihres Lebens in Aussteigertum, alternativem Lebensstil, Konsumkritik, Wehrdienstverweigerung, freier Sexualität, bewusstseinserweiternden Drogen und Ähnlichem zu finden – und taten dies natürlich mit nur noch größerer Ausdauer, wenn sie merkten, dass sie mit solchen Manifestationen ihres Freiheitswillens Eltern, Lehrer und sonstige Autoritäten bis zur Weißglut reizen konnten.

Frühere Generationen verhielten sich nicht anders als die »Achtundsechziger«. Auch unsere Altvorderen protestierten, als sie jung waren und ihnen ähnlich unbehaglich zumute war. Nur sprachen sie im 19. Jahrhundert nicht von »Flowerpower«, sondern sagten, es sei die »blaue Blume«, die sie suchten. Und die »Jugendbewegten«, die ein Jahrhundert später aus grauer Städte Mauern aufbrachen und fröhlich singend durch Wald und Feld zogen, wussten hinzuzufügen: » ... und wer die blaue Blume finden will, der muss ein *Wandervogel* sein!«

Wie die Geschichte lehrt, bleibt die Zeit nicht stehen. Sie liebt ebenfalls das Wandern. Auf Phasen schwärmerischen Überschwangs folgen Phasen der Nüchternheit, bis dann wieder die Kraft der Emotion neu entdeckt wird – und so weiter. Diese Gesetzmäßigkeiten gilt es auch beim Thema *Engel* zu bedenken. Denn auch die Frömmigkeit hat ihre Moden.

Ein paar Jahrzehnte oder ein paar Generationen später mag es unfassbar lächerlich oder reichlich kitschig erscheinen, wie sich die Leute damals gaben – wie sie dachten, sprachen und tanzten. Für die Betreffenden aber war es zu dieser Zeit und in diesem Augenblick sehr wohl ein authentischer Ausdruck. Berücksichtigt man dies, wird man leichter verstehen, wieso zum Beispiel ein Verein wie die *»Erzbruderschaft Unserer Lieben Frau, der Königin der Engel«* im 19. Jahrhundert zum großen Hit werden konnte.

1854 war diese Bruderschaft in Frankreich entstanden. Den Anstoß dazu gaben – nicht anders als vier Jahre später in Lourdes – Visionen und eine wunderbare Heilung. 1864 erfolgte die kirchliche Approbation des frommen Vereins. 1871 erhob Papst Pius IX. die Bruderschaft in den Rang einer »Erzbruderschaft« und wünschte ihr, sie möge sich über die ganze Erde verbreiten.

Der Wunsch des Heiligen Vaters ging grandios in Erfüllung. Die Bruderschaft hatte riesigen Zulauf. Es gab Massen von Katholiken,

die bereit waren, den Statuten entsprechend »die seligste Jungfrau unter dem Titel ›*Königin der Engel*‹ zu verehren, insbesondere in der Absicht, durch sie den Triumph der heiligen katholischen Kirche in der ganzen Welt und die Bekehrung der Feinde dieser Kirche und aller Sünder und Ungläubigen zu erflehen«.
Als am 13. August 1875 in Wien die Österreichische Sektion gegründet wurde, fanden sich auf Anhieb 40 000 Gläubige, die der Bruderschaft beitraten und sich verpflichteten, täglich bzw. monatlich gewisse Gebete zu verrichten, bestimmte Andachten zu halten und die damit verbundenen Ablässe zu gewinnen. Ein dreiviertel Jahr später ereignete sich das Gleiche im Rheinland. Die vom Kölner Erzbischof Paul Melchers gegründete Deutsche Sektion der Erzbruderschaft der Königin der Engel startete mit 45 000 Mitgliedern.
Zurück ins Berlin des Jahres 1944, wo ein Zyniker in SS-Uniform einem Gefolterten gesagt hatte, es werde kein Engel kommen in dieser Nacht.
Man könnte fragen: Wieso eigentlich? Wieso sollte *kein* Engel kommen? War nicht ausgerechnet *diese* Nacht, in der Alfred Delp sein Getsemani erlebte – also die Nacht vor Mariä Himmelfahrt –, eine Nacht der Engel?
Alfred Delp war ein Christ des 20. Jahrhunderts – eines Jahrhunderts, das vor andere Herausforderungen gestellt war als das Jahrhundert davor. Delp war nicht nur ein Zeitgenosse von Karl Rahner (1904–1984), sondern gehörte auch dem gleichen Orden an wie der um drei Jahre ältere Mitbruder, der später zu einem der bedeutendsten katholischen Theologen des Jahrhunderts werden sollte. Die Marienfrömmigkeit, von der die Jesuiten geprägt waren, war auf Jesus Christus und auf die Kirche ausgerichtet. Sie war – wie die Theologen sagen – »christozentrisch« und »ekklesiologisch motiviert«. Das heißt, sie hatte ganz entschieden andere Akzente als die *volkstümliche* Marienfrömmigkeit, die sich zum Beispiel im Genrebild von der »Madonna im Ährenkleid« ausdrückte.
Schon aus diesem Grund wäre es höchst unwahrscheinlich, dass

dem deutschen Jesuitenpater Alfred Delp in jener Nacht, als ihm der SS-Mann sagte, dass *kein* Engel kommen werde, um ihn zu befreien, in den Sinn gekommen sein könnte, daran zu denken, dass ausgerechnet in *dieser* Nacht altem Volksglauben zufolge sowieso mindestens fünfundfünfzig Engel vom Himmel auf die Erde kommen, um ihrer Königin das Geleit zu geben.

Aber es gibt noch einen anderen Grund. Der in seiner Zelle isolierte Gefangene mit der Nummer 1142 wusste gar nicht so genau, welches Datum man an dem Tag eigentlich schrieb, an dem er »wüst verprügelt« wurde, wie er es nannte. In einem Brief, den er Anfang September heimlich in seiner Zelle schrieb und der aus dem Gefängnis geschmuggelt werden konnte, berichtete Alfred Delp über sein schmerzliches Erlebnis, und da hielt er lediglich fest: »Es war um den 15. August ...«

Tatsache ist allerdings, dass der NS-Gegner Alfred Delp eine besondere Beziehung zur Muttergottes hatte. Nicht nur sein Geburtstag, auch der Tag seines gewaltsamen Todes fiel zufällig – aber was heißt schon Zufall – auf ein Marienfest. Auf dem Sterbebildchen, das man anlässlich seines Ablebens druckte *(»Zur Erinnerung an P. Alfred Delp SJ.«)*, wurde dieser Umstand eigens vermerkt: »Geboren am 15. September 1907, dem Fest der sieben Schmerzen der allerseligsten Jungfrau Maria« und »gestorben am 2. Februar 1945, dem Lichtmesstag der Mutter Gottes«.

Wer nichts Näheres über Pater Delp wusste und nur dieses Sterbebildchen vor Augen hatte, konnte leicht meinen, irgendein frommer Priester sei gestorben, noch keine vierzig Jahre alt, vielleicht durch Krankheit, vielleicht im Schutt eines zerbombten Hauses, wer weiß. Kein Wort von der Todesursache. Kein Wort davon, wo und wie, geschweige denn *weswegen* dieser Mann gestorben war. Man hatte es verschwiegen, weil man es verschweigen *musste*. Wenn es die Druckerei nicht mit der Gestapo zu tun bekommen wollte, dann war es besser, sich an die Vorschriften zu halten. Die Mutter Gottes durfte auf dem Bildchen erwähnt werden, die Hinrichtung durch den NS-Henker in Berlin-Plötzensee nicht. Dass Alfred Delp als Märtyrer des NS-Regimes ums Leben gekommen

war, war eine politisch unerwünschte Information. Sie hatte gefälligst zu unterbleiben.
Im Übrigen bemühten sich Hitlers willige Schergen noch durch weitere Maßnahmen zu verhindern, dass der Märtyrer, den sie produziert hatten, wie ein Märtyrer verehrt werden konnte. Es durfte kein Grab des Paters Alfred Delp geben. Keine Gedenkstätte, keine Reliquien. Der Leichnam des Gehenkten wurde verbrannt, und wo die Asche geblieben sein mochte – die Antwort auf diese Frage wusste ganz allein der Wind.

Die Königin der Engel

Am 15. August, dem Fest Mariä Himmelfahrt, findet in manchen Gegenden auch heute noch eine so genannte Kräuterweihe statt – wie man volkstümlich zu sagen pflegt. Theologisch korrekt dürfte man lediglich von einer *Segnung* sprechen, die am Tag des Hochfestes von Mariens Aufnahme in den Himmel vorgenommen wird. Das Gebet bei dieser kirchlichen Zeremonie hat folgenden Wortlaut: »Wir Menschen brauchen zum Leben, was die Erde hervorbringt. Ihre Gaben und Kräfte dienen uns auch zur Heilung. Viele ihrer Pflanzen sind uns Arznei. Segne daher diese Kräuter und Früchte, die wir zum Fest der Aufnahme Mariens gesammelt haben. Heile, was krank ist. Richte auf, was darniederliegt. Schenke uns die Vollendung, die du Maria gegeben hast.«
Man merkt dem Gebet nicht nur an, dass es nach der Liturgiereform des Zweiten Vatikanischen Konzils formuliert worden ist. Es ist auch nicht zu übersehen, wie krampfhaft sich der Verfasser bemüht hat, eine Verbindung zwischen der Segnung der Kräuter und dem Heimgang der Gottesmutter herzustellen. Sogar das Bild vom Aufstehen vom Krankenlager wurde bemüht, um irgendeine passende Brücke zur Aufnahme Marias in den Himmel zu schlagen. Doch es hilft nichts. Der Versuch, eine Verbindung zwischen zwei Dingen herzustellen, die gar nichts miteinander zu tun haben, kann nur misslingen. Die Madonna im Ährenkleid und die in

die ewige Seligkeit eingegangene Jungfrau und Gottesmutter Maria sind zwei völlig verschiedene Persönlichkeiten. Zwischen ihnen liegen – im wahrsten Sinne des Wortes – Welten.
Da Alfred Delp dieselbe Theologie studiert hat wie sein Mitbruder Karl Rahner, können wir annehmen, dass er ein Gedicht wie das von den fünfundfünfzig Engelein, die mit ihrer Königin über Fluren und Felder ziehen, sicher nicht naiv und unkritisch gelesen haben würde. Vermutlich wären ihm die gleichen Merkwürdigkeiten aufgefallen, die auch uns auffallen, wenn wir den Text genauer unter die Lupe nehmen.
Elf Engel, heißt es da, *»bringen den Weihekrug«*, in dem die Gottesmutter, als sie noch auf Erden wandelte, *»Wasser trug«*. Ein interessantes Detail, das genauer untersucht zu werden verdient.
Neben der funkelnden Pracht der Engelkönigin nimmt sich der schlichte Wasserkrug, den sie in jener Zeit benutzt hat, als sie noch eine einfache Zimmermannsgattin in Nazareth war, ungefähr gleich deplatziert aus wie das Aschenbrödel beim Ball des Märchenprinzen. Ist dieser Krug so etwas wie das letzte Stückchen einer historischen Erinnerung in einer ansonsten ganz und gar auf Goldgrund gemalten Ikone? Es sieht ganz so aus. Aber möglicherweise ist dieser schlichte Krug, der beim rauschenden Kostümfest, das da inszeniert wird, das einzig authentische Requisit zu sein scheint, *ebenfalls* nur ein Kostüm – ein viel älteres sogar als die goldene Krone, der himmelblaue Mantel und der weiße Schleier. Zweifellos aber gehört der Wasserkrug zum selben Fundus wie das Ährenkleid.
Der Vergleich mit dem »Säerspruch« macht uns sicher. Dort ist von zwei Engeln die Rede, deren Aufgabe es ist, »aus den himmlischen Paradiesen« Segen zu »gießen«. Prosaisch gesagt: Die Engel sollen es regnen lassen – damit »die Feldfrucht wächst und blüht und man reiche Ernte sieht«, wie es in einem alten Lied zur Bittprozession heißt.
Unter dem frommen christlichen Bild von der Königin der Engel kommen plötzlich Züge zum Vorschein, die auf etwas hindeuten, das älter ist als die Marienverehrung – sogar älter als die Bibel: ar-

chaische Fruchtbarkeitsriten, die es bereits gab, als der Mensch der prähistorischen Zeit nicht mehr bloß Jäger und Sammler war, sondern anfing, Ackerbauer und Viehzüchter zu werden.

Um das Kind nicht mit dem Bad auszuschütten – oder sagen wir so: um nicht *zu viel* Badewasser, sondern nur das *falsche* Wasser, mit dem das Kind gewaschen wurde, auszuschütten, müssen wir uns klar darüber werden, welche Züge am Marienbild wir überhaupt als christlich bezeichnen wollen und welche nicht.

Wäre bereits die Vorstellung, dass Maria die »Königin der Engel« ist, mit Vorsicht zu genießen, oder ist es lediglich anstößig, sie in eine Art Elfenkönigin verwandelt zu sehen, die in gewissen Nächten mit irgendwelchen Lichtgestalten im Reigentanz wachstumsfördernd über die Felder huscht? Klarheit in dieser Frage zu gewinnen ist schon deswegen unumgänglich, weil Katholiken diese Frage möglicherweise anders beantworten als protestantische Christen. Innerhalb der verschiedenen Fraktionen des Christentums sind die Themen Heiligenverehrung im Allgemeinen und Marienverehrung im Besonderen durchaus umstrittene Kapitel bzw. waren zu gewissen Zeiten sogar *heftigst* umstritten. Die Kirchen der Reformation sind in diesem Punkt viel nüchterner und zurückhaltender als ihre katholischen oder orthodoxen Schwesterkirchen.

Grundsätzlich gilt es festzuhalten: Nicht immer, wenn auf der Verpackung Christentum draufsteht, muss auch Christentum drin sein. Allerdings gilt nicht in jedem Fall auch die Umkehrung. Das heißt, es muss keineswegs alles, was nicht exakt so in der Bibel zu finden ist, wie es die Christenheit in späteren Jahrhunderten als ihren unverbrüchlichen Glauben formuliert hat, deswegen gleich als unchristlich abzulehnen sein – mit der Begründung, dass ein Produkt späterer Entwicklung nicht zur Substanz des Glaubens gehören könne.

Der Glaube hat bekanntlich eine Geschichte, und die Glaubensvorstellungen ebenfalls. Sie durchlaufen verschiedene Entwicklungsstadien. Das sehen wir nicht erst in der Kirchengeschichte, sondern bereits in der Bibel. Aufgrund dieses dynamischen Prinzips dürfen Glaubensvorstellungen, die nicht schon von Anfang an zum festen Bestand des christlichen Glaubens gehört haben, sondern erst infolge fortschreitender Spekulationen und theologisch sinnvoller Überlegungen entstanden sind, sehr wohl auch als christlich und zum christlichen Glauben gehörig betrachtet werden.

Selbstverständlich kann man sich – um wieder auf Maria in der Rolle einer »Königin der Engel« zurückzukommen – auf den radikalen Standpunkt stellen, von alldem, was Maria da angedichtet wurde, sei lediglich das als echt zu betrachten und für den Glauben verbindlich, was mit der real existierenden Frau aus Nazareth zu tun hat, die Jesus zur Welt gebracht hat; alles andere hingegen sei sekundär – überflüssig und entbehrlich, wenn es sich um harmlose Dinge (sprich: um fromme Verehrung) handelt, jedoch höchst skandalös und als »vermaledeite Abgötterei« zu ahnden, wenn es ans Eingemachte (sprich: an die zentralen Inhalte des Glaubens) geht.

Aber darf man einfach vom Tisch wischen, dass bereits innerhalb des Neuen Testaments Akzente einer besonderen Wertschätzung der Mutter Jesu gesetzt werden? Auch was die Verleihung des theologischen Prädikats »Jungfrau« betrifft. Dieser Ehrentitel wurde der Mutter Jesu keineswegs von einem exzentrischen Fanclub zugesprochen, sondern von frühchristlichen Theologen, die auch sonst noch eine Menge Dinge sagten, die so vernünftig und beherzigenswert waren, dass es die Glaubensgemeinschaft für richtig hielt, sie nicht als »apokryph« abzutun, sondern als Botschaft Gottes zu verstehen, als »Heilige Schrift« zu betrachten.

Je mehr Mühe man sich gibt, die Dinge möglichst nüchtern und unvoreingenommen zu betrachten, umso schneller wird man erkennen und zugeben müssen, dass sich die ersten Christen durchaus etwas Sinnvolles dabei gedacht haben und eine bedeutsame Aussage über das Heilshandeln Gottes in dieser Welt zu machen beabsichtigten, wenn sie Maria eine begnadete Jungfrau nannten und von einem Engel erzählten, der bei ihr eintrat und sie grüßte.

Englischer Gruß für ein jüdisches Mädchen. The greatest story ever told. Verfasst von einem, der sich Lukas nannte ... Maria und der Engel Gabriel – gut und schön. Aber Maria als »Königin der Engel« – gibt's die?
Die Frage nach der Unterscheidung zwischen legitimer Dogmenentwicklung und schrecklich ins Kraut schießendem Wildwuchs wird schneller als man denkt zum fundamentalistischen Streit um die Henne und das Ei: Was war früher da und was hat den Vorrang? Als ob es eine ausgemachte Sache wäre, dass etwas, das später kam, um nichts in der Welt den Vorrang haben dürfte!
Es ist in der Tat nicht so einfach, wie Befürworter *und* Kritiker der Mariendogmen oft meinen. Ist es Verrat an dem, was Jesus gewollt hat, wenn ich der Kirche zubillige, dass sie entscheiden darf, was christlicher Glaube ist und was nicht? Oder ist es nicht ein mindestens ebenso großer, wenn nicht noch größerer Verrat an dem, was Jesus gewollt hat, wenn ich der Kirche nicht einmal zubilligen möchte, was Jesus selbst ihr zugebilligt hat –, dass sie nämlich eine Gemeinschaft ist, der er seinen Geist hinterlassen hat, damit sie in der Lage ist, eben in *seinem* Geist herausfinden, was er gelehrt und befolgt wissen wollte – auch wenn sich dann herausstellt, dass diese Gemeinschaft alles andere als »ein einig Volk von Brüdern« – und Schwestern – ist, sondern ein zerstrittener Haufen, der auf dem Weg der Wahrheitsfindung einen mühsamen Lernprozess zu durchlaufen hat und durch finstere Schluchten von Meinungsverschiedenheit und Phasen von Unversöhnlichkeit hindurchmuss.

Engel im Grünen

»Elf, die da binden den Ährenbund, mit dem sie segnet die Felder rund ...« – ist in dem frommen Mariengedicht tatsächlich von *Engeln* die Rede oder sind die »Elf«, wie ihre Anzahl schon ein wenig verräterisch andeutet, in Wirklichkeit Elfen?
Der Prophet Elija, so erzählt die Bibel, forderte die Priester des

Gottes Baal zum Zweikampf heraus (vgl. 1 Kön 18,1–46) und errang einen grandiosen Sieg zugunsten *seines* Gottes. Genauer gesagt: einen Etappensieg. Denn die vermeintlich getöteten Drachen waren nicht tot, und – beim Herkules! – die abgeschlagenen Häupter der vielköpfigen Hydra wuchsen wieder nach. Wie wenn nichts gewesen wäre, kamen die im Namen des wahren und einzigen Gottes bekämpften Fruchtbarkeitskulte – verkappt und vermummt – durch die Hintertür wieder in das Haus, aus dem man sie vertrieben hatte, und feierten unerkannt fröhliche Urständ.

Oder auch *nicht* unerkannt. Denn die christlichen Missionare wussten, was sie taten. Die Erfahrung hatte gelehrt, dass man Götter und Götzen am wirksamsten unschädlich macht, wenn man sie »tauft«. Heidnische Tempel nicht niederreißen, sondern in christliche Kultstätten verwandeln – lautete die Devise. Heidnische Feste abschaffen ist gut, aber ihnen einen christlichen Sinn geben ist besser.

Der »Große Frauentag«, wie das Fest Mariä Himmelfahrt oft genannt wird, war schon immer ein großer Frauentag. Die alten Römer feierten am 15. August ein Fest zu Ehren der Göttin Diana, und die *christlich* gewordenen Römer feierten an diesem Tag dann eben *ihre* »Göttin«. Auch wenn sie natürlich offiziell nie und nimmer so genannt werden durfte, *empfunden* wurde sie gewiss so: Maria als die Inkarnation des Göttlichen mit weiblichem Antlitz. Der berühmte und viel zitierte, wenn auch dogmatisch alles andere als korrekte Ausruf in der Schlussszene von Goethes »Faust II« ist ein eindrucksvoller Beleg: *»Werde jeder bess're Sinn dir zum Dienst erbötig; Jungfrau, Mutter, Königin,* Göttin, *bleibe gnädig!«*

Als *»Regina Angelorum«* – das heißt als *Königin der Engel*, ja als *»Himmelskönigin«*, der die höheren Geistwesen »zum Dienst erbötig« sind – nimmt Maria einen Platz ein, der Menschen normalerweise nicht gebührt. Engel sind Geschöpfe höherer Ordnung. Nur Jesus Christus als Gott-Mensch ist eine Ausnahme. Von ihm heißt es in der Bibel, dass er »viel erhabener als die Engel« ist (Hebr 1,4). Maria, die kein weiblicher Gott-Mensch, aber immerhin Mutter Gottes ist, darf ein bisschen daran teilhaben. Es geht zwar nicht an, sie womöglich als Vierte im Bunde mit den drei göttlichen Personen der Dreifaltigkeit zu betrachten, aber aufgrund ihrer Würde steht Maria ebenfalls über den Engeln, und die Engel müssen ihr dienen.

Die Madonna im Ährenkleid mit einem Gefolge von Engeln ist etwas anderes. Sie ist ein Glied in einer langen Kette von numinosen Gestalten, die in den Augen der Religionswissenschaft nichts anderes sind als personifizierte Naturkräfte – von den alten Griechen, die die vielbrüstige Artemis als Muttergottheit verehrten, bis zu den ökologisch-mystischen Indianern, die mit den Bäumen reden; und es ist gewiss kein Zufall, dass in Zeiten von »New Age« und Esoterik die sinnsuchenden Zeitgenossen umso mehr an solchen Formen Gefallen fanden, je mehr die christlichen Formen an Kurswert verloren.

Das Phänomen ist sattsam bekannt: Kaum hatten die fortschrittlichen Pfarrer die Weihrauchfässer aus ihren Kirchen verbannt, begannen die Räucherstäbchen in den Wohnungen zu glimmen. Es kann daher nicht überraschen, dass auch die Engel, die in den neuzeitlichen Spielarten des Christentums oft nur noch eine Art Mauerblümchendasein fristeten, liebend gern anderswo gesucht wurden als in den Kirchen – und mit Begeisterung gefunden wurden, wo immer sie sich zeigten. Im schottischen Findhorn zum Beispiel.

Ja, sie rede mit Engeln, mit diesen »großartigen Wesen, deren Leben die ganze Natur durchdringt und erschafft«, bekennt Dorothy McLean. Hätte sie zu einer anderen Zeit gelebt, hätte man sie vielleicht verfolgt und als Hexe verbrannt, wenn sie öffentlich zu sagen gewagt hätte, was sie im »Findhorn-Garten« gelernt habe, findet die Autorin. In ihrem Buch mit dem plakativen Titel »Du kannst mit Engeln sprechen« *(Dorothy McLean: Du kannst mit Engeln sprechen, Grafing 1988)* schildert sie, wie sie mit den Engeln sprechen lernte. Konkrete Beweise für die Tatsächlichkeit dieser Art von Kommunikation mit den Engeln sei der »Findhorn-Garten«, der die Grundlage für die Entwicklung der Findhorn-Community wurde. Der sandige Boden ließ nicht erwarten, dass dort

irgendetwas anderes gedeihen könne als widerstandsfähige schottische Büsche und Grasarten, die nur wenig Feuchtigkeit und Nährstoffe benötigen. Aber der »telepathische Kontakt mit den engelhaften Wesen, die das Pflanzenwachstum überstrahlen und lenken«, sorgte für das nötige Know-how. Selbst ausgewiesene Fachleute für Gartenbau, die den Garten besichtigten, seien nicht in der Lage gewesen, irgendwelche Erklärungen dafür zu finden, so dass ihnen schließlich nichts anderes übrig blieb, als »die unorthodoxe Interpretation von Engelshilfe« zu akzepieren.
Engel – gibt's die? – in der »Findhorn Community« im Norden Schottlands gibt es sie. Sensationelle Presseberichte sprachen von erstaunlichen Erfolgen im Anbau von Pflanzen. Zwanzig Kilo schwere Kohlköpfe. Zweieinhalb Meter hoch wachsender Rittersporn. Rosen, die im Winter blühen. Gärten, die von engelhaften Wesen beseelt sind. Aber die Gretchenfrage bleibt uns nicht erspart. Jeder muss sie sich selbst stellen: Sind die Engel, die sich in solchen Phänomenen zeigen (nicht nur in Findhorn: der Wundergarten in Schottland ist nichts weiter als ein mehr oder weniger willkürlich herausgegriffenes plakatives Beispiel), sind *solche* Engel wirklich die Engel, die ich suche?
Mit anderen Worten: Eine Unterscheidung der Geister tut Not. Bevor ich auf die Suche nach Engeln gehe, muss ich mir darüber klar werden, welche Art von Engeln ich überhaupt suche. Ich komme nicht umhin, eine *Wahl* zu treffen. Ich muss mich entscheiden, welcher Art von Engeln ich begegnen will und mit welchen ich nichts zu tun haben möchte.

Unterscheidung der Geister

Unkritische Begeisterung hilft nicht weiter. Nur weil wir eine Epoche hinter uns haben, in der Engelserfahrungen eher verpönt waren, müssen wache und zukunftsoffene Christen von heute keineswegs alles freudig begrüßen, was sich irgendwo manifestiert und möglicherweise ein Engel sein könnte. Es wäre fatal, wollten sich gläubige Christen, die in puncto Engel gleichsam spirituell ausgehungert sind, blindlings auf alles und jedes stürzen, was sich in diesem Zusammenhang anbietet, um es für den eigenen Glauben zu vereinnahmen.

Die Erfahrungen von zweitausend Jahren Kirchengeschichte sollten nicht umsonst gewesen sein. Es wurde sowieso schon viel zu viel und auch viel zu voreilig »getauft«, bloß oberflächlich übernommen und nicht anverwandelt. Und im Übrigen ist Vorsicht nicht nur dann die Mutter der Porzellankiste, wenn es um einen Seitensprung in die ökologisch-esoterische Nische geht, sondern auch dann, wenn das Heil in traditionalistischen Seitenkapellen des Katholizismus gesucht wird.

Als das so genannte *»Engelwerk«* – eine nach dem Zweiten Weltkrieg entstandene Gruppierung mit einer besonderen Form von Engelsverehrung, die auf Privatoffenbarungen einer Frau namens Gabriele Bitterlich zurückgeht – Ende der achtziger Jahre plötzlich in die Schlagzeilen geriet, weil hier Zustände zu herrschen schienen, wie man sie sonst nur aus Horrorfilmen oder Fachbüchern über Psychosekten kennt, da war das nicht gerade die beste Werbung für einen vernünftigen christlichen Glauben an Engel.

Man hörte von seltsamen Sonderlehren, von »Schweigeversprechen« und täglich mehrmaliger »Sühnekommunion«, von »Engelweihen«, einer »Fernspendung« von Sakramenten und Ähnlichem mehr, und man wusste nicht so recht, was man davon halten sollte. Besonders viel Adrenalin schoss Zeitungslesern und Fernsehzuschauern allerdings in die Blutbahn, als bekannt wurde, dass Mitglieder des »Engelwerkes« – also nachweislich Menschen des zwanzigsten Jahrhunderts – offensichtlich an Dinge glaubten, die man selbst in den Protokollen der Hexenprozesse, die von Teufelsglaube und Dämonenfurcht nur so strotzen, eigentlich nur ganz selten antreffen kann. Man fragte sich bekümmert: Heißt *das*, »mit Christus auferstanden« zu sein und »nach dem zu suchen, was droben ist« (Kol 3,1)? Wie »unerlöst«, um mit Nietzsche zu sprechen, wie heimgesucht von schrecklichsten Ängsten müssen Menschen sein, die im Ernst glauben können, sie hätten

sich *vor schwarzen oder gefleckten Katzen* in Acht zu nehmen, weil solche Geschöpfe Einfallstore für dämonische Einstrahlungen sein könnten!
Weihbischof Heinrich Soden-Fraunhofen und andere Beauftragte kirchlicher Behörden waren wahrlich nicht um den Job zu beneiden, sich mit diesen Dingen auseinander setzen zu müssen und alles minutiös zu prüfen, ehe geeignet erscheinende Maßnahmen ergriffen werden konnten.
Es ist durchaus nichts dagegen zu sagen, wenn dem einen Gläubigen etwas zusagt, was einem anderen *nichts* sagt, oder wenn der eine gerade das von Herzen liebt, was dem anderen übel aufstößt. Über Fragen des Geschmacks darf man streiten. Was wir den Mitgliedern der *»Erzbruderschaft Unserer Lieben Frau, der Königin der Engel«* zugebilligt haben, das müssen wir redlicherweise auch den Mitgliedern des »Engelwerkes« zubilligen. Wenn ihnen *diese* Fasson, selig zu werden, besser zusagt – bitte sehr. Aber eine Unterscheidung der Geister ist in jedem Fall vonnöten.
»Prüft alles, und was gut ist, behaltet!«, lautete die Devise des Apostels Paulus (1 Thess 5,21). Und es kann vielleicht nicht schaden, sich an dieser Stelle in Erinnerung zu rufen, dass der Brief, in dem er das schrieb – der erste Brief an die Gemeinde von Thessaloniki –, der historisch älteste Text des Neuen Testaments ist. Das Problem ist also so alt wie das Christentum.
Ebenfalls uralt ist das Problem, dass sich Gläubige manchmal in einer Weise mit Engeln beschäftigen, wie sie das als Christen eigentlich *nicht* tun sollten. Deutliche Worte gegen eine *verkehrte* Verehrung von Engeln bzw. Elementargeistern finden sich im Brief an die Kolosser. Da wird vor falschen Lehren gewarnt, »die sich nur auf menschliche Überlieferung stützen und sich auf die Elementarmächte der Welt, nicht auf Christus berufen« (Kol 2,8), und da wird gesagt: »Niemand soll euch verachten, der sich in scheinbarer Demut auf die Verehrung beruft, die er den Engeln erweist und mit Visionen prahlt ...« (Kol 2,18). Der Prophet Elija hat die Gläubigen *seiner* Zeit vor die Alternative gestellt: »Wie lange noch wollt ihr nach zwei Seiten hinken? Wenn Jahwe der wah-

re Gott ist, dann folgt ihm! Wenn aber Baal es ist, dann folgt diesem!« (1 Kön 18,21) Beides gleichzeitig geht nicht. Niemand kann zwei Herren dienen. Heute würde Elija vielleicht – ebenso plakativ – sagen: »Ihr müsst euch schon entscheiden, wohin ihr gehen wollt: in das von Jesus verkündete Reich Gottes oder ins Zeitalter des Wassermanns; nach zwei Seiten könnt ihr nicht hinken!« Baal oder Jahwe. Neuer Himmel und neue Erde oder New Age. Engel der Verkündigung oder Engel mit Wasserkrügen. Engel, in deren Gotteslob man einstimmen kann, oder Engel, die sich um das Wachstum von Gemüse kümmern.

Es ist eine religionswissenschaftliche Binsenweisheit: Die dem Menschen gnädige Himmelsmacht, deren Geister dafür sorgen, dass die Natur hervorbringt, was Mensch und Tier brauchen, um zu überleben, kann diese oder jene Gestalt annehmen, und die Menschen können in dieser oder jener Form um das tägliche Brot – oder das tägliche Grün – bitten.

Kein Religionsphänomenologe wird überrascht sein, wenn er sieht, dass sich die vegetative Urkraft des Göttlichen in einer Fülle von wunderlichsten Formen und Gestalten manifestiert. Mehr noch: Mit dem von der Pflicht zu wissenschaftlicher Objektivität gebotenem Gleichmut wird er ungerührt zur Kenntnis nehmen, wenn dieses überirdische Walten das eine Mal dem höchsten Gott zugeschrieben wird und das andere Mal nicht nur mit keiner der etablierten Hochreligionen in Verbindung steht, sondern Züge einer völlig kruden Privatphantasie trägt.

Mit anderen Worten: Dem Religionswissenschaftler, der die religiösen Phänomene von *außen* betrachtet, darf und muss es egal sein, ob Menschen glauben, dass es der biblische Gott regnen lässt oder ob es Gott Baal ist, der Regen und Tau vom Himmel gießt; ja, es wird ihn auch nicht weiter wundern, wenn sogar einem Mann wie Petrus – also jemandem, der nachweislich ein Mensch war wie du und ich – die Eigenschaften eines Wettergottes zugesprochen werden. Dem Gläubigen jedoch kann und darf es *nicht* egal sein. Er muss eine Wahl treffen.

Aber was heißt, der Gläubige *muss!*? Es liegt nahe, an dieser Stelle den Einwand zu hören: Er müsste es ja gar nicht tun, er *tut* es einfach, weil er eben ein Gläubiger ist, dem sein eigener Glaube heilig ist und der den Glauben der anderen als abartig, falsch, verkehrt und verwerflich abqualifiziert. Er wäre doch viel besser beraten, wenn er sich dazu aufraffen könnte, nicht so kleinkariert zu sein, sich auf eine bestimmte Dogmatik festzulegen und nur das für richtig zu halten, was in seinem Katechismus steht, wo er doch die Möglichkeit hätte, sich im reichen Schatzhaus der Religionen zu bedienen und das für ihn passende Sinnangebot herauszuholen.

Kirchen? Glaubensbekenntnisse? Verbindliche Traditionen? Nein danke. – »Go to church and you'll feel better?« Nicht einmal das. Was die Kirche kann, können andere auch. Dass wir uns hinterher besser fühlen, das schafft die Konkurrenz sogar besser. Nicht einmal als geistige Kopfwehtablette brauchen wir die Kirche mehr. Wir sind doch alle freie Menschen, wir werden uns doch nicht von irgendwelchen Bonzen vorschreiben lassen, was wir zu glauben haben und was nicht!

Freie Bahn für fromme Gefühle. Jeder Mensch hat das Recht, sich seinen spirituellen Bedürfnissen entsprechend den richtigen Mix zusammenzustellen – und bitte nicht vergessen: vor Gebrauch kräftig durcheinander schütteln ... Ein bisschen keltisch, ein bisschen indianisch, islamisch, schamanisch und gregorianisch, ob blond, ob braun, Blut und Boden oder fein stofflich, alles, was Flügel hat, fliegt. Eine Prise Zen, eine Messerspitze Taoismus, ein gerüttelt Maß Astrologie und so viel Tantra wie möglich. Warum denn nicht? Cosi fan tutte e tutti – so machen's doch alle. Auf in den spirituellen Selbstbedienungsladen!

Das Missverständnis dessen, was Religion ist, kann größer nicht sein. »Weil sie niemanden lieben, glauben sie Gott zu lieben«, lautete einst der Vorwurf an die Adresse der asketischen Weltverächter. Weiß Gott, ein durchaus berechtigter Vorwurf – nur gilt er auch in die umgekehrte Richtung: Wem alles gleich gültig ist, dem ist letztlich alles *gleichgültig*. Wer alles und jedes glaubt, glaubt in Wirklichkeit gar nichts.

»Denken Sie an die Möglichkeit einer Notbremsung und benutzen Sie daher stets die Haltegriffe!« steht als warnender Hinweis im Stehplatzbereich öffentlicher Verkehrsmittel. Wieso Halte*griffe*? Brauche ich mehrere, um mich an ihnen festzuhalten?
Die Verwendung der Mehrzahl ist durchaus berechtigt. Es gibt viele Haltegriffe, an die ich mich halten kann. Jeder Haltegriff ist in der Lage, mich im Ernstfall davor zu bewahren, dass ich zu Schaden komme. Aber ich muss einen von ihnen für mich wählen. Den meinen, an den ich mich halte. Wenn ich mich an sämtliche Haltegriffe gleichzeitig zu klammern versuche, dann falle ich garantiert auf die Schnauze.
Der religiöse Synkretismus in Zeiten der Postmoderne ist nur das neueste Kostüm des Atheismus. Gott wird nicht mehr geleugnet, er wird als Spielzeug benutzt.
Aber das Leben ist kein Spiel. Oder nur so lange, bis der Ernstfall da ist.

Der Ernstfall ist da

Die Türe ging auf und ein junger Mann erschien, angetan mit einem strahlend weißen Gewand. Und er tat den Mund auf und sprach: »Wie geht es Ihnen?«
Es war kein Engel, es war ein Arzt, der im Krankenzimmer erschien. Die Operation sei ohne Komplikationen verlaufen, sagte er der Patientin. Es gehe ihr den Umständen entsprechend gut. Allerdings sei sie noch nicht über den Berg. Es sei ein schwerer Eingriff gewesen. Ihr Organismus sei geschwächt und sie brauche absolute Schonung. Vor allem müsse sie jede Art von körperlicher Anstrengung vermeiden.
Die alte Frau nickte. Sie hatte verstanden. Der Mann in Weiß redete weiter. Die Kontrolluntersuchung habe ergeben, dass die Operationswunde bereits so weit verheilt war, dass die Patientin ohne Gefahr vom Bett heruntersteigen könne, um die Toilette zu benutzen und sich die Hände zu waschen. Aber sie dürfe dies keines-

falls allein tun. Selbst die paar Schritte könnten schon zu anstrengend sein – auch wenn sie ihren Stock zu Hilfe nähme, um sich darauf zu stützen. Sie sei einfach noch viel zu unsicher auf den Beinen.

Die alte Frau bedankte sich für die aufklärenden Worte. Die wichtigste Botschaft für sie hatte der Arzt gar nicht ausgesprochen, aber sie hatte verstanden: Es ging aufwärts mit ihr. Sie war noch nicht am Ende. Es hätte tödlich ausgehen können, aber sie hatte den Eingriff überlebt.

Frohe Botschaft für eine schwer kranke Frau. Der Arzt war ein wahrer Engel. Er hatte einen Segen gesprochen. Er hatte der Patientin, an der eine schwere Operation vorgenommen worden war, einen Zuspruch von Leben gegeben. Gut, der Doktor hatte gesagt, sie sei »noch nicht über den Berg«. Aber allein schon die Tatsache, dass es überhaupt noch einen Berg gab, den man zu bestehen hat, heißt leben dürfen. Man muss Gott für alles dankbar sein.

»Wenn Sie etwas brauchen, dann klingeln Sie einfach nach der Schwester. Ganz egal, ob es früh am Morgen oder mitten in der Nacht ist«, sagte der Doktor. »Sie wird zu jeder Tages- und Nachtzeit kommen, um Ihnen zu helfen.«

Abend im Krankenhaus. Die alte Frau tastet nach ihrer Brille, die auf dem Nachtkästchen liegt. Ihre Bewegungen sind zittrig und langsam, aber sie hat ja Zeit. Neben der Brille liegt das Gebet- und Gesangbuch. Die Frau nimmt es, schlägt es auf, befeuchtet den Zeigefinger mit der Lippe und blättert.

Sie findet das Lied, das sie sucht. Ein Lied, das sie schon seit ihrer Kindheit kennt. Das ist heute ihr Abendgebet.

Du mein Schutzgeist, Gottes Engel,
weiche, weiche nicht von mir;
leite mich durchs Tal der Mängel
bis hinauf, hinauf zu dir!

Sei zum Kampf an meiner Seite,
wenn mir der Verführer naht;

steh mir bei im letzten Streite,
im Gericht erfleh mir Gnad'!

Lass mich stets auf dieser Erde
deiner Führung würdig sein,
dass ich immer besser werde
und mein Herz stets bleibe rein!

Sei in dieser Welt voll Mängel
stets mein Freund, mein Führer hier!
Du mein Schutzgeist, Gottes Engel,
weiche, weiche nicht von mir.

(Gottlob Wilhelm Burmann)

Die Frau legt das Gebetbuch zur Seite, nimmt die Brille ab und legt sie ebenfalls auf das Nachtkästchen. Sie löscht das Licht. Der Tag ist zu Ende. Die Frau ist allein im Zimmer. Sie fürchtet sich nicht vor dem Dunkel. Sie betet noch eine Weile den Rosenkranz. Dann schläft sie ein. 73 Jahre ist sie alt. Sie wurde im gleichen Jahr geboren wie Alfred Delp. Dieser Mann wäre jetzt ebenfalls 73 Jahre, wenn ihn die Nazis nicht umgebracht hätten.
In der Nacht, in der er nicht schlafen konnte, weil er gnadenlos verprügelt worden war, war Delp 38 Jahre. Ein Mann in den besten Jahren. Was war das Geheimnis dieses Jesuiten? Was war der »Haltegriff«, an den er sich klammern konnte und der ihn hielt, jetzt, wo der Ernstfall gekommen war? Wie konnte der Mann das, was ihm angetan worden war, körperlich und seelisch, verkraften, ohne zu verzweifeln?
War es denn nicht zum Verzweifeln? Doch. Es war zum Verzweifeln. Aber Alfred Delp ist trotzdem nicht verzweifelt. Nur fast.
Wir wissen es, weil er aufgeschrieben hat, wie ihm damals zumute war. Es steht in dem Brief, den er Anfang September 1944 – ungefähr zwei Wochen nach jener schrecklichen Nacht – geschrieben hat. »In einer Nacht, es war um den 15. August, bin ich beinah verzweifelt. Ich wurde, wüst verprügelt, in das Gefängnis zurück-

gefahren, abends spät. Die begleitenden SS-Männer lieferten mich ab mit den Worten: So, schlafen können Sie heute Nacht nicht. Sie werden beten, und es wird kein Herrgott kommen und kein Engel, Sie herauszuholen. Wir aber werden gut schlafen und morgen früh Sie mit frischen Kräften weiter verhauen.« *(Alfred Delp: Kämpfer, Beter, Zeuge, Herder Verlag, Freiburg 1962, S. 41)*

Abendsegen

»Du mein Schutzgeist, Gottes Engel, weiche, weiche nicht von mir ...« – *»Abends will ich schlafen gehn, vierzehn Engel um mich stehn ...«* – »Leite mich durchs Tal der Mängel bis hinauf, hinauf zu dir ...« – *»Zwei, die mich weisen zum himmlischen Paradeise ...«*
Zwei Gebete, zwei Lieder. Sehen sie sich nicht zum Verwechseln ähnlich? Auf den ersten Blick sind es zwei Texte derselben Gattung. Eine fromme Anrufung der heiligen Schutzengel. Passenderweise am Abend zu beten.
Und doch, welch ein Unterschied! Je genauer man sich die beiden Texte ansieht – und es lohnt sich, genau hinzusehen –, umso mehr fällt es einem wie Schuppen von den Augen. Das berühmte Zitat aus Puccinis »Tosca« wäre hier völlig fehl am Platz – *diese* Bilder gleichen sich *nicht!*
Der Schutzengel, der im gereimten Gebet von Gottlob Wilhelm Burmann aus dem Jahr 1783 angerufen wird, ist nicht dieselbe Art Engel wie die vierzehn Engel im »Abendsegen«. Die Haltung, in der gebetet wird, ist ebenfalls eine ganz andere. Im einen Fall wird der Engel um Hilfe, um Führung und Leitung im Leben und im Tod gebeten – im anderen Fall werden vierzehn Engel angerufen, besser gesagt herbeizitiert, richtiggehend herbeikommandiert. Sie werden eigentlich gar nicht um Hilfe gebeten, sondern es wird gesagt, was sie gefälligst zu tun haben – wo sie stehen und welche Handgriffe sie ausführen müssen.
Ist es nicht eigenartig? Je mehr man über solche scheinbar ganz harmlose kleine Kindergebete nachdenkt – die natürlich auch

von Erwachsenen gebetet werden dürfen, schließlich sind wir alle Kinder Gottes! –, umso mehr wird man gezwungen, sich Rechenschaft über die Glaubenshaltung zu geben, in der man ein solches Gebet beten kann. »Sage mir, wie du betest, und ich sage dir, wie du glaubst«, kann man da nur sagen.
Zeugt es wirklich von einem gläubigen Vertrauen in die Allmacht des allmächtigen Gottes, wenn – gleichsam nach dem Motto »Doppelt hält besser« – die Engel gleich paarweise ans Nachtlager beschworen werden?
Den Verdacht, dass mit diesem Gebet irgendetwas nicht stimmt, hatten wir schon lange. Nun verdichtet er sich immer mehr und wird zur Gewissheit. Dieses scheinbar so fromme Gebet ist gar nicht so christlich, wie es den Anschein hat.
Potz Blitz! Haben wir es hier nicht mit einem magischen Zauberspruch zu tun, in dem uralte religiöse Vorstellungen, nur notdürftig christlich bemäntelt, fröhliche Urständ feiern – so dass man eigentlich sagen müsste, ein *solcher* Abendsegen hat in einem rechtschaffenen christlichen Haushalt nichts verloren?
Sehen wir uns zum Vergleich den »Abendsegen« von Martin Luther an *(Evangelisches Gesangbuch Nr. 852)*. Der Vergleich macht uns sicher. Beim deutschen Reformator werden keine vierzehn Engel angefordert, da ist es nur einer, der um Beistand gebeten wird. Hier gibt es keinen Wildwuchs, hier besteht nicht die Gefahr einer ungezügelten Engelvermehrung, wenn den Kindern die Anweisung gegeben wird:

> *Des Abends, wenn du zu Bett gehst, kannst du dich segnen mit dem Zeichen des heiligen Kreuzes und sagen:*
> Das walte Gott Vater, Sohn und Heiliger Geist! Amen.
> *Darauf kniend oder stehend das Glaubensbekenntnis und das Vaterunser. Willst du, so kannst du dies Gebet dazu sprechen:*
> Ich danke dir, mein himmlischer Vater, durch Jesus Christus, deinen lieben Sohn, dass du mich diesen Tag gnädiglich behütet hast, und bitte dich, du wollest mir vergeben alle meine Sünde, wo ich Unrecht getan habe, und mich diese Nacht auch gnä-

diglich behüten. Denn ich befehle mich, meinen Leib und Seele und alles in deine Hände.
Dein heiliger Engel sei mit mir, dass der böse Feind keine Macht an mir finde.
Alsdann flugs und fröhlich geschlafen.

(Martin Luther)

Jugendverbot für Hänsel und Gretel

Selbstverständlich ist eine rechte christliche Glaubenshaltung nicht das Privileg evangelischer Christen. Nicht nur im altehrwürdigen Abendgebet, das Martin Luther den Kindern empfahl, auch im katholischen »*Stoßgebet zum heiligen Schutzengel*«, das Giovanni Bosco (1815–1888), der Ordensgründer und geniale Jugendseelsorger im Turin des 19. Jahrhunderts, seinen Schützlingen ans Herz legte, spiegelt sich das Bewusstsein, dass niemand sonst als Gott allein der Geber aller guten Dinge ist.

Engel Gottes,
die Liebe des himmlischen Vaters
hat mich dir anvertraut.
Erleuchte, behüte,
lenke und leite mich!

Amen.

Typisch katholisch wäre an diesem Gebet höchstens der Umstand, dass mit ihm die Möglichkeit verbunden war, einen Ablass zu gewinnen. Beziehungsweise mehrere Ablässe. 100 Tage Ablass bekam man, sooft man dieses Gebet »reumütig und andächtig« betete. Einen *vollkommenen* Ablass konnte man gemäß einer Verordnung von Papst Pius VI. *(Breve vom 2. Oktober 1795)* einmal im Jahr gewinnen – und zwar am 2. Oktober, dem Schutzengelfest, allerdings nur, wenn man vorher dieses Gebet das ganze Jahr hindurch täglich morgens und abends gebetet hatte und auch die zusätzlichen üblichen Bedingungen erfüllte: Beichte, Kommunion, Besuch einer Kirche und Gebet für den Papst. Eine weitere Möglichkeit, durch das Sprechen dieses Gebets einen vollkommenen Ablass zu gewinnen, war für die Todesstunde vorgesehen – vorausgesetzt, dass der Sterbende, der es betete, dieses Stoßgebet »auch im Leben oft gebetet« hatte und zum Zeitpunkt des Sterbens »würdig disponiert« war.

Die Todesstunde kann bekanntlich schneller da sein, als einem lieb ist – selbst für Kinder, und dies nicht nur im Krieg, wenn die Bomben vom Himmel fallen. Sogar das Geschwisterpaar *Hänsel und Gretel* in der beliebten Märchenoper von Engelbert Humperdinck (1854–1921) hätte beinahe ein Lied davon singen können. Aber da die Oper ein Happy-End hat, ist nicht der Tod der *Kinder* zu beklagen, sondern der Tod einer erwachsenen Frau.

Nun ja, »beklagen« ist vielleicht nicht das richtige Wort. Denn wie ein richtiges Klagelied klingt es nicht, wenn gesungen wird: »Juchhei! Nun ist die Hexe tot, mausetot, und aus die Not ...«

Lässt sich vom pädagogischen Standpunkt aus überhaupt verantworten, Kinder eine solche Oper sehen zu lassen? Selbstverständlich braucht man nicht päpstlicher zu sein als der Papst. Im Märchen kann und darf es ruhig zugehen wie im Märchen, wir sind schließlich im Theater und nicht in der Kirche. Außerdem darf man den Psychologen ruhig glauben, wenn sie beteuern, dass die Grausamkeit in den Märchen bei den Kindern keine Verrohung der Sitten nach sich zieht, sondern Probleme aufarbeiten hilft und heilender Balsam für gewisse seelische Verletzungen sein kann.

Trotzdem gäbe es vielleicht aus *religionspädagogischer* Sicht einen einleuchtenden Grund, »Hänsel und Gretel« mit einem strengen Jugendverbot zu belegen. Was der heranwachsenden Jugend hier über Sinn und Wert des Betens vermittelt wird, ist nämlich mehr als fragwürdig.

Am Ende des zweiten Aktes wird gezeigt, wie die beiden müde gewordenen Geschwister, bevor sie sich – nachts, draußen im Wald – zur Ruhe legen, den *»Abendsegen«* beten, den wir schon

zur Genüge kennen und über den wir uns bereits unsere Gedanken gemacht haben.
Aber damit nicht genug. Bei einer Oper gibt es nicht nur etwas zu hören, sondern auch etwas zu sehen. In »Hänsel und Gretel« kann jeder Opernbesucher nicht nur live mitverfolgen, wie die Kinder beten, sondern auch sehen, wie dieses von uns als einigermaßen fragwürdig eingestufte Gebet auf der Stelle erhört wird.
Die vierzehn herbeizitierten Engel erscheinen tatsächlich – vorausgesetzt, dass das Ganze so inszeniert wird, wie es die Regieanweisung des Originals vorsieht: »Vierzehn Engel, in lichten, lang herabwallenden Gewändern, schreiten paarweise, während das Licht an Helligkeit zunimmt, in Zwischenräumen die Wolkentreppe hinab und stellen sich, der Reihenfolge des Abendsegens entsprechend, um die schlafenden Kinder auf. Das erste Paar zu den Häupten, das zweite zu den Füßen, das dritte rechts, das vierte links; dann verteilen sich das fünfte und das sechste Paar zwischen die andern Paare, so dass der Kreis der Engel vollständig geschlossen wird. Zuletzt tritt das siebente Paar in den Kreis und nimmt als Schutzengel zu beiden Seiten der Kinder Platz. Die übrigen Engel reichen sich nunmehr die Hand und führen einen feierlichen Reigen um die Gruppe auf. Die ganze Szene ist von intensivem Lichte erfüllt. Während die Engel sich zu einem malerischen Schlussbild ordnen, schließt sich langsam der Vorhang.«
Aber was passiert, wenn der Vorhang wieder hochgeht und ein neuer Tag anbricht? Dann sind die schützenden Engel verschwunden und die Kinder geraten in höchste Lebensgefahr: Sie laufen *ungeschützt* der Knusperhexe in die Arme.
Wir können davon ausgehen, dass sich ganz bestimmt niemand etwas Böses dabei gedacht hat – weder der Komponist Engelbert Humperdinck, der die Musik der Oper schrieb, noch seine Schwester Adelheid Wette, geb. Humperdinck, die das Libretto verfasste, geschweige denn all die Intendanten und Regisseure, die »Hänsel und Gretel« im Lauf vieler Jahrzehnte auf die Bühne gebracht haben. Im Gegenteil: man hielt es sogar für pädagogisch besonders wertvoll, dass in dem Märchen auch etwas Frommes vorkam.

Und trotzdem: Die Botschaft, die diese beliebte Kinderoper stillschweigend übermittelt, ist ganz und gar nicht fromm. Den Opernbesuchern wird gleichsam mit sanften Klängen ins Ohr geträufelt: Da seht ihr nun, was es nützt, wenn man sich auf den Himmel verlässt. Die vierzehn Engel sind zwar sehr nett und sehr dekorativ, aber sie sind nicht imstande zu verhindern, dass ihr in euer Verderben rennt!
Gegenfrage: Wo steht denn geschrieben, dass es nicht ohnehin auch im wirklichen Leben exakt so ist, wie es in der Oper gezeigt wird? Hat einer, der um einen Engel betet, etwa ein Anrecht darauf, dass ihm ein Engel gesandt wird? Ist der Himmel in einem solchen Fall womöglich vertraglich verpflichtet, einen zu senden? Bleibt dem lieben Gott, wenn er der liebe Gott bleiben will, gar nichts anderes übrig, als jedem einsamen Soldaten am Wolgastrand, der ihn dezent daran erinnert, dass er im Himmel doch ohnehin so viele Engel bei sich habe und gewiss einen davon entbehren könne, willfährig zu gewähren, worum er bittet?

Kein Engel kam nach Konstantinopel

Am 29. Mai 1453 wurde Weltgeschichte geschrieben. Stefan Zweig hat das Ereignis zu den «Sternstunden der Menschheit« gezählt: Die Türken eroberten Konstantinopel. Die ehemalige Metropole des Oströmischen Reiches war keine christliche Stadt mehr. Statt dem Kreuz stand fortan der Halbmond über dem Goldenen Horn. Zwei Tage vorher läuteten die Glocken. Als die Lage immer aussichtsloser wurde und man sah, dass nichts mehr half, begann man zu beten. Die ganze Stadt bestürmte den Himmel. Und zwar gemeinsam. Man müsste es eigentlich in Großbuchstaben schreiben, um die Tragweite des Ereignisses zu unterstreichen. Etwas schier Unglaubliches war geschehen. Was die Christen in der Stadt am Bosporus taten, war alles andere als selbstverständlich: Dieses zerstrittene Häuflein, das aus solchen und solchen Gläubigen bestand, betete *gemeinsam*.

Die Not hatte nicht nur beten gelehrt, sie hatte auch einen ökumenischen Geist gezeugt. Orthodoxe und katholische Christen, die einander ansonsten spinnefeind waren, machten plötzlich gemeinsame Sache. Griechen, Genueser und Venezianer gingen in dieselbe Kirche und schritten Seite an Seite in der gleichen Prozession.

Stefan Zweig hat in einer seiner historischen Miniaturen anschaulich geschildert, was damals geschah.

Die Beter versuchten, das Schwert ob ihren Häuptern aufzuhalten – jedoch vergeblich. Sultan Mehmet II. hingegen gelang es, das Versprechen zu halten, das er seinen Soldaten gegeben hatte: Sie durften plündern. Und in einer Stadt wie Konstantinopel gab es *einiges* zu plündern. Noch heute pflegt man in der Türkei von einem wohlhabenden Mann zu sagen: »Der ist bestimmt deswegen so reich, weil er bei der Plünderung Konstantinopels dabei gewesen ist ...«

Konstantinopel in den frühen Morgenstunden des 29. Mai 1453. Die Galeeren Giustinianis hatten nicht geholfen, die Bittprozession hatte nicht geholfen, der Widerstand gegen den Sturmangriff, der um Mitternacht begann, hatte nicht geholfen. Würde jetzt der Engel kommen und helfen?

»Unüberwindlich starker Held, Sankt Michael, komm uns zu Hilf, zieh mit zu Feld ...« So beginnt ein Lied, das Friedrich von Spee, der berühmte deutsche Jesuit und Bekämpfer des Hexenwahns, im Jahr 1621 geschrieben hat. In vielen Kirchen und aus vielen christlichen Kehlen erklang dieses Lied, als die Türken wieder einmal gegen das Abendland zogen und zum zweiten Mal Wien belagerten: »Du bist der himmlisch Bannerherr; die Engel sind dein Königsheer. Hilf uns hie kämpfen, die Feinde dämpfen, Sankt Michael!«

Natürlich war dieses Lied zum Erzengel mit dem sprechenden Namen »Wer-ist-wie-Gott?« am Tag der Eroberung Konstantinopels noch nicht komponiert. Aber den Geist, in dem es geschrieben war, und das Vertrauen auf den Beistand der himmlischen Mächte gab es sehr wohl. Vor allem gab es eine Prophezeiung, an

die man sich in jenen Tagen wieder erinnerte und an die sich manche klammerten wie an einen Strohhalm. Wenn es wirklich zum Äußersten käme, würde ein Engel erscheinen und dreinschlagen.
Auch die Gegenseite hatte ihre Propheten. Derwische sagten den baldigen Sieg der türkischen Armee voraus. Allerdings musste man kein Hellseher sein, um vorauszusehen, dass das kleine, aus mehreren Nationen zusammengewürfelte Heer, das Kaiser Konstantin XI. zur Verfügung stand, gegen die zwanzigfache Übermacht des Sultans auf die Dauer keine Chance haben würde. Umso mehr setzte man die letzte Hoffnung auf den Engel. Selbst als der Feind schon in die Stadt eingedrungen war, schien noch nicht alles verloren. Dass es überhaupt so weit kommen konnte, hielten manche Frommen sogar für eine Strafe Gottes wegen des gemeinsamen Gebets mit den andersgläubigen Christen. Aber weiter als bis zur Säule des Kaisers Justinian, die in der Nähe der Hagia Sophia stand, würde der Feind nicht kommen. Denn dann – so lautete ja die Prophezeiung – würde ein Engel vom Himmel die Eindringlinge vernichten.
Doch es kam kein Engel nach Konstantinopel. Zumindest keiner, der kämpfte. Mehmets Männer konnten nach Herzenslust plündern. Die hübschesten Christenmädchen allerdings – jeder Löwe hat ein Recht auf den Löwenanteil – reservierte der Sultan für *seinen* Serail.
Was war los am Bosporus? Man fragte sich: Wie konnte Gott so etwas zulassen? Die Frage war keineswegs nur eine rhetorische Frage. Es war ja schon schwer zu begreifen, dass die Mächtigen des Abendlands so etwas zuließen! An jedem Biertisch war man sich einig, dass ein gut ausgerüstetes Heer aus dem Westen mit einer Truppenstärke von 20 000 bis 30 000 Mann genügt hätte, um zu verhindern, dass die ehrwürdige Hagia Sophia in eine Moschee verwandelt würde. Konnte man sich nicht einmal mehr auf Engel verlassen?
Und ein halbes Jahrtausend später in Berlin? Was war los Mitte August 1944? Wäre es nicht an der Zeit gewesen, ein Zeichen zu

setzen und die himmlischen Heerscharen nach Deutschland zu kommandieren, ehe noch mehr in Scherben fiel, als ohnehin schon gefallen war?

Als Pater Alfred Delp hilflos in seiner Gefängniszelle lag und nur das eine mit Sicherheit wusste, morgen werden sie mich wieder schlagen, hoffte er nicht darauf, dass ein *Engel* kommen werde, um ihn zu retten. Aber als er dann die Sirenen hörte, die die Leute aufforderten, schleunigst in die Luftschutzkeller zu flüchten, da konnte er gar nicht anders. Da begann er von Herzen zu hoffen, eine der Bomben, die heute Nacht auf Berlin fielen, möge doch in der Lehrter Straße niedergehen und das Haus Nr. 3 treffen, diesen Backsteinbau, in dem sich das Gefängnis der Gestapo befand.

Vielleicht würde die *Bombe* der rettende Engel sein, der ihn aus dem Kerker holte, indem sie den Kerker in Schutt und Asche legte. Oder sie würde ihn gleich diese Nacht noch vor Gottes Thron führen. Dann hätte er das Grauen wenigstens hinter sich und alles würde licht.

Aber die Hoffnung war vergeblich. Der Volltreffer blieb aus. Die rettende Bombe fiel nicht vom Himmel. Der Engel kam nicht. Die SS-Leute kamen und machten weiter.

In den »Tagen Tobiae«, wie es bei Rilke heißt, wurde ähnlich verzweifelt gehofft. Der Vater des jungen Tobias wollte nicht mehr. Sein Leben lang hatte er sich bemüht, rechtschaffen und gottwohlgefällig zu leben, und nun war er so schmählich ins Elend gekommen. Erblindet, unnütz und zu guter Letzt auch noch von der eigenen Frau verhöhnt – wozu weiterleben?

Man konnte es drehen und wenden, wie man wollte, aber es ließ sich nicht übersehen: Seine *Frömmigkeit* war es, die ihn so weit gebracht hatte. Hätte er nicht dieses gottgefällige Werk der Barmherzigkeit getan – und zwar heimlich nach Einbruch der Dunkelheit und unter Lebensgefahr, denn es war streng verboten, den Toten zu begraben! –, dann hätte er nicht im Freien übernachtet. Er *konnte* aber nirgendwo anders übernachten als draußen, da er durch die Berührung mit dem Leichnam unrein geworden war. Demnach waren es ausschließlich religiöse Gründe, die ihn veranlasst hatten, sich in dieser Nacht an der Hofmauer zum Schlafen zu legen, und so nahm denn das Unheil seinen Lauf. Die Sperlinge ließen – um es mit den Worten der Heiligen Schrift zu sagen – »ihren warmen Kot« in seine Augen fallen (Tob 2,10), und Tobit erblindete.

Der gute Mann war am Ende. Er betete. Aber nicht um das Kommen eines rettenden Engels, er betete um den Tod. »Lass meinen Geist von mir scheiden; lass mich sterben und zu Staub werden! Es ist besser für mich, tot zu sein, als zu leben. Denn ungerechte Vorwürfe musste ich anhören und ich bin sehr betrübt. Lass mich jetzt aus meiner Not zur ewigen Ruhestatt gelangen!« (Tob 3,6)

Tobit, der Vater des Tobias, betete um den Tod – und sein Gebet wurde erhört. Allerdings war es nicht der Tod, der kam. Ein *Engel* wurde gesandt, um ihn zu retten. So erzählt es die Bibel.

Hilflos am Boden

Die alte Frau wusste, was der Doktor gesagt hatte. Wenn es notwendig sein würde, die Toilette zu benutzen, dürfe sie keinesfalls allein vom Bett heruntersteigen. Hier war die Klingel, draußen die Dienst habende Krankenschwester – »in Indien«, wie sie scherzhaft sagte, denn ihr Zimmer war am Ende des Ganges.

»Wenn Sie etwas brauchen, dann klingeln Sie einfach nach der Schwester. Ganz egal, ob es früh am Morgen oder mitten in der Nacht ist«, hatte der Doktor gesagt. »Sie wird zu jeder Tages- und Nachtzeit kommen, um Ihnen zu helfen.«

Die alte Frau hatte genickt und innerlich gehofft, nicht allzu häufig von der Möglichkeit Gebrauch machen zu müssen, den Klingelknopf zu betätigen, der über dem Krankenhausbett in Griffhöhe baumelte. Es war ihr unangenehm, auf die Hilfe anderer angewiesen zu sein. Sie wollte »keinem Menschen zur Last fallen«, wie sie es nannte. Auch und gerade nicht den Klosterschwestern, die sich in diesem Krankenhaus besonders liebevoll um sie kümmerten.

Wenn sich Anzeichen von Notdurft bemerkbar machten, griff die Frau nicht sofort zur Klingel, sondern sofern es nur irgendwie ging, wartete sie geduldig, bis die Krankenschwester sowieso von selbst kam. Das Pflegepersonal mochte ihr noch so oft bekunden, dass es kein Problem sei, selbst wenn es einmal »Fehlalarm« geben sollte. »Sie können uns ruhig über den Gang scheuchen, dazu sind wir ja da!«, sagte die Schwester in ihrer heiteren Art. Aber die Frau war in diesem Punkt sehr eigensinnig. Sie ließ sich nicht beirren und wertete es als großen Erfolg, wenn es ihr wieder gelungen war, die Schwestern »nicht unnötig« zu bemühen.
Zwei oder drei Wochen lang war alles gut gegangen. Aber eines Tages passierte es. Mitten in der Nacht um halb drei. Der Gang zur Toilette war unaufschiebbar.
»Was hätte ich tun sollen?«, sagte meine Mutter – denn sie war die Patientin, von der ich hier erzähle. Aber es war nur eine rhetorische Frage. Sie wusste genau, was sie tun hätte sollen. Sie hätte nur nach der Nachtschwester klingeln müssen, und nichts wäre geschehen. Aber rücksichtsvoll, wie sie war, tat sie es nicht, sondern stieg allein aus dem Bett. Es ging langsamer als mit fremder Hilfe, aber es ging.
In dem Einzelzimmer, in dem sie untergebracht war, hatte sie nur ein paar Meter Weg zu bewältigen. Der Raum mit dem Waschbecken und der WC-Muschel befand sich direkt neben dem Bett. Aber für den Rückweg war sie zu schwach.
Eineinhalb Stunden lang lag sie hilflos am Boden, bis ihr endlich geholfen wurde. Sie musste nicht nur dafür büßen, dass sie aus übertriebener Rücksichtnahme auf andere den Alleingang gewagt hatte. Es rächte sich auch, dass sie in einem Einzelzimmer untergebracht war. Niemand hörte, wie sie um Hilfe schrie. Der Klingelknopf ganz in der Nähe. Aber unerreichbar. Eineinhalb Stunden.
Auch ein Telefon gab es. Auf dem Nachtkästchen. Sie hätte überallhin damit anrufen können. Es funktionierte nicht nur innerhalb des Krankenhauses. Eines ihrer Kinder hätte sie sicher erreicht, meine Schwester, meinen Bruder oder mich, falls sie in der Aufregung ihre Brille nicht gefunden hätte. Denn die Telefonnum-

mern ihrer Kinder wusste sie auswendig. Auch wenn jeder von uns ganz woanders wohnte und das Krankenhaus hunderte Kilometer weit entfernt war, wir hätten schon gewusst, was zu tun war, damit ihr schnellstmöglich geholfen würde. Aber der Telefonapparat war unerreichbar.

Meine Mutter war eine fromme Frau. Im besten Sinne des Wortes. Religion war nichts Aufgesetztes in ihrem Leben. Ihr Glaube hatte sie durch ihr Leben begleitet und ihr geholfen, die Schicksalsschläge zu bestehen, die ihr beschieden waren. Ich weiß, dass sie in dieser Nacht im Krankenhaus nicht nur nach der Krankenschwester rief, sondern auch gebetet hat.

Diese Nacht war keine Nacht wie jede andere. Es war der 2. Oktober. Der Tag, an dem das Fest der heiligen Schutzengel im Kalender steht. »Sei in dieser Welt voll Mängel stets mein Freund, mein Führer hier ...« – hatte es im Gebet zum Schutzengel geheißen. Aber jetzt, wo sie in höchster Not war? Kam ein Engel, um ihr zu helfen? Die Krankenschwester kam. Nach qualvollen neunzig Minuten.

In verzweifelter Anstrengung war es der am Boden liegenden Rekonvaleszentin gelungen, in den eineinhalb Stunden doch noch irgendwie Millimeter um Millimeter voranzurobben und mit ihrer ebenfalls auf dem Boden liegenden Krücke das Kabel mit der Klingel so weit herunterzuzerren, dass sie endlich klingeln konnte. Im Nu waren zwei helfende Hände da, um meine Mutter zu betten und sie zuzudecken – und die Krankenschwester bemühte sich auch, die schlimmen Selbstvorwürfe zu beschwichtigen, die sich die Gestrauchelte wegen des Missgeschicks machte.

»Die Hand, die uns nehmen und leiten wird ...«

Ich hätte gut verstehen können, wenn meine Mutter in dieser Situation mit Gott »gehadert« hätte. Ich jedenfalls, wenn ich in dieser Situation der liebe Gott gewesen wäre, ich hätte ganz bestimmt mit mir selbst zu hadern begonnen.

»Alles was recht ist«, hätte ich zu mir gesagt, »aber so etwas kannst du doch nicht zulassen. Eine rechtschaffene Frau, die so viele Opfer gebracht hat in ihrem Leben und niemandem etwas Böses getan hat, hilflos am Boden liegen lassen? Das *darfst* du nicht tun, wenn du weiterhin der liebe Gott sein willst. Nicht einmal eine Viertelstunde lang darfst du sie so liegen lassen, geschweige denn eineinhalb Stunden. Du wirst ihr schleunigst einen Engel schicken. Oder willst du sie *prüfen*? Das ist doch nicht nötig. Du hast sie ohnehin schon geprüft. Mehrere Male sogar. Du weißt längst, wie sie ist. Du kennst ihr Herz. Du hast es nicht nötig, eine kranke Frau, die schon geplagt genug ist, noch zusätzlich zu quälen, nur um zu testen, wie lange es dauert, bis sie dir endlich ins Antlitz flucht. Also los, worauf wartest du noch, mach die Adventkantate wahr: Befiehl dem Engel, dass er kommt!«
Aber so spricht Gott nicht. Jedenfalls nicht der Gott, an den wir glauben. Und schon gar nicht, wenn er mit sich selbst redet. Das sind nicht *seine* Gedanken. Das sind Gedanken, die nach Menschenfleisch riechen. Wie sagte der Prophet so richtig: »Meine Gedanken sind nicht eure Gedanken, und eure Wege sind nicht meine Wege, spricht der Herr« (Jes 55,8).
Meine Mutter hat *nicht* mit Gott gehadert, als sie hilflos am Boden lag. Diese Frau, die mich glauben gelehrt hat, wäre überhaupt nicht auf die Idee gekommen, in einer solchen Situation jemand anderem einen Vorwurf zu machen als sich selbst. Was konnte der liebe Gott dafür, dass sie so eigensinnig gewesen war! Gott einen Vorwurf machen, weil er ihr nicht geholfen hat, als sie in Not war? Nie im Leben.
Außerdem *hatte* er ihr ja geholfen! Er hatte ihr den Schutz zuteil werden lassen, den sie brauchte. Gott in seiner Weisheit hatte es so gefügt, dass es ihr zu guter Letzt gelungen war, den Klingelknopf zu erreichen. Was wollte man mehr?
Sie hatte einen ungeschickten Schritt getan. Sie war ausgerutscht und hingefallen, und dann kam die Krankenschwester und hob sie empor. Um welches Wunder hätte sie beten sollen? Es war ohnehin eines geschehen.

Nicht auszudenken, wie schlimm es ausgehen hätte können, wenn sie die *ganze* Nacht auf dem Boden hätte liegen müssen! Nur mit dem leichten Nachthemd bekleidet. Auf dem kalten Bodenbelag. Im Oktober. Eine Lungenentzündung hätte sie sich holen können. Die Operationswunde hätte aufreißen können. Sie hätte sich beim Sturz den Kopf blutig schlagen können. Eine Gehirnblutung. Ein Schwindelanfall. Alles Mögliche hätte passieren können. Atemnot. Herzstillstand. Oder etwas noch Schlimmeres – eine Maus, die über den Boden huscht, jetzt im Herbst durchaus keine Seltenheit.

Nichts von alledem war geschehen. Im Gegenteil. Hier in diesem Spital war sie in guten Händen. Sie müsse unendlich dankbar sein, sagte sie.

Meine Mutter hatte keine Worte dafür, um auszudrücken, was sie erlebt hatte in diesen eineinhalb Stunden, als sie am Boden lag, aber sie wollte es trotzdem mitteilen. »Ich weiß nicht, wie ich sagen soll«, sagte sie und sah mich fragend an, um zu sehen, ob ich sie vielleicht trotzdem verstünde. Sie müsse unendlich dankbar sein. Dass sie das hatte erleben dürfen. Diese Gnade. Wenn sie nicht gestürzt wäre, hätte sie das nie erlebt. Sie hatte keine Worte dafür. Um diese Nähe zu benennen. Diesen Trost, den sie erfahren hatte. Hier in diesem Spital sei sie in guten Händen, sagte sie noch einmal – und sie meinte nicht nur die Hände der Ärzte und Krankenschwestern.

Die Patientin Irene Dirnbeck (1907–1982) erholte sich schneller, als die Ärzte gemeint hatten. Schon ein paar Wochen später konnte sie wieder ohne fremde Hilfe gehen. Drei Jahre lang hat sie danach noch gelebt.

Alfred Delp (1907–1945) hatte nur noch ein halbes Jahr zu leben nach seiner schrecklichen Nacht. Aber wenn es nach ihm gegangen wäre, hätte der Todesengel gleich in dieser Nacht kommen können. Es wäre eine Erlösung gewesen. Der Jesuit hat es selbst gesagt. »Ich war wie erlöst, als Alarm kam, und erwartete die tötende oder die Flucht ermöglichende Bombe«, schrieb er im bereits erwähnten Brief. »Beide blieben aus. Und ich sah von dieser

Nacht aus den ganzen verhängnisvollen Lauf. Gott hat mich gestellt. Nun heißt es: dem gewachsen sein, so oder so ...«
Die Nazischergen konnten dem hilflos an einen Tisch gebundenen Jesuiten zwar alle Knochen brechen, aber nicht das Rückgrat. Nicht, dass ihm die Schmerzen der Folter und die dumme Lippe des Folterers nicht zugesetzt hätten. Aber er ist daran nicht zerbrochen. Mit gefesselten Händen schrieb er den Brief, in dem er bekannte: »Ich glaube immer noch fest und zuversichtlich an die Hand, die uns nehmen und geleiten wird.« Es scheint, dass der Engel, der zu Jesus gekommen ist, als er in Getsemani am Boden lag, im entscheidenden Moment auch zu Alfred Delp kam.

3. Von guten Mächten umgeben

Kein Mensch ist so freundlich und zu allerlei Dienst und Wahrheit bereit und gewiss, als die lieben Engel sind; darum sollen wir lernen, dass unsere besten und beständigsten Freunde unsichtbar sind, die mit Treue und Gunst, dazu mit aller Dienstbarkeit und rechter Freundschaft die sichtbaren Freunde, die wir haben, weit übertreffen.

(Martin Luther)

Eine »musikalische Legende« nannte der Komponist Hans Pfitzner seine Oper »Palestrina«. Die Handlung spielt im Jahr 1563, als das Tridentinische Konzil beendet wurde. Der Titelheld – Giovanni Pierluigi da Palestrina – ist Kapellmeister an der Kirche Santa Maria Maggiore in Rom und wird beauftragt, eine Messe zu komponieren.

Nicht irgendeine Messe, sondern ein Meisterwerk. Es soll ein gelungenes Beispiel von neuer Kirchenmusik werden, das den konservativen Kräften des Konzils den Wind aus den Segeln nehmen soll. Diese plädieren nämlich dafür, die Figuralmusik aus der Kirche zu verbannen und den gregorianischen Choral wieder einzuführen.

Ein Mann hört die Engel singen

Kardinal Borromeo, ein Freund der Künste, hat in dieser Frage einen klaren, progressiven Standpunkt. Er will verhindern, dass sich der rückwärts gewandte Kunstgeschmack durchsetzt. Nicht zuletzt auch deshalb, weil der deutsche Kaiser Ferdinand ebenfalls zu erkennen gegeben hat, dass er von der Wiedereinführung des Chorals nicht sehr angetan wäre, hat sich der Papst zu einem gleichsam salomonischen Kompromissvorschlag hinreißen lassen. Wenn man ihm ein überzeugendes, gelungenes Beispiel einer neuen Messe vorlege, dann werde es nicht zur geplanten Liturgiereform kommen.

Fest davon überzeugt, dass niemand anderer als Palestrina der geeignete Mann ist, zum »Retter der Musik« zu werden, sucht der Kardinal den Komponisten auf und teilt ihm das Problem mit folgenden Worten mit: »Wenn denn ein solches Werk gelänge / – dies hat der Papst mir zuerkannt –, / so sei gelöst des Fluches Strenge, / die die gesamte Kunst noch bannt. / Der neuen Messe Stil und Haltung, / sie sei fortan die feste Norm. / So brächte dieses Werks Gestaltung / der Tonkunst Rettung und Reform. / Und *Ihr* sollt diese Messe schreiben! / Wer könnte solchen reinen Stil / wohl einem Werke einverleiben / zugleich mit kirchlichem Gefühl ...«

Der Meister fühlt sich geehrt, doch er lehnt ab. Von Selbstzweifeln gequält, sieht er sich außerstande, ein solches Werk in Angriff zu nehmen, zumal er seit dem Tod seiner Frau Lukretia keine Note mehr komponiert hat. Wütend verlässt der Kirchenfürst den Musiker, nicht ohne ihm vorher noch für den Fall, dass es bei seiner Weigerung bleibe, reichlich unverhohlen Zwangsmaßnahmen anzudrohen.

In der Nacht darauf komponiert Palestrina eine Messe. Das heißt, er komponiert sie nicht eigentlich, sondern schreibt nur auf, was die Engel singen.

Palestrina hat eine Vision. Engel steigen vom Himmel herab in sein Arbeitszimmer und singen eine Messe, vom »Kyrie eleison« bis zum »Dona nobis pacem«, und als der Morgen anbricht und »von ferne mit zunehmender Stärke die Glocken des erwachenden Roms« zu hören sind, wie es bei Pfitzner heißt, ist die vom Kardinal geforderte exemplarische Kirchenmusik fertig. Nur Palestrina selbst weiß nichts davon. Er hat diese *Engelmesse* in Trance geschrieben und ist laut Regieanweisung »nach den letzten Noten der Messe wie vor übermäßiger Anstrengung erschöpft seitlich in den Sessel zurückgesunken. Der rechte Arm hängt herunter, die Feder ist seiner Hand entfallen, die Notenblätter liegen auf dem Tisch und auf dem Boden zerstreut. Er schläft tief.«

Die »Engelmesse« aus der Pfitzner-Oper gehörte bereits in jenen Jahren zu den beliebtesten Stücken im Repertoire der Sparte ernste Musik, als der Rundfunk noch in den Kinderschuhen steckte. Man kann sich vorstellen, wie wenig nach High-Fidelity-Sound es geklungen haben wird, als im April 1944 ein paar Männer in Berlin vor dem krächzenden Lautsprecher eines Volksempfängers saßen und Gelegenheit hatten, diese Musik zu hören – in der Osterwoche, in der sie gesendet wurde, wohl mit noch größerer Ergriffenheit als sonst. Noch dazu in der besonderen Lage, in der sie sich befanden: im Gefängnis.
Dietrich Bonhoeffer (1906–1945) berichtet in einem Brief an seinen Freund Eberhard Bethge von diesem Hörerlebnis: »Kürzlich hörte ich die Engelszene aus ›Palestrina‹ im Radio und dachte an München. Sie war schon damals das Einzige, was mir besonders gefiel. Hier ist ein besonderer Palestrina-Verehrer, der es nicht verstehen kann, dass ich mit dem Stück nichts anfangen konnte, und ganz begeistert war, als mir die Engelszene doch gefiel ...«
Der protestantische Theologe Dietrich Bonhoeffer war um ein Jahr älter als der Katholik Alfred Delp. Beide waren Christen aus Deutschland und hatten als Widerstandskämpfer im Dritten Reich das gleiche Schicksal zu erleiden. Bonhoeffer wurde am 9. April 1945 – zwei Monate später als Delp – im Konzentrationslager Flossenbürg im Namen des deutschen Volkes vom Leben zum Tod befördert.

Von guten Mächten

Dietrich Bonhoeffer war akademischer Theologe, Lehrbeauftragter für systematische Theologie in Berlin und Leiter des Predigerseminars der Bekennenden Kirche in Finkenwalde. Er war aber auch literarisch begabt. Unter den Aufzeichnungen aus der letzten Phase seines Lebens finden sich nicht nur Gebete, die er für Mitgefangene schrieb, sondern auch Gedichte. Einer der schönsten Texte Bonhoeffers ist das Gedicht *»Von guten Mächten«*, das er am Silvestertag 1944 zu Papier gebracht hat *(Dietrich Bonhoeffer: Widerstand und Ergebung. Briefe und Aufzeichnungen aus der Haft. Herausgegeben von Eberhard Bethge. Verlag Chr. Kaiser/Gütersloher Verlagshaus, Gütersloh 1997, S. 219f.).*

Von guten Mächten treu und still umgeben,
behütet und getröstet wunderbar,
so will ich diesen Tag mit euch leben
und mit euch gehen in ein neues Jahr.

Noch will das alte unsre Herzen quälen,
noch drückt uns böser Tage schwere Last,
ach, Herr, gib unsern aufgescheuchten Seelen
das Heil, für das Du uns geschaffen hast.

Und reichst Du uns den schweren Kelch, den bittern
des Leids, gefüllt bis an den höchsten Rand,
so nehmen wir ihn dankbar ohne Zittern
aus Deiner guten und geliebten Hand.

Doch willst Du uns noch einmal Freude schenken
an dieser Welt und ihrer Sonne Glanz,
dann wolln wir des Vergangenen gedenken,
und dann gehört Dir unser Leben ganz.

Lass warm und still die Kerzen heute flammen,
die Du in unsre Dunkelheit gebracht,
führ, wenn es sein kann, wieder uns zusammen.
Wir wissen es, Dein Licht scheint in der Nacht.

Wenn sich die Stille nun tief um uns breitet,
so lass uns hören jenen vollen Klang
der Welt, die unsichtbar sich um uns weitet,
all Deiner Kinder hohen Lobgesang.

Von guten Mächten wunderbar geborgen,
erwarten wir getrost, was kommen mag.
Gott ist bei uns am Abend und am Morgen
und ganz gewiss an jedem neuen Tag.

(Dietrich Bonhoeffer)

In vertonter Form hat das Gedicht auch Eingang in den Liedschatz des Evangelischen Kirchengesangbuchs gefunden. Es wird freilich auch in katholischen Gottesdiensten gerne gesungen.
»Von guten Mächten treu und still umgeben« ist ein ungemein berührendes Vermächtnis eines großen Theologen des zwanzigsten Jahrhunderts. In diesem Text wird in sehr persönlicher und gleichzeitig allgemein gültiger Weise die Erfahrung von Sinn und Geborgenheit inmitten von Gewalt und Bedrohung zur Sprache gebracht. Nicht umsonst gilt Bonhoeffers Gedicht von den guten Mächten als ein beredtes Zeugnis für die Erfahrung der Gegenwart der Engel auch in unserer Zeit.

»Schau doch, du wirst beschützt!«

Die guten Mächte, die uns bergen, sind unsichtbar. Wir sehen sie nicht. Wir spüren sie eher, als dass wir sie sehen. Aber auch das nicht immer. Wir können sie nur sehen, wenn sie sich zeigen. Oder nicht einmal dann. Meistens brauchen wir jemand anderen, der sie uns zeigt. Einen Menschen, der uns mit der Nase darauf stößt. Der uns sagt: »Fürchte dich nicht! Schau doch, du wirst beschützt!«
Eine Geschichte aus den Überlieferungen der Wüstenväter illustriert es in plakativer Weise. Da wird von einem Mönch erzählt, der schier verzweifeln wollte, weil er Schwierigkeiten mit dem sechsten Gebot hatte.
»Der Altvater Moses wurde einmal heftig zur Unkeuschheit versucht, und da er es im Kellion [*in seiner Mönchszelle*] nicht mehr aushielt, ging er fort und meldete es dem Altvater Isidor. Der Alte

forderte ihn zur Rückkehr in sein Kellion auf, was er aber mit der Begründung ablehnte: ›Ich kann es nicht, Vater!‹ Abbas Isidor nahm ihn mit sich, führte ihn auf das Hausdach hinauf und sagte zu ihm: ›Schau nach Westen!‹ Er blickte hin und sah eine unzählbare Menge von Dämonen, die aufgeregt waren und Kriegslärm machten. Und wiederum sagte der Altvater Isidor: ›Schau nach Osten!‹ Er blickte hin und sah unzählbare Scharen heiliger Engel in Herrlichkeit. Und Abbas Isidor sprach: ›Siehe, diese sind den Heiligen vom Herrn zur Hilfe gesandt. Die im Westen, das sind die, die gegen sie Krieg führen. Mehr aber sind die auf unserer Seite.‹ Und so sagte der Altvater Moses Gott Dank, fasste Mut und kehrte in sein Kellion zurück.« *(»Apophtegmata Patrum«, 178. Zitiert nach: Weisung der Väter, eingeleitet und übersetzt von Bonifaz Miller, Lambertus-Verlag, Freiburg im Breisgau 1965).*
Die guten Mächte, die uns bergen, helfen uns im Kampf gegen die bedrohlichen Mächte. Dies war die Erfahrung des Mönchs, die er seinem Mitbruder vermittelte; und weil sie nicht nur für den einen Mönch, von dem sie erzählt, sondern auch für andere von Wichtigkeit war, wurde sie weitererzählt, aufgeschrieben, abgeschrieben und weiterüberliefert, damit sich auch Mönche späterer Generationen und späterer Jahrhunderte daran erbauen konnten.
Erzählen ist überhaupt die angemessenste Art, vom Glauben zu reden. Die Bibel macht es nicht anders. Sie erzählt mir Geschichten. Sie bombardiert mich nicht mit dogmatischen Formeln und Merksätzen, die ich zu pauken habe, sondern legt mir dar, was für Erfahrungen die Väter und Mütter des Glaubens gemacht haben – von Abraham und Sara bis zu Petrus und Paulus, von Moses bis zu Matthäus, von David bis zu Maria Magdalena, von Adam und Eva bis zum Seher auf Patmos. Und sie tut dies, damit ich die Erfahrungen, die *ich* mache, einordnen kann. Sie hält mir einen Spiegel vor, damit ich mein eigenes Leben sehe. Sie hilft mir, das Unnennbare zu benennen, für das ich sonst keine Sprache hätte. Sie hilft mir, Dinge zu hören und zu sehen, für die ich sonst vielleicht kein Ohr und keinen Blick hätte.
So gesehen zählt die Bibel ebenfalls zu den »guten Mächten«, die

uns bergen; und es wäre gar nicht so abwegig, die jüdisch-christliche Erzähltradition selbst als einen »guten Engel« zu betrachten. Ein Engel überbringt eine Botschaft von Gott, und die Bibel – das »Wort Gottes« – tut nichts anderes. Sie ist die gute Botschaft von Gott, der gute Engel des Wortes. Im Wort »Evangelium« ist der gute Engel wortwörtlich enthalten. Das »Eu-Angelion« ist die Gut-Botschaft schlechthin.

Eine solche hilfreiche »Gut-Botschaft« ist auch die Story von Altvater Moses, dem sein Triebleben zu schaffen machte. Die Geschichte wurde erzählt und wird weitererzählt, um anderen Mönchen gleichsam zu sagen: »Tröste dich! Du bist mit deinen Problemen nicht allein. Anderen geht es genau so wie dir. Sieh nur, dieser Altvater Moses hat auch gemeint, er würde es nicht aushalten. Er fand sein Mönchsleben genauso zum Davonlaufen wie du. Und dann kam ein anderer Mönch – sein Mitbruder Isidor, der hat ihm die Augen geöffnet. Er hat ihm Mut gemacht. Er hat ihm gesagt, du wirst es schon schaffen, es ist nicht so schlimm, wie du glaubst. Er hat es ihm richtiggehend vor Augen geführt: Fürchte dich nicht! Schau doch, du wirst beschützt – die Engel kämpfen für dich!«

Die Geschichte von Altvater Moses und Altvater Isidor ist eine erfundene Geschichte, eine lehrhafte Beispielerzählung, und sie ist trotzdem eine Geschichte, die das Leben schrieb. Die Erfahrung, die die alte Geschichte vermittelt, ist aus der *Lebenswirklichkeit* genommen: aus dem Leben der Asketen, die in Oberägypten als Einsiedler in die Wüste gezogen waren. Aber *die sprachliche Form*, in der die Vermittlung geschieht, ist vorgeprägt. Sie ist der Bibel entnommen. Das heißt, die altchristliche Geschichte steht selbst im mächtigen Strom der jüdisch-christlichen Erzähltradition.

Das unmittelbare Vorbild für diese Mönchsgeschichte ist eine Episode aus dem Erzählzyklus über den Propheten Elischa im Alten Testament. Der Mönch in Oberägypten hatte damit schon den passenden Zaunpfahl zur Hand, mit dem er nur zu winken brauchte, um das Terrain für die Probleme seines Mitbruders abzustecken. Allein schon durch den Verweis auf die Bibel spendete er Trost: »Fürchte dich nicht, lieber Freund, denn in den Tagen des Elischa sah es genauso trostlos aus; aber glücklicherweise waren dann die Engel schützend zur Stelle. Eine ganze Kompanie guter Mächte stand Gewehr bei Fuß, um den feindlichen Mächten Saures zu geben!«

Die Episode, um die es geht, findet sich im zweiten Buch der Könige. Wir befinden uns in der Zeit der Aramäerkriege. Die feindlichen Truppen sind in der Nacht unbemerkt vorgerückt, und als es Tag wird, sieht man die Katastrophe. Die Stadt ist von Rossen und Wagen umzingelt. Der Diener des Propheten gerät völlig aus dem Häuschen, als er erkennt, wie bedrohlich die Lage ist. Aber Elischa bleibt gelassen. Denn ebenso wie Bonhoeffer im Kerker der Nazis und wie Abbas Isidor in seiner Eremitage hat auch der Gottesmann aus dem alten Israel einen Blick für die guten Mächte, die uns umgeben.

»Als nun Elischa am folgenden Tag frühmorgens aufstand und hinausging, da umlagerte eine Heeresmacht mit Rossen und Wagen die Stadt. Da sagte sein Diener zu ihm: O weh, mein Herr, was machen wir nun? Er aber erwiderte: ›Fürchte dich nicht, denn derer, die mit uns sind, sind mehr als derer, die mit ihnen sind.‹

Dann betete Elischa: ›Herr, öffne ihm doch die Augen, damit er sieht!‹ Und der Herr öffnete dem Diener die Augen, und er sah auf einmal, wie der Berg rings um Elischa voll von feurigen Rossen und Wagen war.« (2 Kön 6,15–17)

Die kämpfenden Engel

Es hieße Eulen nach Athen tragen und Jordanwasser in den See Gennesaret schütten, wollte man eigens erwähnen, dass auch Jesus von Nazareth die Bibel kannte. Aber es ist vielleicht nicht ganz verkehrt, wenn man vermutet, dass nicht jeder, der Mt 26,52 liest, auf der Stelle erkennt, dass hier auf genau diese Stelle aus dem zweiten Buch der Könige angespielt wird.

Bibelfest, wie sie waren, verstanden nicht nur die Apostel, die es mit eigenen Ohren hörten, dass Jesus mit seinen Worten Elischa und seine Vision von der himmlischen Streitmacht im Auge hatte. Auch die ersten Christen, die sich bei ihren Versammlungen an die Leidensgeschichte ihres Herrn und Meisters erinnerten, wussten Bescheid. Oder sagen wir besser: die *allerersten* Christen – die Judenchristen, die die Heiligen Schriften des Alten Testaments mindestens genauso gut kannten wie die heutigen Kinder ihren Harry Potter.

Für Heidenchristen war so etwas nichts. Sie hätten nur Bahnhof verstanden. Ihnen hätte man erst mühsam die Hintergründe erklären müssen, bis sie die Pointe begriffen hätten. Aber so viel Jordanwasser nach Athen zu tragen lohnte sich nicht. Darum hat Lukas, der sein Evangelium für Christen schrieb, die aus dem *hellenistischen* Kulturkreis stammten, das betreffende Jesuswort nicht notiert. Matthäus jedoch ließ es sich nicht entgehen. Er hatte für sein Evangelium eine *judenchristliche* Gemeinde als Zielgruppe.

»Sie küssten sich und sie schlugen sich – Verhafteter faselt irgendetwas von Engeln ...« – so oder ähnlich hätte ein gewitzter Moderator seine Zuschauer auf den Live-Bericht des Nahostkorrespondenten über den neuesten nächtlichen Zwischenfall in Jerusalem neugierig machen können – vorausgesetzt, es hätte zur Zeit Jesu die modernen elektronischen Medien bereits gegeben.

Die Bibel erzählt es naturgemäß etwas nüchterner, aber das Ereignis bleibt genauso dramatisch, wie es war. Jesus wird in einer nächtlichen Blitzaktion auf dem Ölberg festgenommen. Männer mit Fackeln und Laternen sind erschienen, bewaffnet mit Knüppeln und Schwertern. Gesucht wird ein Mann namens Jesus. An der Spitze des Trupps ein Überläufer aus den eigenen Reihen: Judas Iskariot, der ein paar Stunden vorher mit den anderen noch beim Abendmahl war. Er geht auf den Meister zu und gibt ihm einen Kuss. Simon Petrus, der sich als Chef der Zwölfergruppe um Jesus betrachtet, bekommt einen Tobsuchtsanfall. Er greift nach seinem Schwert und schlägt drein. Dass er keiner nüchternen Überlegung folgt, sondern lediglich aus dem Bauch heraus reagiert, ist offensichtlich. Selbst ein Mensch mit nicht besonders hohem Intelligenzquotienten hätte erkennen müssen, dass bei die-

ser Übermacht jede Gegenwehr zwecklos ist. Abhauen wäre besser als hauen. Aber wenn einer schon meint, zuhauen zu müssen, dann sollte er wenigstens treffen. Petrus hat keinen guten Tag. Er erwischt den Mann, auf den er einschlägt, nur am Ohr.
Bevor noch irgendein anderer etwas sagen kann, ergreift Jesus das Wort. »Steck dein Schwert in die Scheide«, sagt er zu Petrus, »denn alle, die zum Schwert greifen, werden durch das Schwert umkommen. Oder glaubst du nicht, mein Vater würde mir sogleich mehr als zwölf Legionen Engel schicken, wenn ich ihn darum bitte? (Mt 26,52–53)
Mehr als zwölf Legionen Engel sind eine ganze Menge Engel. Eine Legion Soldaten im römischen Heer bestand bekanntlich aus 6 000 Mann. Jesus könnte demzufolge mehr als 72 000 Engel zu seiner Verteidigung anfordern, wenn er wollte – genauso viele oder eine noch größere Menge von Engeln als die, die zu Zeiten Elischas zum Kampf gerüstet bereitstanden.
Aber Jesus verzichtet darauf. Gewalt wäre in dieser Situation das Verkehrte. Der Mann aus Nazareth muss einen anderen Weg gehen. Jetzt ist nicht die Stunde der kämpfenden Engel. Jetzt heißt es die andere Backe hinhalten.
Trotzdem ist Jesus imstande, getrost zu erwarten, was kommen mag – um mit den Worten Bonhoeffers zu reden. Jesus zittert nicht mehr. Das Blutschwitzen hat er hinter sich. Er ist getröstet. Er *wurde* getröstet. Er weiß, dass die Engel trotzdem um ihn sind, auch wenn sie nicht kämpfen. Die guten Mächte sind da, die Macht der Waffen hat hier nichts verloren. Das Schwert muss in der Scheide bleiben.

Die Botschaft der quietschenden Reifen

Engel begegnen uns in Grenzsituationen. In Not und Gefahr, in Erfahrungen von Rettung und Bewahrung. Aber sie sind nicht nur in solchen Momenten um uns. Sie sind auch da, wenn sie nicht feierlich in Erscheinung treten.

So wie Bruder Sonne und Schwester Mond, Bruder Feuer und Schwester Wasser und all die anderen mit uns verschwisterten Wirklichkeiten der Schöpfung da sind und uns umgeben, auch wenn wir nicht pausenlos an sie denken, so sind auch – um es in der Sprache des heiligen Franz von Assisi zu sagen – die himmlischen Boten um uns. Unsere Geschwister aus dem unsichtbaren Bereich der Schöpfung sind wie die Luft, die wir atmen. Die Luft ist die ganze Zeit da und wir leben mit ihr, doch wir nehmen sie nicht ununterbrochen wahr. Meist denken wir erst dann an die Luft, wenn sie uns wegbleibt. Erst wenn wir zu ersticken drohen, atmen wir sie bewusst ein.

Nicht umsonst sagt man: Not lehrt beten. Erst wenn wir umgeworfen werden und zu zerbrechen drohen, entdecken wir, was uns Halt gibt oder neuen Halt geben könnte. Erst wenn wir spüren, wie an unseren Wurzeln gezerrt wird, wird uns bewusst, welche Wurzeln wir haben und wie tief sie gehen – und dass wir uns irgendwo festmachen müssen, um nicht ausgerissen zu werden.

Die Engel sind da. Sie sind Boten Gottes. Sie machen uns den Unbegreiflichen begreiflich. Sie bringen uns den Fernen und Unnahbaren näher – so nahe, dass wir ihn spüren und sagen können: »In ihm leben wir, bewegen wir uns und sind wir« (Apg 17,28). Himmel und Erde sind voller Botschaften, voller Fingerzeige und Hinweise, die uns alle Kunde geben von Gott. Sie wollen uns ein wenig vom Antlitz des verborgenen Gottes enthüllen. Sie, die in Bildern zu uns kommen, bringen uns den Bildlosen nahe, von dem man sich kein Bildnis machen kann. Die Engel vermitteln zwischen uns und unserem Schöpfer, der sich dem *unmittelbaren* Zugriff – ja, überhaupt jedem Zugriff, jeder Indienstnahme und jeder Verfügung durch den Menschen – entzieht. Die Frage ist nur, ob und wie wir ihre Botschaften hören.

Es ist ein bekanntes Phänomen. Wer an einer stark befahrenen Straße wohnt, hört den Autolärm nicht mehr. Aber die Geräusche, die die Fahrzeuge machen, sind ständig da.

Im Übrigen ist es sehr gut und höchst sinnvoll, dass wir den Straßenlärm ausfiltern können. Es verbessert unsere Lebensqualität.

Es lässt uns leben. Eine alte chassidische Geschichte beantwortet die Frage, warum Gott das Vergessen erschaffen hat, mit einer tiefsinnigen Überlegung über die Conditio humana. Wenn wir nicht vergessen könnten, müssten wir dauernd daran denken, dass wir sterblich sind und eines Tages sterben müssen, und wir wären überhaupt nicht mehr in der Lage zu leben.

Mit dem Straßenlärm ist es dasselbe. Es ist gut für uns, dass wir ihn nicht ständig hören. Wenn wir ihm unsere ganze Aufmerksamkeit widmen würden, könnten wir nicht mehr leben. Es würde uns verrückt machen. Aber es hätte fatale Folgen, das Motorgeräusch *nicht* zu hören, wenn ich gerade eine Straße überquere und übersehen habe, dass von der anderen Seite ein Auto auf mich zubraust.

Die Botschaft der quietschenden Reifen lautet: »Du musst etwas tun, sonst bist du verloren! Spring zur Seite, dann bist du gerettet!«

Und das Eigenartige ist: Ich kann diese Botschaft, die mir das Auto sagt, in Worten ausdrücken, obwohl sie mir gar nicht in Worten gesagt worden ist.

Bei den Engeln ist es nicht anders. Sie brauchen gar nichts zu sagen, damit ich ihre Botschaft verstehe.

Gott ist bei uns

Engel sind Boten für die Gegenwart Gottes. »Gott ist bei uns am Abend und am Morgen«, heißt es in Bonhoeffers schönem Gedicht. Die Formulierung »Gott ist *bei* uns« hat der Autor mit Bedacht gewählt. Nicht selten wird die Textzeile ein wenig anders zitiert: »Gott ist *mit* uns am Abend und am Morgen ...« Aber genau das wollte Bonhoeffer nicht gesagt haben.

Wieso nicht? Grenzt es nicht an Haarspalterei, hier feinsinnig zu differenzieren? Was für einen großen Unterschied sollte es machen, ob wir sagen, Gott sei mit uns oder Gott sei bei uns! So ähnlich sagt's der Pfarrer doch auch – zumindest jeder katholische

Pfarrer. In jeder Eucharistiefeier sagt er, ein paar Mal sogar: »Der Herr sei mit euch!«
Schließlich redet auch der *Engel* so, wenn er Maria in Nazareth grüßt. »Der Engel trat bei ihr ein und sagte: ›Sei gegrüßt, du Begnadete, *der Herr ist mit dir.*‹ Sie erschrak über die Anrede und überlegte, was dieser Gruß zu bedeuten habe« (Lk 1,28–29). Der Erzengel Gabriel wird wohl gewusst haben, wie er zu sagen hatte und welche Diktion korrekt ist und welche nicht. Oder meint Bonhoeffer, das »Ave-Maria« müsse neu geschrieben werden?
Bonhoeffer hatte einen anderen Grund. Nicht weil es grundsätzlich falsch wäre zu sagen, »Gott ist *mit* uns«, oder weil man dieses »*mit*« nicht auch richtig verstehen könnte, war es ihm so wichtig, »Gott ist *bei* uns« zu sagen. Franz Eichinger, der Leiter des Linzer Ökumenischen Bonhoeffer-Arbeitskreises, hat darauf aufmerksam gemacht, warum der Autor des Liedes »Von guten Mächten« diesen kleinen, aber feinen Unterschied machte: Bonhoeffer wollte nicht so reden wie die Nazis.
Hitlers Haudegen hatten bekanntlich auf ihrem Koppelschloss den frommen Spruch stehen: »Gott mit uns«. Eine Provokation. Ein Missbrauch des Namens des Höchsten. Eine Lästerung. Gott *überhaupt* für menschliche Zwecke zu vereinnahmen, ihn zum Verbündeten politischer und militärischer Interessen zu machen, wäre schon schlimm genug. Aber ihn sogar für *solche* Ziele einspannen zu wollen, für die im »Dritten Reich« gekämpft wurde, ging zu weit.
Zuerst im Namen des Führers, dann im Namen des deutschen Volkes und im Namen der so genannten *arischen Rasse* – und zu guter Letzt auch noch im Namen *Gottes*?
Bonhoeffers Wortwahl war ein Protest gegen die Wortwahl des Gewaltmenschen. Nur bei wem Gott ist, der kann getrost sein. Wer mit Gott über Leichen gehen will, ist nicht bei Trost.

Bedenken gegen eine gewisse Wortwahl hatten auch manche Bibelexperten der Urkirche. Gerade beim heiligsten Buch aller heiligen Bücher kommt es, wie man weiß, oft auf jedes Wort, ja manchmal sogar auf den einzelnen Buchstaben an.
Wo geschrieben wird, passieren Schreibfehler. Irren ist menschlich. Selbst die beste Sekretärin vertippt sich ab und zu. Sogar die Argusaugen des erfahrensten Lektors übersehen dann und wann einen Druckfehler. Wenn Bibeltexte abgeschrieben wurden, ging es genauso zu. Es passierten immer wieder irgendwelche Fehler. Umso sorgfältiger musste man darauf achten, dass sie sich in Grenzen hielten. Und wenn wieder eine Abschrift fertig war, hatte man genau zu prüfen, ob das Geschriebene in sich stimmig war. Minimale Abweichungen des Textes, eine verdrehte Wortstellung etwa, die nichts am Inhalt änderte, waren nicht so schlimm. Aber ein sinnstörender Fehler durfte keinesfalls vorkommen. – Oder ein Text, den man falsch verstehen hätte können.
So fiel denn auch die Szene mit dem Engel, der vom Himmel kommt, um Jesus in seiner Todesangst zu trösten, dem Rotstift zum Opfer, eine der schönsten und ergreifendsten Stellen in der Leidensgeschichte Jesu. *»Da erschien ihm ein Engel vom Himmel und gab ihm neue Kraft. Und er betete in seiner Angst noch inständiger, und sein Schweiß war wie Blut, das auf die Erde tropfte« (Lk 22,43–44).*
Wer die Stelle nachschlagen will, dem kann es passieren, dass er sie in seiner Bibel gar nicht findet. Es kommt darauf an, was für eine Bibelausgabe man verwendet. Auch für die »Einheitsübersetzung«, die im Auftrag der katholischen Bischöfe des gesamten deutschen Sprachgebiets erarbeitet wurde, gehören diese Verse nicht zum echten Bibeltext. In einer Anmerkung wird darauf hingewiesen: »Diese zwei Verse fehlen bei wichtigen Textzeugen; sie sind vermutlich nicht ursprünglich.«
»Vermutlich« ist ein wichtiges Stichwort. Niemand weiß, warum diese Verse in den besten Handschriften fehlen. Es gibt eigentlich

nur zwei Möglichkeiten: Entweder gehörte dieser Teil zum ursprünglichen Bibeltext und wurde später gestrichen, oder er gehörte ursprünglich *nicht* dazu und wurde erst später eingefügt. Im einen Fall würde es sich um eine ausschmückende Erweiterung des Textes handeln, von der die Abschreiber *jener* Handschriften, in denen die Passage fehlt, noch nichts wissen konnten. Dies hieße, sie haben sie nicht weggelassen – es gab sie noch gar nicht. Und im anderen Fall wäre es so gewesen, dass die »Urfassung« des Lukasevangeliums die Episode zwar enthalten hätte, spätere Abschreiber aber Gründe hatten, diesen Text zu eliminieren.
Grundsätzlich denkbar ist beides. Mir persönlich scheint es allerdings plausibler zu sein, dass ein Text, der schon da war, von überängstlichen Redakteuren gestrichen wurde, als das Umgekehrte anzunehmen. Man muss nur sehen, mit welcher Treue und Sorgfalt die Abschreiber der Bibelhandschriften zu Werke gegangen sind – die Schriftrollen von Qumran, die im Jahr 1947 gefunden wurden, sind der beste Beweis. Da hatte man plötzlich Bibelhandschriften in der Hand, die um etliche Jahrhunderte älter waren als diejenigen, die bis dahin die ältesten waren, und siehe da, die späteren Abschriften stimmten mit den früheren überein! Es war also keineswegs – wie manche argwöhnten – im Lauf der Jahrhunderte munter drauflos gefälscht oder verändert worden. Berücksichtigt man dies, dann ist es nur schwer vorstellbar, dass spätere Schreiber einfach gewagt haben könnten, in einen bereits »fertigen« Bibeltext – also in einen Text, der bereits in einer gültigen Endgestalt vorlag und als Heilige Schrift betrachtet wurde – etwas Neues einzufügen.
Was Weihbischof Alois Stöger – ein Bibelwissenschaftler, der für die Echtheit der Stelle plädiert – seinerzeit in seinem Lukas-Kommentar ausgeführt hat, scheint die plausiblere Argumentation zu sein: »Die Verse fehlen in vielen und maßgebenden Textzeugen, ihr Stil ist aber lukanisch, und das Fehlen erklärt sich aus dogmatischen Bedenken. Man hat sie aus falscher Ängstlichkeit im Kampf mit den Irrlehrern gestrichen, weil Jesus hier zu menschlich erscheint. An ihrer Echtheit ist nicht zu zweifeln« *(Alois Stöger,*

Das Evangelium nach Lukas, Zweiter Teil, Düsseldorf 1966. S. 349). Freilich bedeutet »Echtheit« hier nicht, dass für den Fall, dass es sich doch um einen später verfassten Einschub in den bereits fix und fertigen Bibeltext handeln würde, der Engel von Getsemani nicht echt wäre. Vom literarischen Charakter des Textes her betrachtet ist es völlig belanglos, von wem diese Passage letztlich verfasst wurde. Egal, ob Lukas selbst – das heißt der mit diesem Namen bezeichnete Autor des Evangeliums – der Verfasser war oder ob die beiden Verse von einem anderen Autor geschrieben worden sind, in beiden Fällen handelt es sich um Glaubenspoesie. Nicht um einen Tatsachenbericht im historischen Sinn, sondern um eine meditative Dichtung – um Theologie in Form einer Erzählung in gut biblischer Tradition.

Dem Erzähler ging es darum, seinen Lesern – also auch uns, den heutigen Lesern – begreiflich zu machen, was Jesus in dieser Situation erfahren hat, und was das, *was* Jesus da erfahren hat, für unsere Glaubenserfahrung bedeutet.

Der Versuch, sich möglichst nahe an das Ereignis heranzupirschen, sich im Garten Getsemani auf die Lauer zu legen und zuzusehen, was zwischen Jesus und dem Engel vor sich geht – wie dies in einem Science-Fiction-Roman geschildert wird *(Juan José Benitez: Operation Jesus. Der Augenzeugenbericht eines Zeitreisenden von den letzten elf Tagen des Jesus von Nazareth, Bern 1993)* –, ist von vornherein zum Scheitern verurteilt. Eine solche Idee ist mindestens genau so absurd wie die Frage, wie viele Engel auf einer Nadelspitze tanzen können.

Keineswegs absurd ist es aber, wenn sich Autoren *vernünftige* Gedanken machen und ihr ureigenstes Produktionsmittel – die Phantasie – einsetzen, um dasselbe zu tun wie der Evangelist Lukas oder einer seiner Schüler: Jesus besser zu begreifen und besser begreiflich zu machen.

Wer oder was Jesus Trost gab

Eine auf dem ersten Blick äußerst kühne, aber bei genauerem Zusehen sehr tiefsinnige Interpretation des Engels, der den blutschwitzenden Jesus getröstet hat, als ihn auf dem Ölberg die Todesangst überkam, stammt von Hejo Müller. Der in Berlin lebende Lyriker und Dramatiker hat ein Theaterstück geschrieben, das in den USA uraufgeführt wurde und das seinerzeit auch beim Katholikentag in Aachen zu sehen war. Es hat den Titel *»Joschua oder Die Mitte der Nacht ist der Beginn des Tages«*.

In diesem Theaterstück wird der – in meinen Augen *geglückte* – Versuch unternommen, sich mit literarischen Mitteln an Jesus von Nazareth anzunähern, um Menschen von heute begreiflich zu machen, wer er war und was ihn bewegte.

Mit »geglückt« meine ich, dass sich dieser Versuch nicht damit begnügt, ein biederes Passionsspiel zu sein, das einfach nur auf der Bühne zeigen möchte, was in der Bibel steht, und umso glücklicher ist, je mehr es ihm gelingt, die Erzählungen der Bibel möglichst »werktreu« zu inszenieren. Vielmehr wird in Hejo Müllers Jesus-Stück die Phantasie als Produktivkraft eingesetzt, und zwar in positiver und begrüßenswerter Weise. Nämlich nicht – wie dies leider bei vielen Jesusbüchern und Jesusfilmen der Fall ist –, um aus dem Mann aus Nazareth etwas ganz anderes zu machen, als er war, sondern ganz im Gegenteil: um mit Hilfe poetischer Vorstellungskraft Jesus als den zu zeigen, als den ihn uns die Bibel zeigt.

Man könnte sich vorstellen, dass Jesus ein cooler Typ war, den nichts aus der Ruhe bringen konnte. Der Nazarener als einer, der immer den Durchblick hatte und stets wusste, wo es langgeht. In der Tat wurde und wird Jesus auf frommen Andachtsbildchen, in Predigten, Filmen und Spielen gern als ein Mann dargestellt, der mit stoischem Gleichmut über den Dingen steht.

Nicht so in der Bibel. Interessanterweise ist es gerade das Johannesevangelium, das uns Jesus als einen Menschen mit Emotionen zeigt – und das ist umso bemerkenswerter, als das vierte Evangelium bekanntlich das »theologischste« aller Evangelien ist, in dem Jesus immer ein wenig abgehoben erscheint und auch in seinem irdischen Dasein bereits als der »erhöhte Herr« gezeichnet wird.

Im elften Kapitel des Johannesevangeliums wird das Wunder einer Totenerweckung erzählt. Lazarus ist bereits tot und begraben, als Jesus ankommt. Die trauernden Hinterbliebenen haben den Stein vor sein Grab gewälzt, und der Gedanke, dass der verspätet eingetroffene Jesus dem Freund vielleicht hätte helfen können, macht die Trauer in Betanien nur noch größer.

Jesus zerreißt es das Herz, als er sieht, wie sehr es der Schwester des Lazarus das Herz zerreißt. Er beginnt zu weinen. Er, der sonst immer derjenige ist, der zu trösten versteht und Verzagten neue Hoffnung gibt, weint vor allen Leuten. Die Tränen des Meisters sind für den Evangelisten kein nebensächliches Detail. Er zeigt sie aus der Nähe. Er bringt sie gleichsam in Großaufnahme. »Als Jesus sah, wie sie weinte und wie auch die Juden weinten, die mit ihr gekommen waren, war er im Innersten erregt und erschüttert« (Joh 11,32–33), schreibt der Evangelist. Und dann am Grab: »Da weinte Jesus« (Joh 11,35).

Die Tränen, die Jesus über die Wangen laufen, verkünden eine Botschaft, und diese Botschaft wird verstanden. »Die Juden sagten: Seht, wie lieb er ihn hatte!« (Joh 11,36).

Wenn Tränen Boten der Liebe sind, dann gilt das auch von den Tränen einer Frau, die zum Kreis der Jüngerinnen und Jünger Jesu gehörte. Maria Magdalena hat ebenfalls an einem Grab geweint. Der gleiche Evangelist, der neun Kapitel vorher vom weinenden Jesus berichtet hat, schreibt im Osterkapitel: »Die Engel sagten zu ihr: Frau, warum weinst du? Sie antwortete ihnen: Man hat meinen Herrn weggenommen, und ich weiß nicht, wohin man ihn gelegt hat« (Joh 20,13).

Dezenter hätte es der Evangelist gar nicht sagen können: »Seht her, wie lieb sie ihn hatte!« – Womit wir wieder bei Hejo Müller und seinem Theaterstück *»Joschua oder Die Mitte der Nacht ist der Beginn des Tages«* angelangt wären.

Der Berliner Autor nimmt diese *biblisch* bezeugte, nicht bloß von windigen Sachbuchschreibern herbeifantasierte emotionale Beziehung ernst, die zwischen Maria Magdalena und Jesus bestand – zwischen *Mirjam* und *Joschua*, wie sie bei ihm heißen. Müller versucht herauszuspüren, was für Auswirkungen diese Liebe, diese verständnisvolle Zärtlichkeit und Zuneigung der Frau aus Magdala auf Sendung und Auftrag des Nazareners gehabt haben könnte. Die Schlüsselszene des Stücks spielt im Garten Getsemani. Hejo Müller hat die phantastische Idee gehabt, Magdalena in die *Ölbergszene* hineinzunehmen.
In der Nacht vor dem Leiden, als die Todesangst über Jesus kommt und alle Jünger außer Judas schlafen, ist Mirjam da. Sie spricht Joschua Mut zu, als er Gott anfleht: »Abba, mein Vater, es wird mir zu viel! Es wird zu viel für mich! Ich kann nicht!«
Die Nachfolgerin Jesu wird in dieser Situation gleichsam zur Stellvertreterin Jesu, indem sie nun genau das tut, was *er* die ganze Zeit getan hat: Hilflosen helfen und Darniederliegende aufrichten. Mirjam behält einen klaren Kopf und ein unerschütterliches Vertrauen in Gottes Güte.
Sie habe es kommen sehen und nun gebe es kein Zurück mehr, denn Jesus sei bereits »zu tief in die Sache hineingeritten«, sagt sie in Anspielung auf den spektakulären Einzug in Jerusalem. Jesus habe sich dem Vater versprochen, nun müsse er seinen Weg gehen.
Aber Joschua hat Angst. »Was weißt denn du!«, entgegnet er. »Kennst du die wild-geile römische Soldateska? Hast du gesehn, wie sie foltert und quält?« Mirjam macht sich keinerlei Illusionen. Sie weiß, was Jesus erwartet. Dennoch sieht sie einen Ausweg.
Der himmlische Vater werde den Gottesknecht nicht im Finstern liegen lassen, sondern ihn wieder »rausholen aus der finsteren Grube des Grabes«.
Darum gibt es nur einen einzigen Fluchtweg, sagt Mirjam. »Den Weg nach vorn. In die Nacht. In die finstere Nacht. Aber jede Nacht hat eine Mitte, und die Mitte der Nacht ist die Stunde des beginnenden Tags.« Der Zuspruch Mirjams hat Erfolg. In neu ge-

stärktem Vertrauen steht Jesus auf, als sie zu ihm sagt: »Geh jetzt, Joschua, Judas wartet schon!«

»Du darfst nicht denken, ich sei unglücklich ...«

In einer bereits 1976 entstandenen *lyrischen* Fassung der Ölbergszene schreibt der Autor:

Als der Heiland heulend
im Garten lag
in jener Nacht,
im Garten Getsemani –
und die große Angst über ihm war:

siehe, da war jene Frau bei ihm,
jene Frau aus Magdala.
Und hat ihm Mut gemacht.

(Lukas wird später sagen,
ein Engel sei es gewesen;
und was ist daran nicht wahr?!)

In jener Nacht
war sie
in seiner Nähe

Und ist nicht geflohen.
In der Nacht nicht
und nicht am folgenden Tage ...

(*©Hejo Müller*)

Der 1932 geborene, in Berlin lebende Lyriker und Dramatiker Hejo Müller hat völlig recht. Was sollte falsch daran sein, wenn uns die poetische Phantasie eines zeitgenössischen Autors die Augen dafür öffnet, dass im Grunde genau die gleiche poetische Phantasie auch bei jenem frühchristlichen Autor am Werk war, der die Szene vom Blut schwitzenden Jesus entwarf und die klassischen Worte schrieb: »Da erschien ihm ein Engel vom Himmel und gab ihm Kraft« (Lk 22,43) – und damit ausdrückte, wie sehr Jesus bei seiner Entscheidung, den Weg des Leidens bis zum bitteren Ende zu gehen, auch von all dem *mitgetragen* wurde, was er im Lauf seines Lebens an Stütze und Trost von der Treue und vom Glauben derer, die ihn liebten, als Stärkung empfangen durfte.

Womit wir wieder bei den »guten Mächten« wären, welche Dietrich Bonhoeffer meinte – dieser »bahnbrechende Theologe, radikale Christ, Wegbereiter der Ökumene und Lehrer einer erneuerten Spiritualität«, wie ihn Franz Eichinger in seinen bemerkenswerten »Überlegungen zur theologisch-politischen Biographie Dietrich Bonhoeffers« charakterisiert *(vgl. Johann Berger/Franz Eichinger/Rudolf Kropf: Bonhoeffer – Herausforderung eines Lebens und Denkens. Evangelischer Presseverband, Wien 2002).*

Laut Eichinger ist Bonhoeffers Bezugnahme auf die Engel im Kontext des Gedichtes »Von guten Mächten« zu sehen, das er seiner Mutter und seiner Braut Maria von Wedemeyer zur Jahreswende 1944/45 gewidmet hat, sowie auf dem Hintergrund seiner Spättheologie eines weltlichen Redens von Gott. Die Engel seien dabei gewissermaßen »die der Welt zugewandte Seite Gottes, in der wir – in all ihren Bezügen und Dimensionen – als Menschen leben, zu leben haben und leben dürfen«, führt der Leiter des Linzer Ökumenischen Bonhoeffer-Arbeitskreises weiter aus.

Mit den Engeln will gesagt sein: Es gibt keine Gotteserfahrung an der Welt vorbei, sei es, dass man sich in die bloße Innerlichkeit zurückzieht (Gott und die Seele, sonst nichts), sei es, dass man sich weltvergessen in eine transzendente Hinterwelt flüchtet. Gegen diese doppelte Verfälschung des Glaubens, einerseits durch die Privatisierung und andererseits durch den Aufbau einer projektiven jenseitigen Welt, wendet sich ja Bonhoeffers bekannt gewordene Kritik der Religion. In dieser Auffassung von den Engeln liegt also ebenso ein gutes Stück Kritik an unserer bürgerlichen

Religiosität, wie sie im besten Sinne alttestamentarisch motiviert und gedacht zu sein scheint (Gen 18, Besuch Gottes bei Abraham mit den unbekannten Männern).

Das alles – so Franz Eichinger – lasse sich ausdrücklich durch Bonhoeffers Brief an seine Braut vom 19. Dezember 1944 belegen, wo der Autor die Schlüsselzeilen seines Gedichtes folgendermaßen interpretiert hat:

»So habe ich mich noch keinen Augenblick allein und verlassen gefühlt. Du [*d. h. Maria von Wedemeyer, Bonhoeffers Braut*], die Eltern, Ihr alle, die Freunde und Schüler im Feld, Ihr seid mir immer ganz gegenwärtig. Eure Gebete und guten Gedanken, Bibelworte, längst vergangene Gespräche, Musikstücke, Bücher bekommen Leben und Wirklichkeit wie nie zuvor. Es ist ein großes unsichtbares Reich, in dem man lebt und an dessen Realität man keinen Zweifel hat.«

Die Bewahrung am Abend und am Morgen durch gute unsichtbare Mächte sei etwas, »was wir Erwachsenen heute nicht weniger brauchen als die Kinder«, betont Bonhoeffer in diesem Brief an die Frau, die er heiraten hätte können, wenn ihn die Nazis nicht umgebracht hätten, und mit der er sehr glücklich hätte werden können.

»Du darfst also nicht denken, ich sei unglücklich. Was heißt denn glücklich und unglücklich? Es hängt ja so wenig von den Umständen ab, sondern eigentlich nur von dem, was im Menschen vorgeht. Ich bin jeden Tag froh, dass ich Dich, Euch habe, und das macht mich glücklich und froh.«

II.
»Er macht seine Diener zu Feuerflammen ...«
oder:
Die Engel erscheinen

Und von den Engeln sagt er:
Er macht seine Engel zu Winden
und seine Diener zu Feuerflammen ...

(Hebr 1,7)

1. Der Himmel öffnet sich

»Man traut der Bibel mehr zu, wenn man zugibt, dass uns heute vieles in ihr nicht zugänglich ist. Die verschlossenen Türen können sich morgen auftun.«

(Claus Westermann)

Ein Mann sieht Engel. Das heißt, es ist zunächst noch nicht so recht klar, was es eigentlich ist, das er da sieht. Es sind rätselhafte, phantastische Bilder, die vor seine Augen treten. Flackerndes Feuer. Heller Schein. Ein Strahl »wie von glänzendem Gold«. Und dann erscheinen Gestalten. Mitten in diesem Licht und diesem Glanz sieht der Mann »etwas wie vier lebende Wesen«, deren Aussehen höchst befremdlich anmutet. Wo ist er hingeraten?

Der Mann befindet sich nicht in seiner Heimat. Seine Heimat ist weit weg. Er hat sie verlassen, freilich nicht freiwillig. Man hat ihn gezwungen, ins Exil zu gehen. Vorher hat er in Jerusalem gelebt. Für ihn war das der schönste Ort der Welt. Ein Ort, an dem man Gott nahe sein konnte. Aber Jerusalem ist nicht mehr das, was es einmal war. Die Stadt Gottes wurde von den Feinden erobert.

Der Mann, der Engel sieht, stammt aus einer priesterlichen Familie. Er heißt Ezechiel. Zusammen mit seinem König Jojachin und vielen anderen Frauen und Männern seines Volkes wurde er nach Babylonien deportiert. Nun sitzen sie an den Wasserflüssen von Babylon, genauer gesagt an einem Nebenfluss des Euphrat, und sind deprimiert.

Ein namentlich nicht bekannter Psalmendichter wird diese Situation später mit Worten besingen, die keiner vergisst, der sie jemals gehört hat: »An den Strömen von Babel, da saßen wir und weinten, wenn wir an Zion dachten. Wir hängten unsere Harfen an die Weiden in jenem Land ...« (Ps 137,1–2). In noch viel späterer Zeit wird der Name eines jungen italienischen Opernkomponisten schlagartig bekannt werden, als landauf, landab die zu Herzen gehende Melodie erklingt, mit der er in seiner Oper »Nabucco« die sehnsuchtsvolle Klage der Hebräer in Tönen ausgedrückt hat: »Va', pensiero, sull'ali dorate! – Flieg, Gedanke, getragen von Sehnsucht!«

Der Prophet Ezechiel hat die von Giuseppe Verdi musikalisch nachempfundenen Gefühle am eigenen Leib empfunden. Und eines Tages, als er – so wie alle anderen, die hierher verschleppt wurden – seine von Trauer und Wehmut getränkten Gedanken auf goldenen Flügeln zur zerstörten Gottesstadt fliegen lässt, da erlebt er etwas, das ihm die Gewissheit gibt, dass er zum Propheten berufen ist.

»Am fünften Tag des vierten Monats im dreißigsten Jahr, als ich unter den Verschleppten am Fluss Kebar lebte, öffnete sich der Himmel ...« (Ez 1,1), wird er später erzählen, wenn er über sein Erlebnis berichtet.

An den Wasserflüssen von Babylon

Ezechiel am Fluss Kebar. Ein Gottesmann hat eine Vision. Er sieht etwas, das normalerweise nicht zu sehen ist. Ihm ist vergönnt, einen Blick in den Himmel zu tun – nicht ins Blaue, sondern in den richtigen Himmel. Der Prophet versucht, diesen Einblick in die ganz andere Welt Gottes so genau wie möglich zu beschreiben.

»Ich sah: Ein Sturmwind kam von Norden, eine große Wolke mit flackerndem Feuer, umgeben von einem hellen Schein. Aus dem Feuer strahlte es wie glänzendes Gold. Mitten darin erschien etwas wie vier Lebewesen. Und das war ihre Gestalt: Sie sahen aus wie Menschen.

Jedes der Lebewesen hatte vier Gesichter und vier Flügel. Ihre Beine waren gerade und ihre Füße wie die Füße eines Stieres. Sie glänzten wie glatte und blinkende Bronze. Unter den Flügeln an ihren vier Seiten hatten sie Menschenhände. Auch Gesichter und Flügel hatten die vier. Ihre Flügel berührten einander.

Die Lebewesen änderten beim Gehen ihre Richtung nicht: Jedes ging in die Richtung, in die eines seiner Gesichter wies. Und ihre

Gesichter sahen so aus: Ein Menschengesicht blickte bei allen vier nach vorn, ein Löwengesicht bei allen vier nach rechts, ein Stiergesicht bei allen vier nach links und ein Adlergesicht bei allen vier nach hinten.
Ihre Flügel waren nach oben ausgespannt. Mit zwei Flügeln berührten sie einander, und mit zwei bedeckten sie ihren Leib. Jedes Lebewesen ging in die Richtung, in die eines seiner Gesichter wies. Sie gingen, wohin der Geist sie trieb, und änderten beim Gehen ihre Richtung nicht. Zwischen den Lebewesen war etwas zu sehen wie glühende Kohlen, etwas wie Fackeln, die zwischen den Lebewesen hin und her zuckten. Das Feuer gab einen hellen Schein, und aus dem Feuer zuckten Blitze. Die Lebewesen liefen vor und zurück, und es sah aus wie Blitze ...« (Ez 1,4–14).
Jahrhunderte später und ganz woanders auf der Landkarte hat ein anderer Mann eine ähnliche Vision. Er ist ebenfalls ein Mann Gottes. Einer, der sich berufen weiß, Gottes Wort weiterzusagen und seinen Zeitgenossen eine tröstliche Botschaft zu verkünden. Auch ihm ist vergönnt, einen Blick in den Himmel zu tun, und auch er schreibt hinterher auf, was er gesehen hat.
»Ich, euer Bruder Johannes, der wie ihr bedrängt ist, der mit euch an der Königsherrschaft teilhat und mit euch in Jesus standhaft ausharrt, ich war auf der Insel Patmos um des Wortes Gottes willen und des Zeugnisses für Jesus. Am Tag des Herrn wurde ich vom Geist ergriffen und hörte hinter mir eine Stimme, laut wie eine Posaune. Sie sprach: Schreib das, was du siehst, in ein Buch ...« (Offb 1,9–11).

Der geöffnete Himmel

Der Seher auf der griechischen Insel sieht ebenfalls Engel, genauso wie einst der Seher an den Flüssen von Babylon. Ist es derselbe Himmel, der sich in Griechenland öffnet? Sind auf Patmos dieselben Engel zu sehen wie die, die Ezechiel gesehen hat? Ist der eine Seher genauso ein Prophet wie der andere Seher?

Propheten waren in Israel immer Männer, die sich von Gott gesandt wussten. Führer des auserwählten Volkes, die in kritischen Situationen der Geschichte auftraten, um zu warnen und zu mahnen, zu trösten und den rechten Weg zu weisen. Der Mann, der auf die Insel in der Ägäis verbannt worden ist, ist zweifellos ein prophetischer Mensch. Aber er ist nicht im gleichen Sinn ein Prophet wie Ezechiel. Propheten in diesem klassischen Sinn gibt es nicht mehr. Es sind neue Zeiten angebrochen.
Der auf die Insel Patmos verbannte Mann gehört nicht der gleichen Religionsgemeinschaft an wie der nach Babylon verbannte Mann Gottes des Alten Bundes. »Bruder Johannes«, wie er sich nennt, ist ein Christ. Er bekennt sich zu Jesus von Nazareth. Für ihn ist der Mann, den Pontius Pilatus in Jerusalem kreuzigen ließ, der von Gott gesandte Messias. Er bekennt ihn als den in den Himmel erhöhten Herrn. Das ist ein neuer Glaube. Aber es ist der gleiche Himmel.
Der neue Glaube des Christen Johannes nährt sich aus der gleichen Wurzel wie der Glaube des Propheten Ezechiel. In einem an die Gemeinde von Rom adressierten Lehrschreiben hat der große Missionar des Urchristentums – der Apostel Paulus – das Gleichnis vom Ölbaum benutzt, um das Verhältnis zwischen dem alten Gottesvolk und dem neuen zu beschreiben. Das Judentum ist die Wurzel an einem Ölbaum, dem ein neuer Zweig aufgepfropft wurde. Niemand hat das Recht, sich besser und auserwählter vorzukommen als der andere. Schon gar nicht der Christ. Was wäre er ohne seine Wurzel? »Du sollst wissen: Nicht du trägst die Wurzel, sondern die Wurzel trägt dich«, mahnt Paulus im Römerbrief (Röm 11,18).
Bei allen Unterschieden zwischen den beiden Sehern gibt es viele Gemeinsamkeiten. Auch jener Johannes, der gegen Ende des ersten Jahrhunderts nach Christi Geburt – rund siebenhundert Jahre später als Ezechiel – eine ähnliche Vision hat wie der alttestamentliche Prophet, steht vor der gleichen Aufgabe wie sein Vorgänger. Er muss bedrängten Brüdern und Schwestern im Glauben Mut machen und ihnen Trost zusprechen. Die Menschen, zu de-

nen er spricht, sitzen nicht an den Flüssen Babylons, sondern etwas weiter westlich: in Kleinasien. In der römischen Provinz Asia sind die christlichen Gemeinden entstanden, für die er sein Buch schreibt. Sein Buch – die so genannte Apokalypse, auch »Geheime Offenbarung« genannt – ist ein Trostbuch.

Wenn wir die Geheime Offenbarung des Johannes lesen, können wir sehen, dass sein Verfasser – jener Christ des ersten Jahrhunderts, der an Jesus glaubt und in ihm den von Gott gesandten Messias sieht – in der gleichen Tradition steht wie Ezechiel. Er ist es gewohnt, die Dinge so zu sehen, wie sie die Bibel des alten Israel sieht. Er drückt sich in der gleichen Bildsprache aus wie Generationen von Gläubigen vor ihm. Nicht zuletzt sind es die Engel, die beide gemeinsam haben.

»Danach sah ich: Eine Tür war geöffnet am Himmel; und die Stimme, die vorher zu mir gesprochen hatte und die wie eine Posaune klang, sagte: Komm herauf, und ich werde dir zeigen, was dann geschehen muss.

Sogleich wurde ich vom Geist ergriffen. Und ich sah: Ein Thron stand im Himmel; auf dem Thron saß einer, der wie ein Jaspis und ein Karneol aussah. Und über dem Thron wölbte sich ein Regenbogen, der wie ein Smaragd aussah. Und rings um den Thron standen vierundzwanzig Throne, und auf den Thronen saßen vierundzwanzig Älteste in weißen Gewändern und mit goldenen Kränzen auf dem Haupt. Von dem Thron gingen Blitze, Stimmen und Donner aus.

Und sieben lodernde Fackeln brannten vor dem Thron; das sind die sieben Geister Gottes. Und vor dem Thron war etwas wie ein gläsernes Meer, gleich Kristall. Und in der Mitte, rings um den Thron, waren vier Lebewesen voller Augen, vorn und hinten. Das erste Lebewesen glich einem Löwen, das zweite einem Stier, das dritte sah aus wie ein Mensch, das vierte glich einem fliegenden Adler. Und jedes der vier Lebewesen hatte sechs Flügel, außen und innen voller Augen. Sie ruhen nicht, bei Tag und Nacht, und rufen: Heilig, heilig, heilig ist der Herr, der Gott, der Herrscher über die ganze Schöpfung; er war, und er ist, und er kommt …« (Offb 4,1–8).

Der Seher von Patmos berichtet von »lodernden Fackeln«, die vor dem Thron Gottes brennen, und er fügt erklärend hinzu: »Das sind die sieben Geister Gottes« (Offb 4,5). Manche seiner Leser werden sich bei der Lektüre dieser Stelle vielleicht an den Brief an die Hebräer erinnert haben, wo es heißt: »Und von den Engeln sagt er: Er macht seine Engel zu Winden und seine Diener zu Feuerflammen« (Hebr 1,7). Als Kenner der alttestamentlichen Schriften werden sie natürlich sofort gemerkt haben, dass es sich dabei um ein Zitat aus dem Buch der Psalmen handelt. Vor allem, wenn ihnen, wie wir annehmen können, die betreffende Stelle – Psalm 104,4 – in der *griechischen* Bibelübersetzung, der so genannten Septuaginta, geläufig war. Sie lebten ja im hellenistischen Kulturkreis, wo es viele Diaspora-Juden gab, die kaum Hebräisch konnten. Die Septuaginta gibt den Text ein klein wenig anders wieder. Der hebräische Urtext des Psalms sagt nämlich das Umgekehrte, das allerdings genauso gilt: »Du machst dir die Winde zu Boten und lodernde Feuer zu deinen Dienern.«

Engel als flammende Diener Gottes und Feuerflammen, die zu Engeln werden. Nicht wenige Leser der damaligen Zeit, mögen sie auch noch so bibelfest gewesen sein, werden vielleicht eine ganz andere Assoziation gehabt haben, wenn sie von »lodernden Fackeln« hörten, die vor dem Thron Gottes brennen. Es gab da ein spektakuläres Ereignis, das noch nicht allzu lange zurücklag und an das sich jeder Christ nur mit Schaudern erinnerte: das brennende Rom zur Zeit Kaiser Neros und die Folgen, die der Brand hatte. Damals hatte man *Menschen* zu brennenden Fackeln gemacht. Menschen, die das Pech hatten, Christen zu sein, wurden mit Pech beschmiert und lebendig angezündet. Spaßkultur à la Nero.

Publius Cornelius Tacitus (55–120) hat diese und andere Grausamkeiten in seine »Annalen« eingetragen und auch vermerkt, dass es Römer mit Herz gab, denen ein solches Gaudium denn doch ein wenig zu weit ging. Der Bericht des römischen Geschichtsschreibers ist übrigens eines der wenigen schriftlichen Dokumente, durch die die Existenz von Christen in dieser Zeit auch außerhalb der biblischen Schriften historisch belegt ist.

»Trotz alledem erhielt sich das infame Gerede, dass der Brand auf höheren Befehl angelegt sei. Um diesem Gerücht entgegenzutreten, schob Nero die Leute, die vom Volke Christianer genannt wurden und wegen ihrer Übeltaten allgemein verhasst waren, als Schuldige vor und ließ sie unter den ausgesuchtesten Martern hinrichten.

Der Name stammte von Christus, der unter der Regierung des Tiberius von dem Landpfleger Pontius Pilatus mit dem Tode bestraft war. Jetzt lebte der verderbliche, damals für den Augenblick unterdrückte Aberglaube wieder auf, und zwar nicht bloß in Judäa, dem Ursprungsland dieses Übels, sondern auch in Rom selbst, wohin ja alle Scheußlichkeiten und Gemeinheiten zusammenströmen und in Blüte stehen.

Man verhaftete also zunächst die, die sich öffentlich dazu bekannten, und auf ihre Anzeige hin wurde dann eine ungeheure Menge nicht so sehr der Brandstiftung, sondern des Hasses gegen das Menschengeschlecht überführt.

Noch im Tode wurden sie verspottet, indem man sie in Tierfelle einnähte und von Hunden zerreißen ließ. Viele wurden ans Kreuz geschlagen und verbrannt, andere dienten, sobald der Tag zu Ende ging, zur nächtlichen Beleuchtung.

Seine Gärten hatte Nero zu diesem Schauspiel hergegeben, und zugleich veranstaltete er ein Zirkusspiel, wobei er in der Tracht eines Wagenlenkers bald sich unter die Menge mischte, bald auf seinem Wagen stehend zuschaute.

Obwohl es sich nur um Schuldige handelte, die die schwerste Strafe verdient hatten, so regte sich doch ihnen gegenüber das Mitleid, da sie nicht im Interesse des öffentlichen Wohles untergingen, sondern um die Grausamkeit eines Einzelnen zu befriedigen« *(Tacitus: Annales, XV,44)*.

Wie die Christen selbst, die damals in pechschwarzer Nacht als lodernde Fackeln in den Gärten Neros verbrannten, ihr Martyrium empfunden haben mögen, berichtet Tacitus nicht. Das steht auf einem anderen Blatt. Ob ihnen, als sie im Feuer vergingen, einer von Gottes feurigen Dienern geschickt wurde, um sie in ihrem letzten Leiden zu trösten? Fest steht jedenfalls, dass diese römischen Christinnen und Christen nicht die Ersten und Letzten waren, die um ihres Glaubens willen verbrennen mussten.

Im Protokoll einer Untersuchung, die ein Inquisitor im Jahr 1325 in einem südfranzösischen Dorf namens Montaillou vorgenommen hatte, kann man nachlesen, dass die Katharer – so nannte man die damals von der katholischen Kirche wegen ihres falschen Glaubens verfolgten Häretiker – der Ansicht waren, »dass die guten Christen das Feuer des Scheiterhaufens nicht spüren würden, weil jenes Feuer, von dem sie verzehrt waren, dem Körper nichts anzuhaben vermochte« *(vgl. Emmanuel LeRoy Ladurie: Montaillou. Ein Dorf vor dem Inquisitor, Berlin 1980. S. 21)*. Mit dem Ausdruck »gute Christen« bezeichneten die verfolgten Katharer sich selbst, um sich von den Christen, die sie verfolgten, abzugrenzen.

Ähnliches erzählte man sich – zweihundert Jahre früher – bei den Bogomilen. Die Bogomilen waren eine mittelalterliche Sekte der serbisch-orthodoxen Kirche, deren religiöses Gedankengut mit dem der Katharer eng verwandt war. Ihr Name leitet sich vom Slawischen her und bedeutet: »die Gottesfreunde«. Die Bogomilen glaubten und hofften ganz fest, dass in der Stunde, in der sie auf dem Scheiterhaufen brennen, Engel vom Himmel kommen, um sie von dieser Qual zu erlösen.

Der erste Angehörige dieser Sekte, der wegen seines Glaubens den Märtyrertod erleiden musste, hieß Alexios. Im zehnten Kapitel des 15. Buches der »Alexiade« – einer von der Prinzessin Anna Komnena verfassten Schrift zur Verherrlichung dieses Märtyrers – heißt es, der Bogomile Basilios habe »der Flammen gelacht«, als ihn der Kaiser auf dem Hippodrom zu Konstantinopel verbrennen ließ. Er habe einen Psalm gesungen und sei zuversichtlich gewesen, »dass Engel ihn aus dem Feuer holen würden«.

»Feuer! Gott Abrahams, Gott Isaaks, Gott Jakobs, nicht der Gelehrten und Philosophen, Gewissheit, Gewissheit. Empfindung, Freude, Friede ...«
Die Worte, mit denen der französische Philosoph und Mathematiker Blaise Pascal zu beschreiben versuchte, was er in einer gewissen Nacht rund zwei Stunden lang in der Zeit zwischen halb elf und halb eins erlebt hatte, sind als sein »Memorial« berühmt geworden. Der 23. November 1654 war für den damals gerade 31 Jahre alten Intellektuellen ein Tag der Gnade. Er hatte lebendig erlebt, was er bisher bestenfalls mit dem Verstand begriffen hatte.
Die Worte, die er in dieser Nacht in aufgeregter, unkontrolliert hingefetzter Schrift auf ein Blatt Papier geschrieben hatte, hat er sich für den Rest seines Lebens sehr zu Herzen genommen – und zwar im wahrsten Sinne des Wortes: Er hat sie am Leib getragen. Pascal hat den Zettel mit der für ihn so kostbaren Notiz in sein Hemd eingenäht. Niemand hat davon gewusst. Erst auf seinem Sterbebett hat man entdeckt, was für ein großer Mystiker dieser Wissenschaftler war, dem die Geometrie zum Beispiel die Theorie der Kegelschnitte verdankt, »ohne welche die moderne Weltallkunde bei der Berechnung von Stern- und Planetenbahnen unmöglich wäre« – wie der mit Pascal durchaus geistesverwandte Astronom und Philosoph Joseph Meurers in seinen Vorlesungen immer zu sagen pflegte *(vgl. Joseph Meurers: Gott – bist du? Erleben, Fragen, Antworten. Graz 1984)*.
»Feuer« – schrie Pascal, und damit war eigentlich alles gesagt.

Teresa von Avila (1515–1582) beschrieb die Liebe zu Gott ebenfalls als einen Brand in ihrem Herzen. In einer ihrer Visionen ist es ein Engel mit einem goldenen Pfeil, der sie im Innersten verwundet: »Mir kam vor, als würde er mit dem Pfeil einige Male mein Herz im Innersten durchbohren, und wenn er ihn wieder herauszog, so war es mir, als zöge er diesen innersten Herzteil mit heraus. Endlich verließ er mich, und ich war ganz entzündet von feuriger Liebe zu Gott.«

An ihren Beichtvater Rodrigo Alvarez schrieb sie: »Es kommt mir vor, als müssten Seele und Geist *ein* Wesen sein. Etwa wie ein Feuer, das groß werden soll und alles zum Brennen bereit hat, so ist die Seele mit der Bereitschaft, die sie für Gott hat, wie ein Feuer. Es entbrennt schnell, wirft eine Flamme und lodert empor, obwohl das Feuer, das in seinem Wesen unten ist, auch dadurch nicht aufhört, Feuer zu sein, dass die Flamme nach oben steigt.«

Feuer als Weg zu Gott. Nicht nur Pascal oder die große heilige Teresa kannten es. Auch der biblische Moses zog vor dem Feuer des brennenden Dornbuschs die Schuhe aus, und der Erzähler der biblischen Sündenfallgeschichte konnte ebenfalls kein besseres Bild finden als das Feuer, um die Grenze zwischen dem göttlichen und dem menschlichen Bereich zu markieren und auszudrücken, dass der Mensch, der sich von Gott abgekehrt hat, eben *keinen* Zugang zu Gott mehr hat. Kann es uns noch überraschen, wenn wir dabei wiederum den Engeln begegnen?

> *»Er vertrieb den Menschen und stellte östlich des Gartens von Eden die Kerubim auf und das lodernde Flammenschwert, damit sie den Weg zum Baum des Lebens bewachten.«*
>
> *(Gen 3,24)*

Wer das Feuer fürchtet, könnte man sagen, der kommt nicht zu Gott. Und wenn Gott die Liebe ist, wie es die Bibel sagt (1 Joh 4,8), dann gilt erst recht von Gott, was die Bibel über die *Liebe* sagt: Sie ist das Leben.

Die Liebe, die Gott ist, ist das Leben schlechthin. Sie ist stärker als der Tod. Jedes Feuer auf der Welt kann man löschen, und wenn es ein großes Feuer ist, dann braucht man eben viel Wasser, um es zu löschen. Ganze Ströme und Meere. Aber bei diesem Feuer hilft alles nichts. Das brennt ewig. Das lässt sich einfach nicht löschen. »Die Liebe ist stärker als der Tod«, sagt das Hohelied.

»Die Gluten der Liebe sind feurige Gluten, mächtige Brände. Selbst Wassermassen können die Liebe nicht löschen, selbst Ströme töten sie nicht.«

(Hld 8,6–7).

Hält man sich diese eindrucksvollen Zeugnisse für das göttliche Feuer vor Augen, begreift man erst, was für ein Vorurteil es ist zu meinen, das Feuer sei das Element der Hölle. Wenn Goethes Teufel in der Szene in Auerbachs Keller zu den aufbrechenden Feuerflammen spricht: »Sei ruhig, freundlich Element«, dann ist das bestenfalls die halbe Wahrheit. Mit anderen Worten: Die Erfahrung des Feuers ist ambivalent.

Es liegt in der Natur der Sache, dass nicht jede Gratwanderung zum Ziel führt. Ich kann das Ziel auch verfehlen. Dann stürze ich ab und donnere in die Tiefe. Aber der Weg, den ich gegangen bin, ist der gleiche Weg wie der, der oben ankommt. Es gibt nicht *zwei* Wege. Es liegt an mir, nicht am Weg, wenn ich mein Ziel verfehle. Es kommt auf den Schritt an, den ich mache.

Wer kann bestehen?

Mit Gottes Feuer ist es genauso. Die einen erleben es als furchtbaren Schmerz, wenn sie durch das Feuer des Gerichtes gehen müssen, um wie Silber und Gold geläutert zu werden. Die Gerechten aber erleben dasselbe Feuer als beglückende Wärme und einen Aufstieg zu Gott. Aber wer kann schon, ohne zum Heuchler zu werden, von sich sagen, er sei ein Gerechter, der nichts zu befürchten habe? Nicht umsonst gibt es im »Dies irae« den berühmten Stoßseufzer: »Weh, was werd' ich Armer sagen, wenn der Richter kommt zu fragen, da Gerechte selbst verzagen!«

Beim Propheten Maleachi ist vom Kommen des Herrn die Rede, der zwar sehnsüchtig erwartet wird, dessen Ankunft aber schwer zu ertragen ist, weil es wie ein verzehrendes Feuer sein wird, wenn er mit seinem Engel kommt:

»Dann kommt plötzlich zu seinem Tempel der Herr, den ihr sucht, und der Engel des Bundes, den ihr herbeiwünscht.
Doch wer erträgt den Tag, an dem er kommt? Wer kann bestehen, wenn er erscheint?
Denn er ist wie das Feuer im Schmelzofen und wie die Lauge im Waschtrog. Er setzt sich, um das Silber zu schmelzen und zu reinigen: Er reinigt die Söhne Levis, er läutert sie wie Gold und Silber.«

(Mal 3,1–3 gek.)

Auch im Neuen Testament wird dieses Motiv aufgegriffen. Im Zweiten Brief an die Thessalonicher gibt es eine Stelle, in der Ähnliches gesagt wird. Der Unterschied ist nur, dass es Christen sind, die hier sprechen. Die Mehrzahl ist deswegen angebracht, weil am Anfang des Briefes drei Namen als Absender genannt werden: »Paulus, Silvanus und Timotheus an die Gemeinde von Thessalonich, die in Gott, unserem Vater, und in Jesus Christus, dem Herrn, ist« (2 Thess 1,1). Anders als für die Gläubigen des Alten Testaments ist es nun *Jesus*, der als der Herr mit feurigem Gefolge vom Himmel kommt, um auf Erden Gericht zu halten.

»Wenn Jesus, der Herr, sich vom Himmel her offenbart mit seinen mächtigen Engeln in loderndem Feuer, dann übt er Vergeltung an denen, die Gott nicht kennen und dem Evangelium Jesu, unseres Herrn, nicht gehorchen.«

(2 Thess 1,7–8)

Es gibt also ein Feuer, das gleichzeitig ein himmlisches Feuer und höllisches Feuer sein kann. Oder besser gesagt: das *himmlische* Feuer kann unter gewissen Umständen höllisch wehtun. Aber dieses höllisch brennende Feuer hat keine *eigene* Macht. Das Wissen um den feurigen Kern im Innern der Erde, der sich in Vulkanausbrüchen verheerend Bahn brechen kann, mag die Vorstellung erzeugt haben, dass »unten« eine schreckliche Hölle ist, in die man stürzen kann und aus der es dann kein Entrinnen mehr gibt. So gesehen ist es durchaus realistisch, wenn gesagt wurde, dass da

»unten« – tief unter der Erde – ein Feuer brennt, das schon seit ewigen Zeiten brennt und nicht aufhört zu brennen – und dass es da einen »Feuersee« gibt, in den man geworfen werden kann. Aber wer eine Flamme betrachtet und darüber nachdenkt, was sie ihm zeigt, der wird eher nach »oben« verwiesen.

Wohin geht die Flamme?
Hört sie irgendwo auf?
Oder steigt sie immer höher?
Wo kommt sie an?

Der Weg nach oben

Flamme?
die
geht
hin
Wo-

Wohin geht die Flamme?
Wohin geht die Flamme? Wohin geht die Flamme?
Wohin geht die Flamme? Wohin?

auf?
wo
gend-
ir-
sie
Hört

Hört sie irgendwo auf?
Hört sie irgendwo auf? Hört sie irgendwo auf?
Hört sie irgendwo auf? Hört sie auf?

her?
hö-
mer
im-
sie
steigt
Oder

Oder steigt sie immer höher?
Steigt sie immer höher? Steigt sie immer höher?
Steigt sie immer höher und höher und höher?

an?
sie
kommt
Wo

Wo kommt sie an?
Wo kommt sie an? Kommt sie an? Wo?
Wo? Kommt sie an? Wo kommt sie an?

Auch der Rauch, der entsteht, wenn man das Harz vom Weihrauchstrauch auf die Glut legt, steigt nach oben. Wohin steigt er? Verliert er sich im Nichts? Nein, er ist ein Wohlgeruch, der zu Gott aufsteigt. Die Bibel sagt es ganz wörtlich. Es sind die Gebete der Heiligen, die auf diese Weise zu Gott gelangen, und es ist Sache der Engel, den Gebeten den Weg zu bahnen.

> *»Und ein anderer Engel kam und trat mit einer goldenen Räucherpfanne an den Altar. Ihm wurde viel Weihrauch gegeben, den er auf dem goldenen Altar vor dem Thron verbrennen sollte, um so die Gebete aller Heiligen vor Gott zu bringen. Aus der Hand des Engels stieg der Weihrauch mit den Gebeten der Heiligen zu Gott empor.«*
> *(Offb 8,3–4)*

Das Feuer, das zum Himmel lodert, kann für die Engel selbst zum Weg werden, auf dem sie von der Erde in den Himmel kommen – von der sichtbaren in die unsichtbare Welt. Davon erzählt eine altertümlich anmutende Geschichte im Buch der Richter. Diese Geschichte ist schon deswegen bemerkenswert, weil sie zeigt, dass es gar keine außergewöhnlichen Situationen sein müssen, in denen uns Engel begegnen, dass aber andererseits eine ganz gewöhnliche Situation plötzlich ganz außergewöhnlich werden kann.

Es lohnt sich, wenn wir uns Zeit nehmen, uns ein wenig näher mit dieser Geschichte zu beschäftigen, denn wir können eine Menge daraus lernen.

Wie so oft, wenn Engel erscheinen, herrschen trostlose Zeiten. So auch in Zora, wo ein Mann namens Manoach lebt, ein Israelit aus dem Stamm Dan. Er ist verheiratet. Aber den Namen seiner Frau, die in dieser Geschichte eigentlich die Hauptrolle spielt, erwähnt die Bibel nicht. Dafür erfahren wir etwas Wichtiges über ihr besonderes Schicksal: »Sie war unfruchtbar und hatte keine Kinder« (Ri 13,2).

Doch diese Situation soll sich bald ändern. Die Geschichte handelt nämlich von der Ankündigung der Geburt des Simson – oder »Samson«, wie man ihn früher nannte, als sich deutsche Bibelübersetzungen bei hebräischen Namen noch nicht konsequent am Urtext zu orientieren pflegten, sondern die Schreibweise der lateinischen Übersetzung übernahmen.

Ein Engel kündigt ein Kind an

Es bewegt sich etwas in Israel, privat und politisch. Eine Frau, die bisher unfruchtbar war wie ein ausgedörrtes Stück Land, wird plötzlich schwanger. Und das Kind, das sich in ihr zu bewegen beginnt und das sie zur Welt bringen wird, wird ebenfalls etwas bewegen. In der Öffentlichkeit und in der Politik. Ihr Sohn wird der starke Mann sein, der in Zeiten wie diesen gebraucht wird. Der imstande ist, an den bestehenden Verhältnissen zu rütteln und sie zum Tanzen zu bringen.

»Simson war zwanzig Jahre lang Richter in Israel«, wird der Chronist hinterher für die Nachwelt festhalten (Ri 16,31). Aber das kann nichts daran ändern, dass Simson weniger in *dieser* Funktion in Erinnerung geblieben ist, sondern eher als langhaariger Muskelprotz, vor dessen Tatkraft man so großen Respekt hatte, dass man sich die tollsten Dinge über ihn erzählte. Zum Beispiel, dass er mit Eselskinnbacken um sich schlug. Oder dass er es geschafft hat, mit bloßen Händen ein Stadttor auszureißen und wegzutransportieren. Sein stärkstes Stück aber war zweifellos der Kraftakt in Gaza, wo er ein ganzes Gebäude durch seine Muskelkraft zum Einsturz brachte.

Simson der Superman. Ob und wie viel diese imposanten Heldensagen mit der Wirklichkeit zu tun haben, braucht uns hier nicht weiter zu interessieren. Auch wenn die Erzähler höchstwahrscheinlich allzu dick aufgetragen haben: wahr ist auf jeden Fall, dass das Volk Israel damals einen Mann wie Simson bitter nötig hatte.

Wir befinden uns in der Zeit der Richter, also in einer Epoche, die keineswegs eine Glanzzeit in der Geschichte Israels war. Das Goldene Zeitalter, das es unter König David und unter seinem Sohn Salomo – wenigstens für ein paar Jahrzehnte lang – gab, liegt noch in ferner Zukunft. Aber in den Jahren, in denen Simsons Eltern lebten, ist es besonders schlimm. Der Herr hat nämlich, um es in der Sprache der Bibel zu sagen, die Israeliten »in die Hand der Philister gegeben« – und dieser höchst unerfreuliche Zustand währt nun schon »vierzig Jahre lang«.

Wenn die Bibel »vierzig Jahre« sagt, dann meint sie bekanntlich eine halbe Ewigkeit. Vierzig Jahre in der Gewalt der Philister – das heißt auf gut Deutsch: die Epoche der Unfreiheit dauert bereits so lang wie ein Menschenalter. Eine ganze Generation von Israeliten ist herangewachsen, die nichts anderes kennen gelernt haben als Bevormundung und Unterdrückung.

Bekümmert fragen sich die Menschen: Wann kommt die Wende?

Denkt Gott an sein Volk? Wird er ihm einen Befreier schicken – einen Retter, der so kräftig ist, das Joch abzuschütteln?
Gott denkt an sein Volk. Er *sendet* einen starken Mann. Einen Mann mit Bärenkräften, der für das Volk Gottes die Muskeln spielen lassen darf.
Große Ereignisse, sagt man, werfen ihre Schatten voraus. Über den Sinn dieser Redensart kann man allerdings geteilter Meinung sein. Denn im Grunde kann einer ja nur dann seinen Schatten *voraus*werfen, wenn er die Sonne bereits im Rücken hat. Aber wie dem auch sein mag, in der Bibel ist es ohnehin umgekehrt. Hier werfen die großen Ereignisse ihr *Licht* voraus. Und das ist die Stunde der Engel.
Ein Engel kommt nach Zora und kündigt die Geburt des Retters an. Es geschieht ganz ohne Feierlichkeit. Die Frau des Manoach ist gerade mit ihrer Arbeit beschäftigt, da kommt einer und erzählt ihr etwas. Einfach so. Ohne Blitzlichtgewitter. Ohne Pauken und Trompeten. Und auch ohne das sonst übliche »Fürchte dich nicht!«.
Gut, in diesem Fall wäre es sowieso überflüssig, so etwas zu sagen. Denn die Frau fürchtet sich ohnehin nicht. Sie bekommt gar nicht mit, dass es ein Engel ist, der mit ihr redet. Das heißt, sie merkt erst hinterher, was eigentlich los war. Im Nachhinein, als alles vorbei ist, fährt ihr der Schreck in die Glieder. Um Gottes willen, das war ja ein Engel, der mir begegnet ist! Jetzt wird ihr erst bewusst, wie aufregend es war, was sie erlebt hat, und von welcher Tragweite es ist, was der Fremde gesagt hat.
Dieser Typ hat ihr doch glatt auf den Kopf zugesagt, dass sie Mutterfreuden erleben wird. Das war schon ein Hammer! Aber das Wichtigste hat er sich für den Schluss aufgespart. Nur so nebenbei hat er es erwähnt. Und dabei war das die Freudenbotschaft schlechthin.
Man könnte fast meinen, der Engel hätte, bevor er kam, gerade einen Krimi gesehen und sich die coole Art abgeguckt, in der dort die Kommissare bei ihren Ermittlungen vorgehen. Die sagen das Wichtigste auch immer erst ganz zum Schluss. Sie lassen die Ver-

dächtigen im Glauben, es sei schon überstanden und alles wäre glimpflich verlaufen – und dann lassen sie Sätze los, die zuschnappen wie ein Fangeisen. Man erkennt sie daran, dass sie mit »Ach, übrigens ...« beginnen.
»Ach, übrigens«, sagt der Engel, »dein Sohn wird damit anfangen, Israel aus der Gewalt der Philister zu befreien.« Und schon ist er weg, der Engel.
Klar, dass die Frau erst einmal Luft holen muss. In Gedanken geht sie das Ganze noch einmal durch. Sie soll Mutter werden, hat ihr dieser Fremde gesagt. Schön. Aber solche intimen Details kann eigentlich nur einer sagen, der sie kennt, denkt die Frau. Wenn er sie wirklich kennt, dann müsste er wissen, dass das gar nicht geht. Manoach und sie haben sich längst damit abgefunden, dass sie keine Kinder bekommen können.
»Ich bin doch unfruchtbar«, sagt die Frau.
Unfruchtbar? Das kann doch einen Engel nicht erschüttern. »Na wenn schon«, sagt er, »das wird sich eben ändern.«

Das Leben bekommt eine neue Richtung

So ist das mit den Engeln. Sie stellen einen einfach vor vollendete Tatsachen, und dann tun sie so, als ob es das Selbstverständlichste von der Welt wäre, dass das Leben eines Menschen von einem Moment auf den anderen eine neue Richtung bekommt. Das muss man doch erst einmal verkraften!
Aber der Engel lässt der Frau keine Zeit, sich zu wundern und allfällige Bedenken vorzubringen, um sie dann mit dem coolen Hinweis vom Tisch zu wischen, bei einem so Allmächtigen wie seinem Chef sei eben kein Ding unmöglich, und damit basta. Stattdessen gibt er ihr eine Reihe von konkreten Anweisungen.
Der Engel sagt der Frau des Manoach, was sie während der Schwangerschaft zu beachten hat. Er zählt auf, was zu tun und was zu unterlassen ist. Er schreibt ihr eine bestimmte Diät vor. Den Alkohol kann sie in den nächsten Monaten vergessen, und gegessen

werden nur koschere Sachen, nur dass das klar ist. Und wenn das Kind auf der Welt ist, sagt der Engel, »dann darf kein Schermesser an seine Haare kommen, denn der Knabe wird von Geburt an ein Gott geweihter Nasiräer sein« (Ri 13,5).

Was das ist – ein »Nasiräer«? Das braucht ihr der Engel nicht zu erklären. Er kann davon ausgehen, dass es die Frau weiß, und außerdem hat er es ohnehin gesagt. Einer, der Gott geweiht ist, soll ihr Kind sein.

Ein Glück, dass die Frau ein hervorragendes Gedächtnis hat. Sie hat sich alles ganz genau gemerkt und kann ihrem Mann Wort für Wort wiederholen, was der Engel gesagt hat. Und das tut sie auf der Stelle. Sie geht heim und erzählt Manoach alles brühwarm.

»Ein Gottesmann ist zu mir gekommen«, sagt sie. »Er sah aus, wie der Engel Gottes aussieht, überaus furchterregend. Ich habe ihn nicht gefragt, woher er kam, und er hat mir auch seinen Namen nicht genannt. Er sagte zu mir: Siehe, du wirst schwanger werden und einen Sohn gebären. Trink jedoch keinen Wein und kein Bier, und iss nichts Unreines. Denn der Knabe wird von Geburt an ein Gott geweihter Nasiräer sein, bis zum Tag seines Todes« (Ri 13,6–7).

Wir dürfen gespannt sein, wie Manoach auf diese Mitteilung reagieren wird. Wird er seiner Frau spontan um den Hals fallen oder wird er sie misstrauisch beäugen?

Wird er fromm auf die Knie sinken und ein himmelhoch jauchzendes Dankgebet zum Himmel schicken, weil ihm und seinem Hause Heil widerfahren ist?

Womöglich wird Manoach einen Tobsuchtsanfall bekommen. Wir dürfen ja nicht vergessen: Mit was für eleganten Worten auch immer Manoachs Frau ihr Rendezvous mit dem Engel darstellen mag, sie kann nicht leugnen, dass es ein fremder Mann war, den sie da getroffen hat, und am Ende läuft es darauf hinaus, dass eine Ehefrau ihrem Ehemann auf die eine oder andere Art mitteilen muss: »Ach, übrigens – ich bekomme ein Kind.«

Manoach reagiert ganz anders, als man es erwartet. Er möchte, dass der Engel noch einmal kommt.

Nicht, dass er bezweifeln würde, was ihm seine Frau erzählt hat. Aber die Informationen erscheinen ihm nicht ausreichend. Er möchte es genauer wissen. Nein, er *muss* es genauer wissen. Denn er nimmt seine Verantwortung als werdender Vater sehr ernst. Nicht auszudenken, wenn er und seine Frau vielleicht etwas falsch machen mit dem Kind, und alle Mühe wäre umsonst gewesen!

Aber wie bringt man einen Engel, der da gewesen und schon wieder fort ist, dazu wiederzukommen? Manoach weiß, wie man das macht. Man muss darum bitten. Man muss beten, dass er wiederkommt.

Und er tut es auf der Stelle. »Da betete Manoach zum Herrn und sagte: Bitte, mein Herr, lass doch den Gottesmann, den du gesandt hast, noch einmal zu uns kommen und uns belehren, was wir mit dem Knaben machen sollen, der geboren werden soll!« (Ri 13,8–9)

Auf die Idee, dass seine Bitte eventuell abgelehnt werden könnte, kommt er gar nicht. Für ihn scheint es gar keine Frage zu sein, was man mit Fug und Recht von einem Engel verlangen darf und was nicht.

Welches Maß an Entgegenkommen kann ein Mensch von einem Repräsentanten des Himmels erwarten? Genauso viel wie von einem Menschen? Oder eher weniger, wo doch Engel Wesen sind, die in der Schöpfungsordnung einen höheren Rang einnehmen als Menschen?

Nehmen wir an, der Engel wäre ein *Vorgesetzter* von Manoach gewesen – sein Chef, oder noch besser: dessen Stellvertreter – und hätte ihm von ihrer beider Chef eine wichtige Nachricht überbracht. Wie würde der Vizechef reagieren, wenn man ihn bittet, ein zweites Mal zu kommen? Könnte es nicht sein, dass er ein solches Ansinnen vielleicht als Zumutung empfände? In Fällen wie diesen soll schon manchmal der Satz gefallen sein: »Der Pfarrer predigt auch nicht zweimal!«

Der Stellverteter des Chefs könnte seinen Unmut auch in amtliche Sprache verpacken. Er könnte es wie Pontius Pilatus sagen: »Was ich gesagt habe, habe ich gesagt.«

Aber der Engel ist nicht so eitel wie manche Nicht-Engel. Er geht auf die Bedürfnisse der Menschen ein. Er ist bereit, mit sich reden zu lassen. Die Audienz kann gewährt werden. »Und Gott erhörte die Bitte Manoachs« (Ri 13,9).

Der Engel lässt mit sich reden

Manoach dürfte sich die Begegnung mit dem Engel, auf die er so erpicht war, freilich etwas unkomplizierter vorgestellt haben, als sie dann abläuft. Der Engel kommt tatsächlich ein zweites Mal. Aber wieder zu der Frau, und der Herr Gemahl ist wieder nicht dabei.
Manoachs Frau ist gerade auf dem Feld, als es geschieht. Aber damit Manoach nicht umsonst gebetet hat – und wer weiß, wie viel Zeit und wie viel Geduld so ein Engel hat, kurz und gut, sie saust los, ohne Rücksicht auf ihren Zustand, in dem sie sich eigentlich eher schonen sollte, aber voller Rücksicht auf ihren Mann. Was könnte sie auch Besseres tun? Das Mobiltelefon ist noch nicht erfunden, die Rauchzeichen der Indianer ebenso wenig, also ist der Laufschritt wohl die geeignetste Weise, um auf schnellstem Weg Kontakt mit Manoach aufzunehmen.
Die Bibel sieht es genauso: »Sie lief schnell zu ihrem Mann, um es ihm mitzuteilen. Sie sagte zu ihm: Eben ist der Mann, der damals zu mir gekommen ist, wieder erschienen.« Und das ist wieder eine der kleinen, aber lehrreichen Pointen, die die Geschichte für uns bereithält. Es wird uns hier nämlich auf charmante Weise vermittelt, wie wir mit Engeln umzugehen haben. Sie sind keine Automaten, die auf Knopfdruck anspringen, wenn es uns gerade passt. Engel lassen mit sich reden, aber sie lassen nicht mit sich herumkommandieren.
Noch eine weitere Lektion ist es, die Manoach im selben Aufwasch erteilt bekommt: die »Seinichtsoneugierig«-Lektion. Zugegeben, er hat nicht aus überdrehter Wundersucht darum gebeten, der Engel möge nochmals erscheinen, sondern es war ein ehrlich empfundenes Verantwortungsgefühl, das ihn fürchten ließ, er kön-

ne sich womöglich einer mangelnden Sorgfaltspflicht schuldig machen.
Trotzdem muss er lernen, was sich jeder, der nach Geheimwissen und nach *noch* mehr Offenbarung süchtig ist, hinter die Ohren schreiben könnte: »Sei nicht so neugierig, Dinge zu erfahren, die dich nichts angehen. Das was geoffenbart ist, muss dir genügen.«
Ein großes Aha-Erlebnis für Simsons Vater. Das zweite Kommen des Engels wäre gar nicht nötig gewesen. Der ganze Aufwand war überflüssig. Er hätte sich das Gebet ersparen können, und der Blutdruck und die Atemfrequenz seiner schwangeren Gattin wären ebenfalls im Normalbereich geblieben, wenn er gleich zur Kenntnis genommen hätte, was sie ihm berichtet hat. Der Engel sagt genau das Gleiche, was er schon beim ersten Mal zu Manoachs Frau gesagt hat. Der Engel wiederholt also nur, was Manoach ohnehin schon längst weiß.

> *Manoach stand auf und folgte seiner Frau. Als er zu dem Mann kam, fragte er ihn: »Bist du der Mann, der mit meiner Frau geredet hat?«*
> *Er antwortete: »Ja, ich bin es.«*
> *Da sagte Manoach: »Wenn sich nun dein Wort erfüllt, wie sollen wir es mit dem Knaben halten, was sollen wir mit ihm tun?«*
> *Der Engel des Herrn antwortete Manoach: »Die Frau soll sich vor all dem hüten, was ich ihr gesagt habe. Nichts, was vom Weinstock kommt, darf sie genießen; weder Wein noch Bier darf sie trinken und nichts Unreines essen. Alles, was ich ihr befohlen habe, muss sie beachten.«*
>
> *(Ri 13,10–14)*

Der Engel macht Manoach nicht den leisesten Vorwurf. Er geht voll auf ihn ein. Vermutlich wäre er sogar bereit gewesen, notfalls auch noch ein drittes Mal zu kommen. Aber so begriffsstutzig ist der Mann auch wieder nicht. Er hat schon kapiert.
Aber doch nicht so ganz. Es geht ihm wie seiner Frau. Die hat auch erst hinterher realisiert, dass sie mit einem Engel geredet hat.

Zuerst hatte sie den Eindruck gehabt, dieses Gespräch mit dem Mann wäre etwas ganz Alltägliches gewesen – etwas, das schon jeder einmal erlebt hat: Da läuft man zufällig jemandem über den Weg – einem Menschen, den man gar nicht kennt und den man nachher nie wiedersieht, und nachher reibt man sich verdutzt die Augen. War das am Ende gar ein Engel?
Mitten am helllichten Tag, mitten in einem ganz banalen Gespräch macht der plötzlich eine Bemerkung, die für mich zum Anstoß wird, eine Sache ganz anders zu sehen als früher, und ich finde plötzlich einen Ausweg aus einer verfahrenen Situation, wo ich gestern noch gemeint habe, es gäbe keinen Ausweg. Erst diese Dunkelheit – und dann dieser Lichtblick! Wenn das keine Begegnung mit einem Engel war, was sind dann Begegnungen mit Engeln?
Aber so weit ist Manoach noch nicht. Er ist noch auf Stufe eins. Er merkt noch nicht, dass der Engel ein Engel ist. Er lädt ihn zum Essen ein. Als großzügiger Gastgeber will er den Gast natürlich nicht mit Fastfood oder sonstigem Schnickschnack abspeisen, sondern ihn mit dem Besten verwöhnen, das er ihm im Moment bieten kann.
»Wie wär's mit einem Ziegenböckchen?«, fragt Manoach. Aber das hätte er lieber bleiben lassen, denn nun wird's unheimlich. Man könnte beinahe meinen, der zweite Akt von Mozarts »Don Giovanni« ginge historisch etwas verfrüht über die Bühne. Jedenfalls sagt der Engel das Gleiche wie die Statue, die der spanische Weiberheld frevlerisch zum Essen geladen hat.
»Leicht des irdischen Mahles entbehret, wer von himmlischen Speisen sich nähret«, singt der Geist des toten Komturs, natürlich mit der einer Bühnenfigur entsprechenden Theatralik. Etwas nüchterner drückt es der Engel in Zora aus, sachlich meint er jedoch genau das Gleiche: »Auch wenn du mich einlädst, werde ich von deinem Mahl nichts essen. Wenn du aber ein Brandopfer herrichten willst, bring es dem Herrn dar!« (Ri 13,16)

Eine außergewöhnliche Situation

Bis zu diesem Augenblick konnte Manoach noch meinen, es handle sich um eine ganz gewöhnliche Alltagssituation. Aber jetzt gehen ihm die Augen auf. Er merkt, dass er irgendwie ins Fettnäpfchen getreten ist, möchte es wieder gutmachen, tritt aber dadurch gleich noch ein zweites Mal ins sprichwörtliche Fettnäpfchen. Er fragt nämlich den Gast, wie er heißt.

Erst aufgrund der Antwort des Engels – »Warum fragst du mich nach meinem Namen? Er ist wunderbar!« – wird Manoach klar, dass er etwas getan hat, was man unter keinen Umständen darf. Einen Engel nach seinem Namen zu fragen, Manoach weiß es aus dem Religionsunterricht, ist fast genauso schlimm wie vom verbotenen Baum im Paradies essen zu wollen. Nach dem Namen des Göttlichen fragen heißt über Gott verfügen wollen, ihn zur Marionette des Menschen zu machen, zu einem Götzen – und wie die Vokabeln alle heißen. Das ist Manipulation, das ist Magie, das ist Gotteslästerung pur.

Nicht ohne Grund spricht kein frommer Jude, wenn er bei Trost ist, den Gottesnamen aus. Auch das weiß Manoach aus dem Religionsunterricht. So etwas darf nur der Hohepriester tun, und auch er nur bei ganz besonderen Gelegenheiten ... – armer Manoach.

Aber man sollte es nicht glauben: Es gibt *noch* ein Fettnäpfchen. Noch einen größeren Frevel. Den größten. Den Herrn sehen und weiterleben wollen, das geht nicht. So etwas überlebt keiner. Aber was soll Manoach tun? Die Situation wird brenzlig. Er bringt das Brandopfer dar, das der Engel fordert. Man wird sehen, was geschieht.

> *Da nahm Manoach das Ziegenböckchen und brachte es zusammen mit einem Speiseopfer auf einem Felsblock dem Herrn dar, der Wunder tut. Als die Flamme vom Altar zum Himmel aufstieg, stieg der Engel des Herrn in der Flamme des Altars mit empor. Als Manoach und seine Frau das sahen, warfen sie sich zu Boden auf ihr Gesicht.* *(Ri 13,19–20)*

Gänsehaut kommt auf, als Simsons Eltern sehen, wie der Engel im Feuer verschwindet. Furcht und Zittern. Die Religionswissenschaftler nennen es das »mysterium tremendum« – das Geheimnisvolle, das einen schaudern macht.

Manoach würde viel darum geben, nicht gesehen zu haben, was er gesehen hat. Am liebsten würde er gleich liegen bleiben. So am Boden zerstört ist er. Er glaubt, seine letzte Stunde habe geschlagen.

»Was ist los mit dir?«, fragt seine Frau. »Warum liegst du da und zitterst am ganzen Leib?« Manoach erklärt es ihr. »Sicher müssen wir sterben, weil wir Gott gesehen haben.« Das ist genau die Antwort, die er im Religionsunterricht gelernt hat. Er erinnert sich noch genau, wie er aufgerufen wurde. »Was geschieht mit uns, wenn wir Gott sehen, Manoach?« – »Wenn wir Gott sehen, müssen wir sterben, Herr Lehrer.« – »Sehr richtig. Setzen.«

Manoach liegt am Boden. Jetzt ist es aus, denkt er. Jetzt ist dieser Fall eingetreten. Der religiöse Super-GAU. Manoachs Frau denkt anders. Ihr religiöses Bewusstsein ist nicht so theorielastig wie das ihres Mannes. Sie gewinnt theologische Erkenntnisse, indem sie aus ihren Erfahrungen lernt.

Mit anderen Worten: Die Frau hat einfach einen gesunden Hausverstand und versteht es auch, ihn zu nutzen. Ganz im Sinne der Bibel könnte man die Mutter Simsons nun ebenfalls als einen Engel betrachten – als jemanden, der einem anderen zum Engel wird und ihm aus seiner Todesangst heraushilft. Sie hilft dem angeknacksten Manoach wieder auf die Sprünge. »Unsinn! Steh auf, und fürchte dich nicht!«, sagt sie zu ihm und reicht ihm die Hand. »Wie kommst du nur auf die Idee, dass wir sterben müssen? Wenn es Gott darauf angelegt hätte, uns umzubringen, dann hätte er es einfacher haben können!«

Zwischen zweitausendfünfhundert und dreitausend Jahre alt sind die Worte, mit denen es die Bibel formuliert: »Doch seine Frau entgegnete ihm: Wenn der Herr uns hätte töten wollen, hätte er nicht aus unserer Hand Brand- und Speiseopfer angenommen, und er hätte uns nicht all das sehen und uns auch nichts Derartiges hören lassen!« (Ri 13,23)

Ein Engel erscheint

Ein Engel erscheint – das sagt sich so leicht.	*Ein*
Aber was heißt es wirklich?	*Engel*
Wie, wann und woerscheint er?	*erscheint*
Wie macht er es, wenn er mir erscheint?	*kein*
Hält er sich an irgendein Protokoll, an eine	*Engel*
bestimmte Geschäftsordnung oder sonst	*erscheint*
ein Reglement? Oder macht er es,	*ein*
wie es ihm passt?	*Engel*
Ist er kreativ oder ist er ein verkappter	*erscheint*
Bürokrat?	*kein*
Erscheint er allen Menschen gleich oder	*Engel*
hat er für mich eine besondere	*erscheint*
Überraschung?	*ein*
	Engel
Ein Engel erscheint – mir.	*erscheint*
Geht er auf mich ein?	*kein*
Nimmt er auf meine Bedürfnisse	*Engel*
Rücksicht? Oder fährt er über mich	*erscheint*
drüber wie mit einem Rasenmäher?	*ein*
Überwältigt er mich wie ein Ringkämpfer?	*Engel*
	erscheint
Oder umarmt er mich wie mit Flügeln?	*kein*
Und *wenn* er mit mir kämpft – kämpft	*Engel*
er dann fair mit mir oder trickst er mich	*erscheint*
aus, um mich möglichst schnell auf die	*ein*
Matte zu legen?	*erscheint*
Engel	*kein*
Bekomme ich ihn überhaupt zu fassen?	*Engel*
Macht er mich schaudern wie in der	
Geisterbahn, damit ich nicht länger	*ein*
daran zweifle, dass Engel tatsächlich	*Engel*
schrecklich sind?	*erscheint*

Oder macht er mich schaudern wie die *kein*
milde Luft einer Frühlingsnacht? *Engel*
erscheint
Muss er mir als Lichtgestalt erscheinen, *ein*
damit ich ihn nicht übersehe? Habe ich ihn, *Engel*
wenn ich ihn in anderer Gestalt sehe, *erscheint*
etwa *nicht* gesehen? *kein*
Engel
Müssen die Botschaften, die ich von ihm *erscheint*
bekomme, seine Unterschrift tragen, oder *ein*
genügt mir auch ein anonymer Gruß von ihm, *Engel*
unleserlich hingekritzelt auf eine Ansichtskarte? *erscheint*

Sammlung am Abend. *Wie, wo, in einem besondern Raum?* Egal, wo. Egal, wie. *Im Gebet? In der Horizontalen? Mit Blick in die spiegelnden Fenster der U-Bahn?* Egal. Hauptsache, es wird gesammelt. Für einen guten Zweck.

Einsammeln der Eindrücke dieses Tages.
Was hatte der Tag zu bieten?
Was hat er geboten?

Welche Botschaft ist mir angeboten worden?
Was hat mir am meisten zugesagt heute?
Was ist mir zugesagt worden an diesem Tag?

Maria aber erschrak über die Anrede und dachte nach, was dieser Gruß zu bedeuten habe ...« (Lk 1,29).

Gilt das, was die Bibel über die Begegnung zwischen Maria und dem Erzengel Gabriel sagt, nur für die knapp fünfzehn Jahre junge Frau in Nazareth?
Oder gilt auch von mir, was der Mystiker Angelus Silesius im »Cherubinischen Wandersmann« gesagt hat: *»Ich muss Maria sein und Gott aus mir gebären ...«?*

Habe ich eine Botschaft bekommen?
Was für eine Botschaft habe *ich* bekommen?

Bin ich gegrüßt worden? Bin ich erschrocken?
Worüber bin *ich* erschrocken?

Worüber bin ich erschrocken?
Heilsam erschrocken.
So heilsam, dass ich mich nicht mehr fürchte.
Vor nichts.
Vor gar nichts mehr.

Schön wär's, wenn ein Engel käme und brächte mir diese Botschaft. Aber er bringt sie mir ja. *Wann? Und wo?* Pausenlos. Im richtigen Moment.

Ein Engel erscheint und bringt eine Botschaft von Gott – das klingt so fromm. Aber was heißt es konkret? Vielleicht heißt es Nähe. Vielleicht heißt es ganz einfach, dass er mir nahe geht.

Ein
Engel
erscheint
kein
Engel
erscheint

Was heißt *»er«?* Er, sie, es. Alles. Das Ganze, die Ganzheit. Er, der auch *sie* ist. Die Mitte von allem. Der Grund, auf dem alles ruht. Der Ursprung, dem alles entstammt. Das Alpha und das Omega. Das Alpha geht mir genauso nahe wie das Omega. So nahe, dass es gar nichts Trennendes mehr gibt.

Mit ausgebreiteten Flügeln

»Nichts kann uns scheiden von der Liebe Gottes,« schreibt der Apostel Paulus in seinem *Römerbrief*, »weder Tod noch Leben, weder Engel noch Mächte, weder Gegenwärtiges noch Zukünftiges, weder Gewalten der Höhe oder Tiefe noch irgendeine andere Kreatur« (Röm 8,39).

In seiner berühmten Rede auf dem Areopag in Athen beschreibt derselbe Apostel Paulus die überwältigende Erfahrung einer absoluten Nähe zum Absoluten gleichsam als ein Fisch-im-Wasser-Gefühl: »Keinem von uns ist Gott fern,« sagt er den Athenern, »denn in ihm leben wir, bewegen wir uns und sind wir, wie auch einige von euren Dichtern gesagt haben: Wir sind von seiner Art« (Apg 17,27–28).

Jochen Klepper (1903–1942), Schriftsteller und Theologe, hat aufgrund seiner Ehe mit einer Jüdin unter den Nazis ein ähnliches Schicksal erlitten wie seine Berufskollegen Alfred Delp und Dietrich Bonhoeffer: Der Aufforderung, sich von seiner Frau scheiden zu lassen, widersprachen er und seine Familie mit dem Freitod. Selbst in dieser Situation weiß sich Jochen Klepper von guten Mächten geborgen:

»Wir sterben nun – ach, auch das steht bei Gott – Wir gehen heute Nacht gemeinsam in den Tod. Über uns steht in den letzten Stunden das Bild des segnenden Christus, der um uns ringt. In dessen Anblick endet unser Leben.« *(J. Klepper, Unter dem Schatten deiner Flügel, Brunnen-Verlag, Gießen 2002).*

Im Stil des klassischen protestantischen Kirchenliedes hat Klepper auszudrücken verstanden, dass der *ferne* Gott Mittel und Wege hat, zu uns zu finden, und uns Botschaften sendet, die uns *nahe* gehen: »Den keine Meere fassen und keiner Berge Grat, hat selbst sein Reich verlassen, ist dir als Mensch genaht«, formuliert Jochen Klepper. »Aus seinem Glanz und Lichte tritt er in deine Nacht, und alles wird zunichte, was dir so bange macht« *(vgl. »Gott wohnt in einem Lichte«, Gotteslob Nr. 290).*

Das Frappierende an diesen Worten ist, dass sie – obwohl sie von dem reden, was zum Kernbestand des christlichen Glaubens gehört: von der Menschwerdung Gottes in Jesus, dem Christus – so klingen, als ginge es darum, die Erscheinung eines Engels zu beschreiben.

Und das ist durchaus kein falscher Eindruck. Genau so meint es der christliche Glaube. Auch der Engel, der zum Menschen kommt, ist nichts anderes als eine menschlich fassbare Weise der Nähe des sonst Unfassbaren.

Oder umgekehrt gesagt: Auch Jesus ist ein *Engel*, ein Bote von Gott, der »Christos Angelos«, wie ihn die frühchristlichen Theologen genannt haben.

Aber der Mensch selbst kann auch zum Boten der Nähe Gottes werden. Er kann es nicht nur, er *soll* es. Die Zuwendung zum anderen Menschen ist nicht das Hobby einiger weniger, sozusagen von Berufs wegen humanitär Gesinnter. Es ist Christenpflicht. Die Nächstenliebe zählt zu den *Geboten*. Sie ist sogar eines der beiden wichtigsten. Alle anderen Moralregeln sind nur Ableitungen davon. Der Mensch soll dem anderen Menschen ein Bote Gottes sein, soll dem anderen Gott nahe bringen, ihn diesen Gott, der die Liebe ist, erfahren lassen.

Mensch werden heißt, dass der Mensch dem Menschen kein Wolf sei, sondern ein Engel. Nicht mehr »Homo homini lupus«, sondern »Homo homini *angelus*«. Und wem es allzu anmaßend erschiene, selbst ein Engel zu werden, der müsste bedenken, dass der Apostel Paulus noch viel anmaßender war. Ihm zufolge sollte jeder sogar *Christus* werden. Wer auf ihn »getauft«, das heißt in sein Lebensgeheimnis hineingenommen ist, und sein Nachfolger und *Stellvertreter* wurde, der hat Christus angezogen wie ein Gewand, der ist »mit ihm auferstanden«. Nicht mehr er lebt, sondern Christus lebt in ihm, wie Paulus sagt (Gal 2,20).

Oder wieder mit den Worten von Jochen Klepper: »Nun darfst du in ihm leben und bist nicht mehr allein, darfst in ihm atmen, weben und immer bei ihm sein.«

Ist es ein Zufall, dass dieses Lied von der Nähe Gottes wie ein Schutzengel-Lied ausklingt? »Den keiner je gesehen noch künftig sehen kann, will dir zur Seite gehen und führt dich himmelan.«

Auch in Paul Gerhardts berühmtem Abendlied »Nun ruhen alle Wälder« wird Jesus als einer gesehen, der die Geste des schützenden Engels macht.

Breit aus die Flügel beide,
o Jesu, meine Freude,
und nimm dein Küchlein ein.
Will Satan mich verschlingen,
so lass die Englein singen:
»Dies Kind soll unverletzet sein.«

(Paul Gerhardt)

2. Die Schulweisheit beginnt zu träumen

»Nicht vom Brote allein,
es lebt vom Traum auch
der Mensch ...«
(Josef Weinheber)

Wasser ist nicht gleich Wasser. Es gibt Wasser, das zum Trinken geeignet ist, und Wasser, das man besser nicht trinken sollte – zum Beispiel das Salzwasser im Meer oder das Wasser in den Abwässerkanälen. Aber auch beim Trinkwasser gibt es Unterschiede. Da gibt es das gewöhnliche Wasser, das aus dem Wasserhahn kommt, und das Mineralwasser, das im Supermarkt zu bekommen ist.
Aber wenn man hingeht, um eines zu kaufen, dann beginnt die Qual der Wahl. Nach Angaben des »Verbandes Deutscher Mineralbrunnen« (VDM) kann der Kunde in deutschen Supermärkten zwischen rund 650 Mineralwässern und etwa 70 Heilwässer aus deutschen Brunnen sowie mehreren Quell- und Tafelwässern wählen.
Wer in der Lage ist, »natürliches Mineralwasser« von »natürlichem Heilwasser« zu unterscheiden, und genau sagen kann, warum »Tafelwasser« etwas anderes ist als »Quellwasser« einerseits und »Leitungswasser« andererseits, der ist bereits ein Experte.
Bei den Engeln ist es genauso. Dass es »Engel« und »Erzengel« gibt, dürfte allgemein bekannt sein. Und dass »Kerubim und Serafinen« ebenfalls etwas mit Engeln zu tun haben, dürfte zumindest für Gottesdienstbesucher, die schon einmal die zweite Strophe des Liedes »Großer Gott, wir loben dich« gesungen haben, kein Geheimnis sein – eher schon, wodurch sich »Cherube« und »Seraphen« voneinander unterscheiden und welche Schreibweise und Eindeutschung der hebräischen Namen die richtige sein mag. Wer darüber hinaus noch weitere Arten von Engeln kennt, ist bereits ein Experte.

Ein solcher Experte scheint der Kanzelredner gewesen zu sein, der in einer Predigt zum Fest Mariä Himmelfahrt mit bewundernswerter Genauigkeit zu beschreiben verstand, wie die Gottesmutter am Tag ihres Heimgangs bei ihrer Aufnahme in den Himmel von den Engeln begrüßt wurde.

»Am heutigen Tag haben die Himmel die heilige Jungfrau mit großen Freuden empfangen: die Engel mit Frohlocken, die Erzengel mit Jubel, die Throne mit Jauchzen, die Kräfte mit Psalmengesang, die Mächte mit Klingen, die Gewalten mit Saitenspiel, und die Cherubim und Seraphim führten sie mit Hymnengesang vor den Thron der höchsten Majestät.«

Großer Bahnhof für die Königin der Engel. Das Zitat stammt aus der »Homilie zum Fest Mariä Himmelfahrt«, die der heilige Gerhard von Csanad (977–1046) hielt. Der aus Italien stammende Mönch hat sich um die Christianisierung der Ungarn verdient gemacht und erlitt in Budapest den Märtyrertod. Der heilige »Gellért«, wie ihn die Magyaren nannten, kannte nicht nur die verschiedenen Abteilungen der Engel, sondern wusste auch, welchen musikalischen Part die verschiedenen Chöre der seligen Geister beim himmlischen Konzert für die Gottesmutter spielten.

Das »Neue Lexikon der Esoterik« kennt nicht nur die neun verschiedenen Klassen von Engeln, die es gibt, sondern weiß auch anzugeben, welche Himmelskörper dem jeweiligen Engeltyp astrologisch zuzuordnen sind – nämlich die Engel (»Angeloi«) dem *Mond*, die Erzengel (»Archangeloi«) dem *Merkur*, die Kräfte (»Archai«) der *Venus*, die Mächte (»Exusiai«) der *Sonne*, die Herrschaften (»Dynameis«) dem *Mars*, die Throne (»Thrones«) dem *Saturn*, die Seraphim und Cherubim schließlich den *Fixsternen* und dem *Tierkreis*. Die Engel der neunten Klasse, heißt es schließlich, »sind die Schutzengel, die sich um den einzelnen Menschen kümmern« *(Marc Roberts: Das Neue Lexikon der Esoterik, München 1995. S. 254)*.

Ein Mann wie René Lejeune kann dieser Art von Interesse an den Engeln nicht sonderlich viel abgewinnen. Für den über seine französische Heimat hinaus bekannt gewordenen Experten für christliche Engelverehrung ist das nicht der richtige Weg. Die New-Age-Bewegung habe sich einen zusammengebauten Glauben angeeignet, der aus verschiedenen Religionen stammt, sagte er in einem Interview. Aber wie alles bei New-Age sei auch der Schutzengel-Glaube »unklar«, »nebelhaft« und »hybrid«.

Ein Engel wird tätlich

Lejeune – praktizierender Katholik und Vater von zehn Kindern, darunter auch Adoptivkinder aus einem Slum in Sao Paulo – ist aufgrund eigener Erfahrungen auf das Thema Schutzengel gestoßen. Wie die meisten Christen dachte er selten an seinen Schutzengel. Er spielte sozusagen keine bewusste Rolle in seinem Leben. Eines Tages aber habe er ihm ganz unerwartet seinen Namen enthüllt, und seitdem lebe er in der Intimität seines Schutzengels. Er stärke und erleuchte seinen Glauben. Auf die Frage, was die schönste Schutzengel-Erfahrung sei, von der er je gehört habe, antwortete René Lejeune einigermaßen verschmitzt. Er erzählte von einem Schutzengel, der seinem Schützling ins Gesicht schlug.

Ein Theologie-Student namens Abbé Jean Derobert hatte viel von Pater Pio gehört und wollte wissen, was von diesem Phänomen zu halten sei. Darum fuhr Derobert nach San Giovanni Rotondo, lernte den stigmatisierten Kapuzinerpater persönlich kennen und beichtete sogar bei ihm. Plötzlich überraschte ihn Pater Pio mit der Frage: »Glaubst du an deinen Schutzengel?« Der kritische junge Theologe, der später Pfarrer der Montmartre-Basilika in Paris war, begann zu stottern und sagte schließlich: »Ich habe ihn noch nie gesehen.« Im selben Moment bekam er eine schallende Ohrfeige. »Ich sehe ihn hinter dir und er ist sehr schön!« sagte Pater Pio. Und aus dem »eitel aufgeblasenen Jungtheologen«, sagte René Lejeune in einem Interview mit der Zeitschrift »PURspezial« *(1/1999)*, sei von Stund' an »ein frommer Schutzengelverehrer« geworden.

»Es gibt mehr Dinge im Himmel und auf der Erde, als sich eure Schulweisheit träumen lässt ...« – möchte man angesichts eines so schlagenden Beweises sagen. Aber nicht nur die Schulweisheit, die Shakespeares Hamlet meinte, hat ihre Grenzen, auch die Weisheit der Priester. Sogar für die Angehörigen *dieser* Berufsgruppe gibt es Dinge, die ganz und gar unvorstellbar sind. Dinge, die einfach nicht wahr sein dürfen, selbst wenn es sie gibt. – Zum Beispiel, dass einer vorhat, am helllichten Tag in den Tempel zu gehen, um den Tempelschatz zu stehlen.
Der Hohepriester glaubt zu träumen, als er erfährt, dass der Mann tatsächlich ernst gemacht hat. Dieser Bösewicht hat es also nicht bloß angedroht, sondern ist bereits auf dem Weg nach Jerusalem. Zusammen mit seiner Leibgarde. Männer, die vor nichts zurückschrecken, marschieren zum Tempel. Genauer gesagt: in die Schatzkammer. Und die Welt geht nicht unter. – Oder rüstet sich der Himmel bereits zum letzten Gefecht vor dem Jüngsten Gericht?
Sind die Szenen, die sich im Jerusalemer Tempel abspielen, Wirklichkeit? Oder befinden wir uns bloß in einem aufwändig inszenierten Kostümschinken, produziert in der Traumfabrik Hollywood, unterlegt mit Musik von Ennio Morricone. Träumen wir oder sind wir hellwach?

Schlägerei an heiliger Stätte

Schon hört man die Schritte auf dem Steinboden. Die harten Tritte von Soldaten. Es klingt nicht so, als ob sie vorhätten, hier zu beten und irgendwelche Opfergaben zu bringen. Ganz im Gegenteil. *Frevler* durchqueren die heiligen Hallen. In ruhigem, festem Schritt gehen sie zielstrebig zur Schatzkammer. Dort ist der Zaster, und den holen sie jetzt.
Der Hohepriester ist entsetzt, die Priester sind entsetzt, das Volk ist entsetzt. Aber wer kann die Leute aufhalten? Die Priester und die Gläubigen beginnen zu beten. »Herr, lass nicht zu, dass Räuber in dein Heiligtum eindringen ...« – sagen sie. Oder etwas in

dieser Art. Man kann die aufgeregt hervorgestoßenen Worte nur schwer verstehen. Außerdem beten sie auf Hebräisch. Wahrscheinlich sagen sie einen ihrer Psalmen her. In diesem typischen Singsang. Der in das Heiligtum eingedrungene Räuber lässt sich durch das Gebet nicht beirren, obwohl es gegen ihn gerichtet ist. Die Frommen beten um Strafe für ihn. Für den »Frevel«, den er angeblich begeht. Er, Heliodor, Minister des syrischen Königs. Na wenn schon. Sollen sie nur beten. Die Angst der Frommen macht ihn erst richtig geil. Weiter im Stechschritt zum Ziel.
Die Gläubigen sind der Meinung, dass Gott nicht zulassen darf, dass sein Heiligtum geschändet wird. Der Herr jedoch scheint anderer Meinung zu sein als seine Frommen. Er schreitet nicht ein. Er *lässt* seiner spotten. Die Blitze auf den Übeltäter bleiben ungeschleudert.
Eins zu null für den Eindringling. Gleich ist es geschafft. Hier ist schon der Eingang zur Schatzkammer. Natürlich ist die Türe geschlossen, und es steckt kein Schlüssel im Schloss. So leicht geben die Bonzen die Beute nicht her. Aber kein Problem für Heliodor und seine Spießgesellen. Da müsste es schon andere Dinge zwischen Himmel und Erde geben als Gebete, um die Plünderung zu verhindern. Ein paar wohl gezielte Schläge, und die Schatzkammer ist offen.
Wow! Welch ein Anblick. Wenn etwas den Namen Millionen-Show verdient, dann das. Bald wird das hier gehortete Gold den Besitzer wechseln. Und das Silber. Und alles andere. Heute noch wird das, was Gottes ist, dem König gegeben. Heliodor macht das Ganze nicht für sich. Dem Minister macht zwar Spaß, was er macht, aber er handelt im Auftrag seines Herrn. Und dieser Herr heißt nicht Jahwe. Bei Gott nicht! König Seleukos IV. hat die Order gegeben, den Tempelschatz der Juden zu plündern.
Aber was ist jetzt? Ein Pferd im Tempel. Und *was* für ein Pferd! Ein Pferd, leuchtend und funkelnd, in glänzendem Geschirr, und – das darf doch nicht wahr sein – es bäumt sich auf und schlägt mit den Vorderhufen nach dem Frevler. Mit einem tollkühnen Hechtsprung versucht Heliodor dem fürchterlichen Tier auszuwei-

chen – doch es ist zu spät. Das Pferd war schneller als der Minister. Den Schmerzen nach zu schließen dürften wohl ein paar Rippen gebrochen sein.
Woher kommt das Pferd? Ein Pferd kann doch nicht mir nichts, dir nichts vom Himmel fallen! Und jetzt sieht man auch den Reiter. Er ist genauso glänzend wie sein Pferd. Und er trägt eine goldene Rüstung. Einen solchen Reiter auf einem solchen Pferd hat Heliodor noch nie im Leben gesehen.
»Was soll das?«, stammelt er. Aber niemand antwortet ihm. Seine Leibwächter sind wie gelähmt. Heliodor will wissen, was hier gespielt wird. – Er wird es gleich wissen.
Wie aus dem Boden geschossen stehen plötzlich zwei Typen vor ihm. Hochgewachsen. Aufrecht wie die Zedern des Libanon. Zwei Hünen. Mit einem Outfit, das einen das Fürchten lehrt. Durchtrainiert von oben bis unten. Die Fleisch gewordene Fitness. Gegen die zwei wäre selbst ein Arnold Schwarzenegger ein Kretin.
Die Aktion Tempelraub ist beendet. Gott, der Gerechte, ließ seiner *nicht* spotten. Wir schreiten zur nächsten Aktion. Zur Geißelung. Die Frommen sehen's mit Wonne. Sie glauben zu träumen. Ist es wirklich wahr, was sie hier zwischen Himmel und Erde sehen?
Heliodor hat auch schon manches gesehen in seinem Leben. Aber Männer, die so zuschlagen können, noch nie. Ehe er auch nur den Versuch machen kann, blitzschnell in Deckung zu gehen, sausen schon die Schlagruten auf ihn nieder. Heliodors Schutztrupp steht versteinert daneben. Die Berufsprügler und Profikiller müssen tatenlos zusehen, wie ihr Boss von zwei Rowdys misshandelt wird. Es ist unangenehm hinzusehen. Nicht nur wegen der Brutalität, die die beiden Kampfsportler an den Tag legen, sondern wegen ihrer blendenden Erscheinung. Die Anzüge, die sie anhaben, gleißen und funkeln, dass einem die Augen wehtun.
Unermüdlich schlagen die zwei auf den Mann ein, der da meinte, er könne den Tempelschatz stehlen. Immer wieder sausen die Schlagruten durch die Luft. Pausenlos. Gnadenlos. Die beiden schlagen und schlagen und schlagen. Und sie kommen kein bisschen ins Schwitzen.

Aber Heliodor. Es war zu erwarten. Der Minister des syrischen Königs hat nicht die Widerstandskraft eines Sandsacks. Er hält die Geißelung nicht lange durch. Ihm wird schwarz vor den Augen. Er sackt zusammen. Knock out. Heliodor hört die Engel singen. Tempelwache, die Tragbahre bitte!
So, das wär's dann für heute. Nun herrscht wieder Ruhe und Ordnung im Tempel. Oder? Die zwei Typen sprechen es nicht aus. Aber ihre ganze Erscheinung – die blendende Figur, die sie machen – drückt es auch ohne Worte aus: »Nichts zu danken, Leute. Gern geschehen. Wir haben nur unsere Pflicht getan. Wenn ihr euch schon bedanken wollt, dann dankt unserem Chef ...«
Die Engel haben ihre Schuldigkeit getan. Die Engel können wieder verschwinden.
Engel? Also bitte, alles was recht ist. Soll das heißen, die zwei Rowdys wären Engel gewesen? – In der Tat. *Echte* Engel sogar. Und das Pferd und der Reiter ebenfalls. Lauter Engel, vom Himmel auf die Erde gesandt.
Aber das ist doch eine Zumutung. So etwas gibt's doch nicht einmal im Traum! – Zumutung oder nicht. Wie sagte doch Hamlet so richtig: »There are more things in heaven and earth, Horatio, than are dreamt of on your philosophy ...«
Im Ernst, bitte: Welcher verrückt gewordene Drehbuchautor hat sich diese Geschichte ausgedacht?
Die Bibel. Im Ernst. – Und sie erzählt das alles wirklich so brutal? – Sehen wir nach.

Ich glaub, mich tritt ein Pferd!

»Lesung aus dem Zweiten Buch der Makkabäer ...« – *Die Leute stürzten in Scharen aus den Häusern heraus zum öffentlichen Gebet, denn dem Tempel drohte Schande.*
Die Frauen zogen Trauerkleider an, die die Brüste freiließen, und drängten sich auf die Straßen. Von den jungen Mädchen aber, die man sonst eingeschlossen hielt, liefen die einen an die Türen, die andern auf die

Mauern. Einige beugten sich aus den Fenstern heraus. Sie alle streckten die Hände zum Himmel empor und beteten flehentlich.
Es war zum Erbarmen, wie die Menge sich in heillosem Durcheinander zu Boden warf und wie der Hohepriester sich in seinem Kummer so schrecklich ängstigte. So riefen sie zum Herrn, dem Allherrscher, er möge das anvertraute Gut denen, die es hinterlegt hatten, unversehrt und ganz sicher bewahren. .
Heliodor jedoch machte sich daran, seinen Entschluss auszuführen. Schon stand er mit der Leibwache an der Schatzkammer. Da ließ der Herr der Geister und aller Macht eine gewaltige Erscheinung sichtbar werden. Alle, die ihn frech begleitet hatten, erschraken vor Gottes Macht. Ihre Kräfte verließen sie, und sie bekamen große Angst.
Denn es erschien ihnen ein Pferd mit einem schrecklichen Reiter darauf. Das Pferd war mit prächtigem Geschirr geschmückt. Es stürmte wild auf Heliodor ein und traf ihn heftig mit den Vorderhufen. Sein Reiter aber trug eine goldene Rüstung.
Noch zwei andere junge Männer erschienen, voll gewaltiger Kraft, in strahlender Schönheit und herrlich gekleidet. Sie traten auf Heliodor zu und peitschten von beiden Seiten auf ihn ein. Pausenlos schlugen sie ihn mit vielen Hieben. Da stürzte er zu Boden, und es wurde ihm schwarz vor den Augen. Man hob ihn schnell auf und legte ihn auf eine Bahre.
Eben noch war er mit großem Gefolge und der ganzen Leibwache zu der genannten Schatzkammer gekommen. Nun trug man ihn hilflos hinaus. Deutlich hatte man die Herrschermacht Gottes erkannt. So lag er da, durch Gottes Macht gestürzt, der Sprache beraubt, ohne jede Hoffnung auf Rettung.
Die Juden aber priesen den Herrn, der an seinem Ort so herrlich seine Macht gezeigt hatte; und das Heiligtum, das eben noch voll war von Angst und Verwirrung, war erfüllt von Freude und Jubel. Denn der allmächtige Herr hatte sich offenbart.

(2 Makk 3,18–30)

Die Engel kommen zum zweiten Mal

Die Geschichte geht aber noch weiter. Eine Verblüffung jagt die andere. Nun passiert etwas, was man auch jenseits der eng gezogenen Grenzen der Schulweisheit kaum für möglich halten würde. Onias tritt auf den Plan. Der Hohepriester. Vor einer Stunde noch am Boden, jetzt Held des Tages. Er hat, mit Gottes Hilfe, den Tempelschatz gerettet. Jetzt liegt Heliodor am Boden. Schwer verletzt. Von den Engeln geschlagen. Wenn nichts geschieht, wird er möglicherweise verbluten. Und das könnte dumm aussehen.

Der Mann ist in einer moralisch-politischen Zwickmühle. Onias, Sohn des Simeon, Hoherpriester von 185 bis 175 vor Christi Geburt. Genauer gesagt: Onias III. Auch sein Großvater – Onias II. – war schon Hohepriester.

Onias wird gleich merken, was für fiese Typen diese Leibwächter des geschlagenen Heliodor sind. Kaum haben sie sich von ihrem Schrecken erholt, versuchen sie das Ruder herumzureissen. Oder zumindest zu retten, was noch zu retten ist. Sie muten dem Hohepriester zu, für die baldige Genesung des Tempelräubers zu beten. Barmherzig soll er sein, der oberste Hüter des mosaischen Gesetzes. Nicht auf »Aug um Aug« soll er bestehen, sondern ein Auge zudrücken.

Natürlich weiß Onias, was gespielt wird. Die scheinheiligen Leibwächter möchten eine ganz andere Haut retten als die ihres Chefs. Ihre *eigene* nämlich. Denn wie stehen sie da, wenn der, den sie schützen sollten, im Tempel verblutet. Dann sind sie das Opfer. Erst geköpft, dann gehangen. Ihr Schicksal würde zu beklagen sein. Aber wie würde erst Onias dastehen, wenn die syrischen Landser dann zu Hause erzählen, man habe sie und Heliodor in eine Falle gelockt? Das Schicksal Jerusalems würde ebenfalls zu beklagen sein.

Was wird Onias tun? – Und was werden die *Engel* tun: Werden die himmlischen Haudegen ungerührt hinnehmen, dass die Arbeit, die sie geleistet haben, nicht gewürdigt wird?

»Lesung aus dem Zweiten Buch der Makkabäer ...« – *Sehr bald ka-*

men ein paar Vertraute Heliodors zu Onias und baten ihn, er möge doch den Höchsten anrufen und so dem das Leben schenken, der in den letzten Zügen lag. Aus Sorge, der König könne der Meinung verfallen, Heliodor sei einem hinterhältigen Anschlag der Juden zum Opfer gefallen, brachte der Hohepriester ein Opfer dar, damit der Mann wieder gesund würde.
Während der Hohepriester noch mit dem Versöhnungsopfer beschäftigt war, erschienen dem Heliodor dieselben jungen Männer wie zuvor, in der gleichen Kleidung.
Sie traten zu ihm und sagten: »Danke dem Hohenpriester Onias vielmals, denn seinetwegen schenkt der Herr dir gnädig das Leben. Der Himmel hat dich gezüchtigt. Nun verkünde du allen die gewaltige Kraft Gottes!«
Nach diesen Worten entschwanden sie. Da ließ Heliodor dem Herrn ein Opfer darbringen und machte ihm große Gelübde, weil er ihn am Leben gelassen hatte. Er nahm Abschied von Onias und zog mit seinen Truppen zum König zurück.
Vor allen Menschen bezeugte er die Taten des größten Gottes, die er mit eigenen Augen gesehen hatte. Als der König ihn fragte, wer geeignet sei, noch einmal nach Jerusalem geschickt zu werden, gab er zur Antwort: »Wenn du einen Feind oder einen Hochverräter weißt, dann schick ihn dorthin! Du kannst sicher sein, dass er geprügelt zurückkommt, wenn er überhaupt am Leben bleibt. Denn an jenem Ort wirkt wahrhaftig eine göttliche Kraft. Er, der im Himmel wohnt, ist selbst der Wächter und Schützer jenes Ortes, und wer in böser Absicht dorthin kommt, den schlägt er nieder.« (2 Makk 3,31–39).

Man hat's nicht leicht mit der Bibel

Frage: »Ist der Katholik verpflichtet, an das Dasein von Engeln zu glauben?«
Antwort: »Es ist Glaubenssatz, dass Gott Engel erschaffen hat. Der Engelglaube gründet auf der ständigen Bezeugung durch die Heilige Schrift. Gibt es keine Geisterwelt, dann ist Gott der Lüge

schuldig, da er sagt: ›Meinen Engeln habe ich deinetwegen befohlen, dich zu behüten auf allen deinen Wegen ...‹ (Ps 90,11); dann war Christus ein Träumer, als er meinte: ›Ihr werdet den Himmel offen sehen und die Engel Gottes hinaufsteigen und herabsteigen sehen über dem Menschensohn‹ (Joh 1,51); dann hat Paulus krankhafte Phantasien gehabt, als er schrieb: ›In Ihm ward alles Geschaffene im Himmel und auf der Erde, das Sichtbare und das Unsichtbare, Throne, Hoheiten, Herrschaften, Mächte, alles ist durch Ihn erschaffen‹ (Kol 1,16) ...«

So beginnt einer der vielen Artikel, die *Alphons Maria Rathgeber* – langjähriger Schriftleiter einer katholischen Kirchenzeitung – geschrieben hat, um Anfragen von Lesern präzis, möglichst griffig und allgemein verständlich zu beantworten. *»Wissen Sie Bescheid? – Antwort auf religiöse und weltanschauliche Fragen«* war der Titel des Buches, in dem diese Artikel dann gesammelt erschienen sind – alphabetisch geordnet von »Aachener Heiligtümer« bis »Zölibat«. Es war in der Zeit vor dem Konzil ein wahrer Bestseller. Die Ausgabe, aus der das Zitat über die Engel stammt *(Verlag Winfried-Werk, Augsburg 1961)*, war bereits die 12. Auflage.

Wer nach diesem Buch griff, das wegen des Inhalts und im Hinblick auf den Namen des Autors kurzerhand *»der Ratgeber«* genannt wurde. fand darin gut recherchierte und gut aufbereitete Information. Nach mehr als einem halben Jahrhundert ist das Buch natürlich in mancherlei Hinsicht veraltet. Was die Existenz von Engeln betrifft, so würde heutzutage wohl kein Theologe mehr wagen, so vollmundig und selbstgewiss, so rabiat apologetisch mit Bibelsätzen aufzutrumpfen.

Spätestens seit dem Zweiten Vatikanischen Konzil hat sich auch in der katholischen Kirche herumgesprochen, dass die Bibel nicht als fix fertiges Gotteswort vom Himmel gefallen ist – geschweige denn, dass sich der Heilige Geist, wie es auf manchen Bildern zu sehen ist, in Gestalt einer Taube auf der Schulter des jeweiligen Autors niederließ – von Moses bis Matthäus, von Jesaja bis Paulus – und ihnen allen den Text, den sie zu schreiben hatten, Wort für Wort ins Ohr flüsterte.

Heute weiß man, dass die Bibel eine Sammlung verschiedener Schriften ist, die alle ihre Geschichte haben. Die Spannbreite der Texte reicht von der Bronzezeit bis zur Spätantike.
Das Buch der Bücher ist ein Puzzle, das aus vielen Einzelteilen zusammengesetzt ist, die über Jahrhunderte hinweg überliefert, gesammelt, immer wieder neu redigiert und schließlich zu einem kompletten Ganzen zusammengefügt worden sind. Von rührend naiven Erzählungen und staubtrockenen Gesetzestexten bis zu atemberaubender Poesie und hochgestochener theologischer Gedankenakrobatik ist alles vertreten.
Die Schriften der Bibel wurden von Menschen geschrieben, die zu verschiedenen Zeiten gelebt haben, ein unterschiedliches Bildungsniveau besaßen, sich besser oder weniger gut ausdrücken konnten und auch vom Stil ihrer Frömmigkeit her oft sehr verschieden waren. Vor allem aber waren es Menschen, die leider so gut wie gar nicht auf die Leser zukünftiger geschichtlicher Epochen Rücksicht nahmen und nicht daran dachten, sich den Kopf über *deren* Probleme zu zerbrechen. Sie schrieben, wie dies Autoren immer tun, in erster Linie für die Leser *ihrer* Zeit.
Dies gilt es auch bei den biblischen Aussagen über die *Engel* zu berücksichtigen. Sie lassen sich nicht alle über den gleichen Kamm scheren, und es ist sehr sorgfältig darauf zu achten, in welchem Sinn sie zu verstehen sind und welche Bedeutung sie für uns haben können.
Welche Bedeutung hat es zum Beispiel für uns, wenn der Prophet Ezechiel davon berichtet, dass er die »Kerubim« im himmlischen Thronsaal gesehen hat? In der Vision, die wir schon kennen, sind sie bereits phantastisch genug. Aber in späteren Visionen des Propheten sind sie noch viel phantastischer. Eine Provokation der Sehgewohnheiten, die wir unserer Schulweisheit verdanken. Sie haben nicht nur ein bizarres Aussehen, sondern legen auch ein ganz und gar ungewöhnliches Verhalten an den Tag.

»Lesung aus dem Buch Ezechiel ...« – *Und ich sah neben den Kerubim vier Räder, ein Rad neben jedem Kerub. Die Räder waren wie glitzernder Chrysolith. Alle vier sahen gleich aus, und es schien so, als laufe ein Rad mitten im andern.*
Sie konnten nach allen vier Seiten laufen und änderten beim Laufen ihre Richtung nicht, denn der Richtung, die das vordere Rad einschlug, folgten die anderen. Sie änderten beim Laufen ihre Richtung nicht. Ihr ganzer Leib, ihr Rücken, ihre Hände und Flügel und auch die Räder waren bei allen vier ringsum voll Augen. Die Räder wurden, wie ich deutlich hörte, »Wirbel« genannt.
Jedes Lebewesen hatte vier Gesichter. Das erste war ein Kerubgesicht, das zweite ein Menschengesicht, das dritte ein Löwengesicht und das vierte ein Adlergesicht. Die Kerubim konnten emporschweben. Es waren die Lebewesen, die ich am Fluss Kebar gesehen hatte.
Wenn die Kerubim gingen, dann liefen die Räder an ihrer Seite mit. Auch wenn die Kerubim ihre Flügel bewegten, um sich von der Erde zu erheben, lösten sich die Räder nicht von ihrer Seite. Blieben die Kerubim stehen, dann standen auch die Räder still. Hoben sich die Kerubim empor, dann hoben sich die Räder mit ihnen; denn der Geist der Lebewesen war in den Rädern ...«

(Ez 10,9–17)

Was soll man von diesen Texten halten? Handelt es sich um zuverlässige Beschreibungen real existierender Dinge? Oder befinden wir uns voll und ganz im Reich der Phantasie?
Ist die Kenntnis dieser surrealistisch anmutenden Figuren für unser Bemühen um ein vertiefteres Leben von Wichtigkeit? Oder befriedigen wir nur unsere kulturhistorische Neugierde, wenn wir uns mit ihnen beschäftigen?
Können uns Engel, die Leute k.o. schlagen, oder Engel, die in Gestalt eines Pferdes erscheinen, als rotierende Räder daherkommen oder als Lebewesen mit vielen Flügeln und Augen, wirklich eine Hilfe auf dem Weg sein, besser zu begreifen, worum es eigentlich

geht und wonach wir unser Leben ausrichten können, um sinn erfüllt zu leben?
Müsste man der Bibel nicht vorwerfen, dass sie uns Dinge erzählt, die für unseren Glauben eher hinderlich sind?
Was aber, wenn solche Vorwürfe längst erhoben wurden? Und zwar nicht etwa von böswilligen Kirchenkritikern, von denen man ohnehin nichts anderes erwartet. Was wäre, wenn höchst honorige Leute, deren Rechtgläubigkeit über jeden Zweifel erhaben ist, auf die Idee gekommen wären zu sagen: »Also bitte, was die Bibel da über Engel schreibt – igittigitt!«

Ein Journalist wollte es wissen

Das Experiment sollte zu denken geben. In Amerika ist einmal ein Journalist auf die Idee gekommen, den Bekanntheitsgrad der Unabhängigkeitserklärung zu testen. Er wollte herausfinden, wie weit seinen Landsleuten bekannt ist, was eigentlich in diesem für die Geschichte der Vereinigten Staaten so bedeutsamen Dokument steht, das am 4. Juli 1776 proklamiert wurde und das nach wie vor Anlass für die alljährlichen patriotischen Feiern am Nationalfeiertag der USA ist.
Zunächst befragte der Reporter rund zweihundert Jugendliche. Er hielt jedem von ihnen ein Blatt Papier vor die Nase und stellte immer die gleichen einfachen Fragen:

> Kennst du diesen Text?
> Kommt dir bekannt vor, was hier steht?
> Wer könnte so etwas geschrieben haben?

Das Ergebnis war mehr als ernüchternd. Dass nicht alle der von ihm befragten Girls und Boys erraten würden, aus was für einem patriotisch bedeutsamen Dokument die Texte stammten, die er ihnen vorlegte, hatte der Zeitungsmann durchaus erwartet. Aber er war doch einigermaßen verblüfft, als er feststellen musste, dass

nahezu jeder Dritte die Auszüge aus der Unabhängigkeitserklärung für etwas Staatsfeindliches hielt.
In der zweiten Etappe seines Experiments machte es der Reporter wie bei der Sendung »Versteckte Kamera«. Die Leute, die er interviewte, hatten keine Ahnung, dass sie interviewt wurden, und sie sollten es auch gar nicht wissen – geschweige denn, was der Zweck der Sache war. Es war eine Art Rollenspiel.
Der Reporter tat so, als wäre er der Vertreter einer humanitär engagierten Gruppe, stellte sich auf die Straße, sprach Passanten an, zeigte ihnen ein Blatt Papier, auf das er bestimmte Stellen aus der Unabhängigkeitserklärung getippt hatte, und forderte die Leute auf, diese Petition an die Regierung zu unterschreiben.
Der Misserfolg eines Rufers in der Wüste hätte kaum größer sein können. Von 50 Personen lehnten 49 ab. Wiederum erkannte keiner, dass es sich bei der vermeintlichen Petition um Texte aus der Amerikanischen Unabhängigkeitserklärung handelte. Ein Mann gab dem Reporter den freundschaftlichen Rat: »Seien Sie vorsichtig und zeigen Sie diese regierungsfeindliche Schrift nicht weiter herum!« Andere Äußerungen lauteten: »Das hat ein Spinner geschrieben!« – »Man sollte das FBI verständigen.« – »Ich will nichts mit Religion zu tun haben.«
Der Einzige, der bereit war, die Petition zu unterzeichnen, wollte für seine Unterschrift Geld bekommen.

Wer hat das geschrieben?

Was würde geschehen, wenn man Christen von heute gewisse Texte vorlegen und sie fragen würde:

> Kennen Sie diesen Text?
> Kommt Ihnen bekannt vor, was hier steht?
> Wer könnte so etwas geschrieben haben?

Wäre zu befürchten, dass das Ergebnis ähnlich beschämend sein könnte? Oder darf man zuversichtlich darauf vertrauen, dass die

Erziehung im Elternhaus, der gute Religionsunterricht in der Schule, die einprägsamen Predigten beim Sonntagsgottesdienst, diverse Exerzitien, Papstbesuche und Kirchentage dafür gesorgt haben, dass jeder weiß, was im Katechismus und in der Bibel steht?

Machen wir einen kleinen Test. Sehen wir uns drei mögliche Antworten an: die eines frommen *Gläubigen*, die eines *Skeptikers* und dann noch *die Antwort einer dritten Person.*

Die Frage, die beantwortet werden soll, lautet: Wenn die Heilige Schrift von *Engeln* redet, handelt es sich um zuverlässige Beschreibungen real existierender Dinge? Oder befinden wir uns voll und ganz im Reich der Phantasie? Was sagen Sie zu Ezechiels Rädern, die aussehen wie glitzernder Chrysolith – und zu ähnlichen Dingen?

Ein frommer Gläubiger könnte sagen: Selbstverständlich handelt es sich um zuverlässige Beschreibungen real existierender Dinge. Der Prophet beschreibt einfach, wie es im Himmel aussieht. Er hat es selbst gesehen, weil er die Gnade gehabt hat, einen Blick hineinwerfen zu dürfen. Es steht in der Bibel, und die Bibel lügt nicht, denn sie ist Gottes Wort.

Ein ungläubiger Thomas könnte entgegnen: Alles Unsinn. So sehen Engel nicht aus. Selbstverständlich handelt es sich bei der Schilderung des Propheten um *keine* zuverlässige Beschreibungen real existierender Dinge. Wie denn auch! Die Gläubigen sagen ja selbst, dass die vom Schöpfer ins Dasein gerufenen Wesen namens Engel dem Bereich der *unsichtbaren* Welt angehören. Sie können also gar nicht sichtbar sein. Unsichtbare Dinge, die man sieht, wären ein hölzernes Eisen. Was der Prophet erzählt, ist das Produkt seiner Phantasie. Es liegt auf der gleichen Ebene wie das, was Schamanen von ihren Reisen ins Jenseits erzählen. Diese bizarre Bilderwelt folgt lediglich der Logik der Träume.

Von wem aber könnte die *dritte Antwort* stammen? Wer war es, der es eine »lästerliche Auffassung« nannte, wenn jemand meinte, »himmlische und gottähnliche Wesen seien Gestalten mit vielen Füßen und allerhand Gesichtern, oder nach tierischen Vorbildern von Stieren oder nach Raubtierformen geschaffen, wie Löwen, oder nach dem Muster von Adlern mit krummen Schnäbeln oder wie Vögel mit buschigem Gefieder«?

Wer war es, der gesagt hat: »Wir sollen uns nicht einbilden, gewisse feurige Räder liefen da über die Himmel und Throne wären da aus irdischem Stoff und dienten der Urgottheit zum Zurücklehnen, oder es galoppierten da gar buntscheckige Pferde herum, mit speertragenden Kriegsherren auf ihrem Rücken [*Sach 1,8–9; 2 Makk 3,24–25; Jos 5,13–15 usw.*] und was sonst noch alles durch die Schrift uns überliefert sein mag, in heiliger Plastik und mit farbenreicher Fülle von bedeutungsvollen Sinnbildern.«

Wer war es, der den Schriften der Bibel vorwarf, sie würde in der Beschreibung von Engeln »aus den grellsten Widersprüchen ihre Vergleiche holen«?

Wer war es, der nichts dabei fand, wenn jemand der Ansicht wäre, die biblischen Beschreibungen seien »unpassend«, wenn ihm »dieses ganze System der Engelnamen absonderlich vorkäme, abgeschmackt sozusagen, und wenn er meinte, die Verfasser heilig inspirierter Schriften hätten lieber versuchen sollen, jene ganz körperlosen Wesen in entsprechenden und nach Möglichkeit artverwandten Formen nachzubilden«, und hätten nicht, »wie sie es doch taten, höhere Wesen von himmlisch-gottähnlicher All-Einheit mit der naiven Gestaltenfülle umkleiden dürfen, die eben sonst nur auf Erden anzutreffen ist«?

Wer war es, der es keineswegs missbilligte, wenn jemand von Irreführung zu sprechen wagte, wenn die biblische Beschreibung der Engelwelt einen Menschen dazu bringe, zu glauben, »die überhimmlischen Sphären seien mit Löwen- und Pferdehaaren angefüllt, mit einem Hymnengesang von Rindergebrüll, mit Schwärmen von Vögeln und anderen Tieren, und womöglich noch niedrigeren Wesen oder Sachen«?

Wer war es, der es als »Fehler« bezeichnete, sich mit diesen Beschreibungen zufrieden zu geben, »als seien die himmlischen Wesen sozusagen goldartige Männer, funkelnde Lichtgestalten von herrlicher Schönheit, in schimmernde Gewänder gekleidet, feurig blitzend, ohne zu verbrennen, oder irgendwelche ähnlich gebildete Figuren«?

Wer war es, der vom »Abstoßenden der biblischen Offenbarungen über die Engel« redete, das ihn »tief abgeschreckt« habe?

Nach dem Gesagten versteht es sich von selbst, dass ganz bestimmt nicht Nietzsche, Voltaire oder Karlheinz Deschner als richtige Lösung in Frage kommen, wenn gefragt wird: Wer könnte so etwas geschrieben haben? – Wer aber war es?

Der Unbekannte aus Athen

Um die Wahrheit zu sagen: Wir wissen nicht, wer es war. Wir kennen seinen Namen nicht. Wir kennen nur das Pseudonym, unter dem er schrieb. Er nannte sich Dionysius Areopagita. Aber das, was er geschrieben hat, war sehr folgenreich. Er ist *der* große Engellehrer der Kirchengeschichte. Niemand, der sich ernsthaft mit Engeln beschäftigt, kommt an seinem Buch vorbei: *»Die Hierarchie der Engel.«* Dass man diese Schrift jahrhundertelang fast so hoch schätzte wie die Bibel, lag daran, dass man meinte, Dionysius Areopagita wäre wirklich jener Dionysius vom Areopag gewesen, von dem es in der Bibel heißt, dass er sich dem Apostel Paulus nach dessen Auftritt in Athen angeschlossen hat (Apg 17,34). Lorenzo Valla (1405–1457), ein italienischer Humanist, der sich auf Textkritik verstand und unter anderem die Konstantinische Schenkung als Fälschung entlarvt hat – war der erste, der aufgrund gewisser Ungereimtheiten zum Schluss kam, dass der Autor dieses Textes nicht zur Zeit der Urkirche gelebt hat. Erst 1895 ist von den Theologen Josef Stiglmayr und Hugo Koch dann der schlagende Beweis erbracht worden, dass die unter dem Namen Dionysius Areopagita veröffentlichten Schriften erst nach dem Jahr 482 geschrieben wurden. Es wird in ihnen nämlich eine Abhandlung des neuplatonischen Philosophen Proklos (411–485) zitiert, die man genau datieren kann. Außerdem nimmt der Autor auf einen liturgischen Brauch Bezug, der erst im Jahr 476 eingeführt wurde. Nicht zuletzt wäre es sehr verwunderlich, wenn es diese Schriften jahrhundertelang gegeben, und kein Theologe es der Mühe für wert gefunden hätte, sich damit auseinander zu setzen. Bei Thomas von Aquin wird Dionysius Areopagita ungefähr 1700-mal zitiert, bei Augustinus, Ambrosius, Gregor von Nazianz und all den anderen Kirchenvätern der frühen Zeit findet man dagegen nicht ein einziges Zitat. Zum ersten Mal »urkundlich erwähnt« wird Dionysius Areopagita erst in Schriften von Severos von Antiochien, die zwischen 518 und 528 entstanden sind.

Die Leistung des Theologen, der sich Dionysius Areopagita nannte, bestand darin, dass er den biblischen Befund bezüglich der Engel in eine übersichtliche Struktur brachte. Die »Hierarchie«, von der er spricht, ist die »heilige Ordnung«. Sie entspricht der Ordnung der Dreifaltigkeit. Entsprechend dem einen Gott in drei Personen gibt es drei Ordnungen von Engeln, die jeweils aus drei Unterordnungen bestehen: Seraphim, Cherubim, Throne – Herrschaften, Mächte, Kräfte – Fürstentümer, Erzengel, Engel. Alle Engelordnungen zusammen repräsentieren eine Hierarchie, die das Göttliche stufenweise vermittelt und dem Gläubigen ermöglicht – wiederum in einem dreistufigen Prozess: Läuterung, Erleuchtung und Vereinigung –, zur Gottförmigkeit aufzusteigen.

Sicherlich ist die dahinter steckende Gedankenwelt des Neuplatonismus nicht ganz unkompliziert. Aber wenn man sich ein wenig in den Text vertieft, wird man überrascht entdecken, was für ein herzerfrischend nüchterner und kritischer Denker dieser Mann eigentlich war. Die vorhin zitierten Ausführungen zur Bildersprache der Bibel haben es bereits bewiesen. Hier ist kein bürokratischer Geist am Werk, dessen Interesse es ist, haarklein aufzulisten, wie viele verschiedene Engel und Engelarten es gibt. Nein, der Autor bringt es in entwaffnender Offenheit auf den Punkt:

»Wie viele Ordnungen der himmlischen Wesen es geben mag, wie sie beschaffen sein mögen und wie ihre Hierarchien sich vollenden, das weiß wohl allein deren heilig göttlicher Urgrund. Auch sie selbst, die Engel, mögen ihre eigenen Kräfte und Erleuchtungen ermessen können, und ihre heilige und überweltliche Ord-

nung überschauen, da sie in höchster Vollkommenheit abgewogen ist.
Wie sollten wir die Geheimnisse der überirdischen Geister kennen, ihre heiligen Weihen und Vollkommenheiten, außer insoweit, als eben die Urgottheit auch uns einzuweihen geruht, durch ihre Engel selbst, die ja mit ihrer ihnen eigentümlichen Welt wohl vertraut sein mögen.
Darum wollen wir nichts aus unserem eigenen Antrieb vorbringen. Was aber die Verfasser der heiligen Schriften von den Engeln in Bildern erschaut und durch den Glauben erkannt haben, das wollen wir hier, geheimnisvoll durch jene erleuchtet, nach besten Kräften auseinander setzen« *(zitiert nach: Dionysios Areopagita: Die Hierarchien der Engel und der Kirche. Übersetzt von Walter Tritsch, München 1955. S. 120).*

Bilder sind nur Bilder

Wenn es stimmt, dass es Dinge gibt, die der Mensch mit seiner Schulweisheit prinzipiell nicht erfassen kann, dann stellt sich die Frage: Warum versucht er es trotzdem immer wieder von neuem? Wäre es nicht vernünftiger und sinnvoller, wenn er sich damit begnügen könnte, bloß das wissen zu wollen, was er wissen *kann*, und nicht ständig nach Dingen zu forschen, über die er ohnehin keine adäquate Einsicht gewinnen kann?
George Santayana (1863–1952), der in Spanien geborene Philosoph und Dichter, der lange Zeit in Amerika gelehrt hat, hat eine überraschend einfache Antwort darauf gefunden: Weil wir im Grunde unseres Herzens alle Kinder sind! Der echte Wissenschaftler, sagt er, »gibt nie die ursprüngliche Neugier und Zuversicht auf, die sich bei jedem Kind zeigen, das danach begierig ist, das Unbekannte zu erforschen«. Aber damit beginnt das Dilemma: Genau dadurch, dass das Kind in kindlicher Unschuld so ist, wie es ist, und seine Unschuld voll auslebt, verliert es diese Unschuld. Aber wie soll es seine Unschuld bewahren, wenn es seine

Unschuld nicht lebt? Oder mit den Worten von Santayana: »Eine Frage stellen heißt, den Glauben an das Transzendente verraten und zugleich auch an die Möglichkeit glauben, die Wahrheit über dieses zu erfahren« *(George Santayana: Die Christusidee in den Evangelien, München 1951. S. 258).*

Der anonyme neuplatonische Theologe, der sich Dionysius Areopagita nannte, war sich dieser Problematik bewusst. »Es ist nicht möglich, dass der urgöttliche Strahl unmittelbar in uns hineinleuchte«, sagt er. Es bedarf daher einer Vermittlung, und diese Vermittlung geschieht durch Bilder. Die bildlose Wirklichkeit kann gar nicht anders bei uns ankommen als durch Bilder. Doch dies ist weiter nicht so schlimm, denn die Bilder, die die Bibel verwendet, um uns Menschen den verborgenen Gott zu offenbaren, sind ohnehin genau das Richtige für uns, findet der Areopagit. In ihnen ist gleichsam alles richtig dosiert. Zwar wird das Göttliche »durch die bunte Fülle heiliger Umhüllungen verdeckt«, sagt er, »doch diese sind nur in väterlicher Fürsorge unserer Fassungskraft naturgemäß angepasst und entsprechen stets einem höheren Sinn«.
Über diesen Schatten kann der Mensch aufgrund seiner begrenzten Erkenntnisfähigkeiten nicht springen. Er muss sich darüber klar sein, dass er das Göttliche nur in Analogien erkennen kann. »So müssen wir die sichtbare Schönheit der Erscheinungen als bloße Abbilder der unsichtbaren Herrlichkeit studieren«, sagt Dionysios wörtlich. Das, was »den himmlischen Naturen in einer jenseitig wirklichen Weise« gewährt wird, wird uns »nur auf symbolische Art gewährt«.
Mit diesen Begrenzungen der Erkenntnismöglichkeit dennoch zu einer Erkenntnis des Unbegrenzten zu gelangen heißt, den »Weg der Emporhebung« zu gehen. Dadurch, dass in den Texten der Bibel »mit heiligem Griffel die Umrisse des überhimmlischen Geistes in sinnlich fassbaren Bildern gezeichnet« werden, führt uns die Heilige Schrift »mittels sinnlicher Wahrnehmung zu geistiger Schau und von heilig umrissenen Sinnbildern immer näher zum

einfachsten, höchsten Gipfel der himmlischen Hierarchie empor«. Klingt kompliziert, und ist es auch. Doch es zeigt auch sehr schön, dass dieser Mann erfreulich frei von jedem Anflug von Fundamentalismus ist.

Zwickmühle für Fundamentalisten

Dionysius Areopagita weiß, dass man die Bibel, um sie richtig zu verstehen, nicht wörtlich nehmen darf, und dass man sie, wenn man sie wörtlich nimmt, wo sie doch nur in Bildern redet, hoffnungslos missversteht. Mehr noch: Dieser Dionysius Areopagita wird *selbst* zur Zwickmühle für einen fundamentalistischen Umgang mit der Heiligen Schrift. Denn wer behauptet, die neuzeitliche Bibelkritik habe keine Gültigkeit, sondern alles in der Bibel sei so zu verstehen, wie es da steht, der muss sich sagen lassen: »Aber der Paulusschüler aus Athen hat doch auch gesagt, dass man die Bibel falsch versteht, wenn man ihre Bilder wörtlich nimmt und nicht auf den Sinn achtet, den die Bilder haben.« Und wenn er dann erwidert: »Ja, aber dieser vermeintliche Paulusschüler war doch gar kein Mann aus biblischer Zeit! Das, was der sagt, hat nicht die gleiche Autorität wie die Bibel.« Dann muss er sich erst recht sagen lassen: Das stimmt. Aber woher weißt du das? Du weißt es von denen, deren Methoden du ablehnst. Eineinhalb Jahrtausende lang hat man geglaubt, der Autor wäre ein Zeitgenosse der Apostel, und hat ihm daher diese Autorität zugebilligt. Wenn du anerkennst, dass die neuzeitliche Sichtweise richtig ist, dass man die ›Hierarchie der Engel‹ kritisch lesen muss, und wenn du dann entdeckst, dass dieser Dionysius nur ein *Pseudo*-Dionysius ist, warum willst du dann nicht anerkennen, dass auch die *Bibel* kritisch gelesen werden muss?«
Wer nicht anerkennen will, welche Sprengkraft die eigene Tradition enthält – und dass es gerade *diese* ist, die ihm verbietet, traditionalistisch zu sein –, der gleicht den ahnungslosen Gesprächspartnern des amerikanischen Reporters, in deren Augen die Frei-

heitstradition, auf die sich ihr eigenes politisches System gründet und der sie ihren Staat verdanken, etwas *Staatsgefährliches* ist. Lassen wir uns also getrost vom Areopagiten leiten und folgen wir ihm, wenn er sagt, wir sollen »die heiligen, bildlichen Darstellungen, welche sich von den Engeln in der Heiligen Schrift finden, mit Augen betrachten, die nicht am Diesseits haften bleiben«, und wenn er uns einlädt, uns »durch solche symbolischen Beschreibungen zur gottähnlichen Einfachheit jener Gestalten emporführen zu lassen« und in Ehrfurcht »dem Urheber aller Weihe und gnädigen Spender jeder Vollendung unseren Dank entgegenzubringen« *(Dionysios Areopagita: Die Hierarchien der Engel und der Kirche. Übersetzt von Walter Tritsch, München 1955. S. 113).*

3. Beflügelte können beflügeln

»Was nützt es uns, viel von den Engeln zu reden, wenn wir durch die aufmerksame Betrachtung ihres Wirkens nicht zum Fortschritt in der Tugend ermuntert werden?«

(Gregor von Nazianz)

Kein Geringerer als der deutsche Mystiker Meister Eckehart gab mit einer Formulierung ernst zu nehmenden Anlass zur Spekulation über Heiratsabsichten des Engel Gabriel. Kann man sich vorstellen, dass der Engel Gabriel, als er nach Nazareth kam, um Maria eine frohe Botschaft zu bringen, auf *Freiersfüßen* gewandelt ist? Und zwar auf Freiersfüßen in *eigener* Sache! Also nicht, um in gut biblischer Art als »Freund des Bräutigams« die zu Hohem und Höchstem erwählte Jungfrau Maria dem Heiligen Geist zuzuführen, sondern sich selbst. – Kann man sich das vorstellen? Wir wissen, wie die Geschichte ausgegangen ist. Er hat es *nicht* getan, klar. Der Erzengel hat sich keineswegs erdreistet, seinem göttlichen Auftraggeber gleichsam die Braut auszuspannen. Aber kann man sich im Ernst vorstellen, er *könnte* es getan haben? – Man kann es *nicht*. Ein solcher Gedanke ist blanker Unsinn. Was soll man daher mit einem Prediger anfangen, der auf die Kanzel steigt und seinen Zuhörern weismachen will, Gabriel habe daran gedacht, »Gottes Mutter zum Weibe zu nehmen«, und von der Verwirklichung dieser Idee nur deshalb wieder Abstand genommen, weil er sich hierfür »als unwürdig ansah«? Man muss ihm nur die Bibel vor die Nase halten und, in diesem Fall ohne jeden Fundamentalismus, einfach mit dem Finger auf die betreffende Stelle zeigen: »Bitte schön, hier steht es doch. Klipp und klar. Engel heiraten nicht. Jesus selbst hat es gesagt ...«

Da war der Meister aber schon ein wenig verärgert. Das wollte er nicht in Therapeutenmanier »einfach mal so stehn lassen«. Hier musste er tüchtig Kontra geben. Zumal offenkundig war, dass diese Burschen ohnehin keinen ernsthaften Dialog wünschten. Ihr Ziel war es doch bloß, ihn zu unüberlegten Wortmeldungen zu provozieren. Eine *Fangfrage* wollten sie ihm stellen, und eine schrecklich idiotische obendrein. Aber Jesus meisterte die Situation elegant. Er nahm kein Blatt vor den Mund. Er warf den selbst ernannten Experten mangelnde Bibelkenntnis und Unkenntnis ihres eigenen Glaubens vor. Scharfe Worte für eine freche Provokation. Die Evangelisten haben diese Wortmeldung des Mannes aus Nazareth dankenswerterweise der Nachwelt erhalten. Markus war der Erste, der es niederschrieb: »Jesus sagte zu ihnen: Ihr irrt euch, ihr kennt weder die Schrift noch die Macht Gottes« (Mk 12,24).

Zuerst hatten sie so getan, als hätten sie ein ernsthaftes Problem, zu dem sie gern seine Meinung wüssten. »Meister! Mose hat uns vorgeschrieben: Wenn ein Mann, der einen Bruder hat, stirbt und eine Frau hinterlässt, aber kein Kind, dann soll sein Bruder die Frau heiraten und seinem Bruder Nachkommen verschaffen« (Mk 12,19). Und dann, völlig an den Haaren herbeigezogen, dieser seltsame Fall einer Verstorbenen, die vor ihrem Tod die Witwe mehrerer Männer war. Jesus sollte ihnen sagen, wessen Ehefrau sie im Himmelreich sein wird, wenn ihre gesammelten toten Männer wieder auferstanden sind. »Wenn die Menschen von den Toten auferstehen, werden sie nicht mehr heiraten, sondern sie werden sein wie die Engel im Himmel«, erwiderte Jesus (Mk 12,25). Damit war die absurde Frage ein für alle Male beantwortet. Sollte man meinen. Aber wieso konnte dann der bedeutende deutsche Mystiker Meister Eckehart diesen bodenlosen Unsinn verzapfen: Gabriel auf Brautschau! Na ja, missverstehen kann man alles. Auch *heilige* Dinge. Sogar so heilige Dinge wie die Menschwerdung Gottes. Zwar hatte schon Augustinus – das muss man ihm zugute halten – ganz im Sinne Ludwig Wittgensteins dafür plädiert, dass man angesichts eines so erhabenen Glaubensgeheimnisses gefälligst den Mund halten soll. Denn es kommt nichts Gutes dabei heraus, wenn man von dem, worüber man nicht sprechen kann, unbedingt quasseln zu müssen meint.

Aber genützt hat es wenig. Über nichts wurde jemals so wenig geschwiegen wie über das, wovon man nicht reden kann. Nicht einmal der Herr Kirchenlehrer selbst hat sich an seine tolle Maxime gehalten. Theorie und Praxis sind eben zwei verschiedene Paar Stiefel. In derselben Predigt, in der uns Augustinus sagt: »Diese Dinge sind wunderbar, weil sie göttlich sind. Sie sind unaussprechlich, weil sie unerforschlich sind. Sie sind von keines Menschen Mund zu erklären, weil sie von keines Menschen Herz zu ergründen sind« *(Augustinus: Predigt über das Glaubensbekenntnis 215,4)*, erklärt er uns auch, Maria habe Christus »eher im Geiste als im Leibe« empfangen. – Bitte, was soll das? Es ist schon klar, dass der hochkarätige Theologe der alten Kirche mit dieser Erklärung ein plumpes Missverständnis abwehren wollte. Aber erzeugt eine solche Klärung eines Missverständnisses nicht im Zauberlehrlingseffekt sofort ein *neues* Missverständnis? Lenkt dieser Versuch, das Unaussprechliche auszusprechen, die Aufmerksamkeit der Zuhörer nicht erst recht ins Plumpe? Was geschah denn »im Leibe«, wenn Maria das göttliche Kind »eher im Geiste« empfing? Die Kirchenväter hatten lange darüber gegrübelt und am Ende eine, wie es schien, ganz passable Lösung gefunden. Ephräm der Syrer (306–373) hat sie in einem Hymnus auf die Geburt Christi formuliert: »Gott trat unversehrt durch das *Ohr* in den Mutterschoß ein, und der Gottmensch trat auf reine Weise aus dem Mutterschoß nach außen hervor.«

Aber wie man's macht, macht man's falsch. Die Theologen hatten gemeint, sie hätten endlich das Ei des Kolumbus gefunden, und dann stellte sich heraus, dass bei weitem nicht alle Leute die Formel von der »Empfängnis durch das Ohr« so tiefsinnig verstanden, wie sie gedacht war. Die einen waren beglückt, dass man das Mysterium dieses unaussprechlichen Vorgangs so trefflich beschreiben konnte. Jesus, der »Logos«, das göttliche *Wort*, wird von der Jungfrau Maria empfangen. Und wie kommt das Wort in den Menschen? Na klar, durch das Hören, durch das *Ohr*. Glaube kommt vom Hören, und Maria glaubte dem Engel. Wie wunderbar! Andere schüttelten verständnislos den Kopf, wenn von einer »Empfängnis durch das Ohr« die Rede war. Oder sie kicherten blöd: Oho, durch das Ohr! Wer hätte das gedacht? Das ist wohl die feine englische Art. – Nicht zuletzt wurden sogar tiefenpsychologische Abhandlungen über das Thema geschrieben. Die Ohrmuschel erschien plötzlich als ein Symbol für weiß Gott was.

Aber ein Mann wie Meister Eckehart (1260–1327)? Kann ein hochgelehrter Dominikaner wie er wirklich geglaubt haben, der Engel Gabriel hätte die Gottesmutter – die Zunge sträubt sich schier – *heiraten* wollen? Dieser Mann, der zum gleichen Orden gehörte wie Thomas von Aquin und Albertus Magnus, kannte doch die Bibel. Konnte er »vergessen« haben, was Jesus gesagt hatte: dass Engel nicht heiraten? Man kann es sich eigentlich nicht vorstellen. Aber wieso steht es schwarz auf weiß in einer seiner Predigten: dass der Engel sich als unwürdig ansah, »Gottes Mutter zum Weibe zu nehmen«? Müssen wir womöglich damit rechnen, dass der hochgradige Mystiker vielleicht ein Problem hatte, für das ein Psychiater zuständig gewesen wäre? Oder hätte man gar einen Exorzisten zu Rate ziehen müssen?

Gut und schön. Nichts Menschliches soll uns fremd sein. Aber selbst wenn dieser Dominikanermönch tatsächlich von üblen Phantasien heimgesucht worden sein sollte, für die er nichts konnte und gegen die er sich nicht zu wehren vermochte, hätte er es als *Seelsorger* übers Herz gebracht – übers Herz bringen dürfen, seine frommen Zuhörerinnen mit so etwas zu erschrecken?

Meist saßen ja nur ein paar Nonnen in den Bänken, wenn Meister Eckehart seine hoch philosophischen, meist schwer verständlichen Predigten hielt, über deren Tiefsinn schon Regale von philosophischer und theologischer Fachliteratur geschrieben worden sind. Wie um alles in der Welt konnte es dazu kommen, dass ein solcher Mann den Erzengel Gabriel mit der Jungfrau Ma-

ria verkuppeln wollte? Ganz einfach: Durch einen kuriosen Übersetzungsfehler. Da hat einer ein Wort falsch verstanden.
Meister Eckehart hat *mittelhochdeutsch* gepredigt und geschrieben. Die scheinbar so anstößige Stelle bedeutet gar nicht das, was ein Übersetzer irrtümlich herausgelesen hat. Eckehart-Kenner Josef Quint, dem wir eine hervorragende Edition und Übersetzung der Schriften des großen deutschen Mystikers verdanken, hat auf den groben Schnitzer aufmerksam gemacht, der einem seiner Vorgänger – einem *früheren* Übersetzer der Schriften von Meister Eckehart – passiert ist *(Meister Eckehart: Deutsche Predigten und Traktate. Herausgegeben und übersetzt von Josef Quint, Zürich 1979. S. 535).* Was der Mystiker wirklich sagte, müsste auf hochdeutsch ganz anders wiedergegeben werden. Meister Eckehart sagte, der Engel Gabriel habe sich als unwürdig betrachtet, *»daz er gotes muoter nemen sollte«.* Dieses »nemen« hat nichts mit »nehmen« zu tun. »Gotes muoter nemen« heißt nicht »Gottes Mutter nehmen«, also im übertragenen Sinn: sie zur Frau »nehmen«. Das mittelhochdeutsche Wort »nemen« hat mit dem Wort »Namen« zu tun. Jemanden »nemen« bedeutet: ihn mit einem bestimmten *Namen* bezeichnen. Der Engel Gabriel war demnach nicht nur *nicht* heiratslustig, sondern sogar von übergroßer Demut erfüllt, wenn er laut Meister Eckehart Bedenken hatte, ob er wohl würdig genug wäre, *»dass er Gottes Mutter beim Namen nennen sollte«.*
Gabriel auf Freiersfüßen in Nazareth? Nein, wirklich nicht. Wer das meint, beweist nur, dass er sich nicht in einen Engel hineinversetzen kann. Er kann sich dann bestenfalls damit trösten, dass es auch für Engel nicht so leicht ist, sich in das Schicksal eines Ehemannes hineinzuversetzen. Für einen Engel wäre die Ehe die Hölle.
In den chassidischen Geschichten, die Martin Buber aufgeschrieben hat, wird ein solcher Fall erzählt.

»Ein Chassid kam nach dem Tod vor das himmlische Gericht, und er hatte starke Fürsprecher, so dass eine günstige Entscheidung schon sicher schien, als ein großer Engel auftrat und ihn eines Vergehens anklagte. ›Warum hast du dies getan?‹, wurde er gefragt und fand keine andere Antwort als: ›Mein Weib hat mich dazu verleitet.‹ Da lachte der Engel hoch auf: ›Fürwahr, eine treffliche Rechtfertigung! Er hat der Stimme eines Weibes nicht widerstehen können!‹ Das Urteil wurde gefällt: Dem Mann Strafe für sein Vergehen, dem Engel die Probe, in irdischen Leib einzukehren und eines Weibes Ehemann zu werden« *(Martin Buber: Die Erzählungen der Chassidim. © Manesse Verlag, Zürich 1949. S. 716.).*
Ebenfalls im Milieu der begeisterten Frömmigkeit der Chassiden war der Rabbi von Kobryn zu Hause. Ihm ging es maßlos gegen den Strich, dass uns Erdenbürgern immer gesagt wird, wir sollten uns die Engel zum Vorbild nehmen. Engel sein – das ist nicht schwer, meinte er, aber Mensch sein leider sehr. Die Engel wissen doch überhaupt nicht, wie es im menschlichen Leben zugeht. Sie haben gar keine Ahnung, was ihnen alles erspart bleibt, weil sie Engel sind und nicht Geschöpfe aus Fleisch und Blut. Und der gute Rabbi hat sich erlaubt, dem Engel einmal gründlich die Meinung zu sagen.
»Der Kobryner rief einst, zur Höhe gewendet: Englein, Englein, das ist keine besondere Kunst, so in den Himmeln als Engel zu bestehen, du brauchst nicht zu essen und zu trinken und Kinder zu zeugen und Geld zu erwerben. Spring du nur mal auf die Erde nieder und gib dich mit Essen und Trinken und Kinderzeugen und Gelderwerb ab, da wollen wir sehen, ob du ein Engel bleibst. Gelingt es dir, dann magst du dich berühmen, jetzt aber nicht!« *(Martin Buber, a.a.O. S. 716)*
Interessant wäre natürlich, was der angesprochene Engel auf solche Vorhaltungen zu erwidern gehabt hätte. Vielleicht hätte er eine Retourkutsche auf Lager gehabt – etwa in der Art: »Menschlein, Menschlein, versuch erst einmal, einen Tag lang ein Engel zu

sein – oder auch nur einen *Moment* lang, dann reden wir weiter ...«
Aber es war nicht nötig, da auch diese Erfahrung schon gemacht wurde – ebenfalls von einem Chassiden, einem jener ostjüdischen Frommen, die Martin Buber präsentiert hat: von Rabbi Sussja.
Wenn ein Mensch anfängt, sein zu wollen wie ein Engel, kann es nur schief gehen – egal, ob er ein frommes Motiv hat oder ob ihn sein Hochmut dazu treibt. Für die *fromme* Variante dieses vorprogrammierten Scheiterns ist der sympathische, von echter Demut erfüllte Rabbi Sussja das beste Beispiel. Er war einer, der glasklar erkannte, dass es nicht darum geht, einem unerreichbaren Vorbild nachzueifern, sondern darum, in *seinem* Bereich der zu sein, der er sein musste. Sussja war so erfüllt von der übergroßen Gottesliebe, die ihn durchflutete, dass er paradoxerweise Angst hatte, er könne Gott zu *wenig* lieben. Eines Tages – so erzählt Buber – betete er zu Gott: »Herr, ich liebe dich so sehr, und ich fürchte dich nicht genug! Herr, ich liebe dich so sehr, und ich fürchte dich nicht genug! Mache, dass ich dich fürchte wie einer deiner Engel, die dein furchtbarer Name durchfährt!« Alsbald erhörte Gott das Gebet, und der Name durchfuhr dem Sussja das verborgene Herz, wie es den Engeln geschieht. Da kroch Sussja unter das Bett wie ein Hündchen, und die Angst des Tieres erschütterte ihn, bis er aufheulte. »Herr, lass mich dich wieder lieben wie Sussja!« Und Gott erhörte ihn zum andernmal *(Martin Buber, a.a.O. S. 388)*.
Bleib, wo du bist, du brauchst dich nicht zu bemühen, ein Engel zu werden, um Gott näher zu kommen, er ist dir nahe genug! – So könnte man die »Moral« aus dieser Geschichte zusammenfassen und mit Schulkreide an die Tafel schreiben.
Bleib, wo du bist, denn du kannst Gott nicht näher kommen, wenn du dich von den *Menschen* entfernst! – So könnte man die Moral einer anderen lehrreichen Geschichte zusammenfassen, die im Milieu der Wüstenväter spielt. Ein gewisser Abbas Johannes Kolobos hat eine Lektion in Sachen Demut zu lernen, und ein älterer Mitbruder hilft ein wenig nach, ihm seine Flausen auszutreiben, damit es ihm nach erfolgter Selbsterkenntnis gelingt, den Weg der Besserung zu gehen.

»Man erzählte vom Altvater Johannes Kolobos, dass er einmal zu seinem älteren Bruder sagte: ›Ich will ohne Sorgen sein, so wie die Engel sorglos sind, und nicht arbeiten, sondern unaufhörlich Gott dienen.‹ Er legte sein Kleid ab und ging in die Wüste. Nachdem er eine Woche dort verbracht hatte, kehrte er zu seinem Bruder zurück. Als er an die Türe klopfte, erkannte ihn sein Bruder, bevor er öffnete, und sprach: ›Wer bist du?‹ Er antwortete: ›Ich bin Johannes, dein Bruder!‹ Der Bruder antwortete: ›Johannes ist ein Engel geworden und gehört nicht mehr zu den Menschen.‹ Da flehte er ihn an und sagte: ›Ich bin es doch!‹ Der andere aber öffnete ihm nicht, sondern ließ ihn bis zum Morgen in dieser unbequemen Lage. Erst später öffnete er und sagte: ›Wenn du ein Mensch bist, dann musst du arbeiten, damit du deine Nahrung findest.‹ Da bereute Johannes und sagte: Verzeihe mir!« *(»Apophtegmata Patrum«, 317)*
Demutstraining in der Wüste. So wie es im modernen Wirtschaftsleben früher die »Managerkrankheit« gab, ehe man, um auch hier noch kostbare Zeit zu sparen, kurz und einsilbig »Stress« sagte, gab es – und gibt es wohl immer noch – bei Gottsuchern, deren Denken zu sehr um sie selbst kreist, die Gefahr einer typischen »Einsiedlerkrankheit«: den Stolz, der umso therapieresistenter und bedrohlicher für die seelische Gesundheit wird, wenn er sich als Demut tarnt. Leicht erkennbar daran, dass es einem von diesem Bazillus befallenen Frommen gelingt, ohne Erröten zu sagen: »Meine grenzenlose Demut ist das Einzige, worauf ich stolz bin.«
Als Präventivmaßnahme gegen akuten spirituellen Stress, verursacht durch pervertierte Frömmigkeit, wussten die Wüstenväter folgendes Rezept: »Wenn dir ein Engel erscheint und es ist tatsächlich ein Engel, nimm ihn trotzdem nicht ohne weiteres auf, sondern sei demütig und sag zu ihm: Ich bin nicht würdig, einen Engel zu schauen, denn ich lebe in Sünden.« Oder sie sagten es etwas deftiger und verpackten die weise Moral in eine kleine Geschichte, in der der Ernstfall in plakativer Schwarzweißmalerei ausgemalt wurde.
»Einst erschien der Teufel einem Bruder, verwandelt in einen En-

gel des Lichtes, und sprach zu ihm: ›Ich bin der Engel Gabriel und zu dir gesandt!‹ Jener aber entgegnete: »Siehe, ob du nicht zu einem anderen geschickt worden bist, denn ich bin nicht würdig, dass ein Engel zu mir geschickt würde.‹ – Sofort verschwand der Teufel« *(»Apophtegmata Patrum«, 1074).*

Unverkennbar ist diese Geschichte dem biblischen Bericht über die Versuchung Jesu nachempfunden. Und das mit Recht. Denn auch im Fall des vom Teufel angefochtenen Gottessohnes ist Demut der beste Exorzismus. An Demut mangelte es Jesus wahrlich nicht. Er war geradezu ein Weltmeister an Demut. In der überschwänglichen Sprache begeisterter Verehrung feiert ihn ein frühchristlicher Hymnus gleichsam als ein männliches Aschenbrödel. Jesus nahm »Knechtsgestalt« an (Phil 2,7), heißt es – und das will etwas heißen, denn von Amts wegen ist Jesus nicht nur nicht niedrigrangig, sondern absolut hochrangig: »viel erhabener als die Engel« (Hebr 1,4).

Demut ist etwas, das dem Menschen nicht in die Wiege gelegt ist. Er muss erst lernen, dass er nicht der Größte ist. Dem seligen Säugling ist zwar, wie der Dichter sagt, »ein unendlicher Raum noch die Wiege«, aber kaum ist das Kleinkind groß genug, um zu merken, was es alles gibt, will es alles – und zwar sofort. Wäre das Bild nicht schrecklich schief, dann könnte man sagen: Der Mensch ist das Wesen, das nach Höherem strebt, daher ist ihm die Karriereleiter bereits in die Wiege gelegt worden. Dabei wäre es doch viel wichtiger, wenn wir auf die *Himmelsleiter* achten würden, die uns in die Wiege gelegt worden ist.

Will der Mensch so sein wie ein Engel, dann kann er nur scheitern. *Mensch* sein und im eigentlichen Sinn Mensch *werden* wäre ohnehin schon eine lebenslängliche Beschäftigung und ein Ideal, aufs innigste zu wünschen. Einer der deutschen Klassiker, der viel über die Humanität nachgedacht hat – Johann Gottfried Herder (1744–1803) –, hat in seinen »Briefen zur Beförderung der Humanität« eine hübsche Bemerkung in diese Richtung gemacht. Die Humanität, formuliert Herder, sollte »das Ziel unsres Bestrebens, die Summe unsrer Übungen, unser Wert sein, denn eine *Angelität* im Menschen kennen wir nicht, und wenn der Dämon, der uns regiert, kein humaner Dämon ist, werden wir Plagegeister der Menschen.«

Auch ein Mann wie der heilige Franz von Assisi (1182–1226) hat sich über dieses fatale Bedürfnis des Menschen geäußert, unbedingt den Engeln nacheifern zu wollen. Von ihm wird der Ausspruch überliefert: »Wir verlangen manchmal so sehr, Engel zu sein, dass wir darüber vergessen, gute Menschen zu sein.«

Eigentlich ist dieser Tatbestand doppelt traurig. Denn gerade dadurch, dass wir uns zu wenig bemühen, gute Menschen zu sein, versäumen wir auch die einzige Chance, die wir haben, tatsächlich Engel zu werden: Engel für andere.

»Wirst du für mich der Engel sein?«

»Vergesst die Gastfreundschaft nicht, denn durch sie haben einige, ohne es zu ahnen, Engel beherbergt«, mahnt der Hebräerbrief (Hebr 13,2). Hier ist von der gleichen Ahnungslosigkeit die Rede, die beim Weltgericht für Überraschung sorgen wird, wenn der Weltenrichter enthüllen wird, wer der »Geringste der Brüder« in Wirklichkeit war. Wenn dort, wo der Engel kommt, Licht in die Welt kommt, dann heißt das in der Umkehrung: Dort, wo durch mich Licht hereinbricht in diese Welt, werde *ich* zum Engel – zum Boten von Gottes Licht. Schön gesagt, schön gedacht. Aber wann passiert das schon? Öfter, als wir denken, sagt uns die Bibel. Sooft wir uns um den Mitmenschen kümmern, können wir diesen schöpferischen Akt leisten, der etwas von der Würde des ersten Schöpfungstages hat, an dem es hieß: »Es werde Licht!«

Durch meine guten Taten kann ich zum »Engel hell und klar« für den anderen werden, weil ich dadurch Licht aufstrahlen lasse in der Nacht, die uns umgibt, so dass die Herrlichkeit des Herrn durchbrechen kann – sagt mir die Bibel. »Brich dem Hungrigen dein Brot, nimm den Obdachlosen in dein Haus auf, wenn du einen Nackten siehst, bekleide ihn und entziehe dich deinen Ver-

wandten nicht. Dann wird dein Licht hervorbrechen wie die Morgenröte ...« (Jes 58,6–7).
Ein kleiner Spruch, den ich seinerzeit als kleines Kind im Religionsunterricht gelernt habe, geht in die gleiche Richtung:

Wohltaten, still und gern gegeben,
sind Engel, die zum Himmel schweben.

Aber so betulich das kleine Verslein auch anmuten mag, ist in ihm trotzdem jene aufregende Dynamik formuliert, die in der biblischen Botschaft steckt. Martin Buber hat sie so formuliert: »Wenn einer zu dir kommt und von dir Hilfe fordert, dann ist es nicht an dir, ihm mit frommem Mund zu empfehlen: Habe Vertrauen und wirf deine Not auf Gott, sondern dann sollst du handeln, als wäre da kein Gott, sondern auf der ganzen Welt nur einer, der diesem Menschen helfen kann, du allein.« »Homo homini *angelus*« statt »homo homini lupus«. Diese wunderbare Möglichkeit, dass ein Mensch dem anderen zum Engel wird, ist keine Einbahnstraße, sondern ein wechselseitiger Prozess. Der andere, für den ich in einer bestimmten Situation zum Engel werde, kann für mich genauso zum Engel werden, der mir die Botschaft von Gott bringt – der mir das »Gottesgerücht« weitererzählt und für mich glaubwürdig werden lässt, dass die Welt nicht im Nichts hängt.
Wilhelm Willms hat es in einem seiner Liedtexte einprägsam formuliert:

welcher engel wird uns sagen
wie das leben weitergeht
welcher engel wird wohl kommen
der den stein vom grabe hebt

wirst du für mich
werd ich für dich
der engel sein

welcher engel wird uns zeigen
wie das leben zu bestehn
welcher engel schenkt uns augen
die im keim die frucht schon sehn

wirst du für mich
werd ich für dich
der engel sein

welcher engel öffnet ohren
die geheimnisse verstehn
welcher engel leiht uns flügel
unsern himmel einzusehn

wirst du für mich
werd ich für dich
der engel sein

(Wilhelm Willms)

(aus Wilhelm Willms: meine schritte kreisen um die mitte. neues lied im alten land. © 1984 Verlag Butzon & Bercker, Kevelaer, S. 75)

Der Energiestoß des Trostes

Wenn Engelsein mit Trösten und Tränenabwischen zu tun hat, mit Stärken, Stützen und Schützen, dann heißt das in der Umkehrung: Überall dort, wo ich schütze und stütze, aufheitere und beflügle, habe ich die Chance, im *guten* Sinn zu werden wie ein Engel. So wie im Billardspiel die Kugel den Energiestoß, den sie selbst bekommen hat, an die andere Kugel weitergibt, kann ich mit der Weitergabe des Trostes, den ich *selbst* empfangen habe, ungeahnte Wirkungen erzielen, ohne in die Verlegenheit zu kommen, mir darauf etwas einbilden zu dürfen.
Im hymnisch schwungvollen Anfang seines zweiten Briefes an die

Korinther apostrophiert Paulus den Vater Jesu Christi als »Gott allen Trostes«. Er, der tröstende Gott, macht den Anfang. Er gibt den Energiestoß, und die Kugel des Trostes beginnt zu rollen: »Er tröstet uns in all unserer Not, damit auch wir die Kraft haben, alle zu trösten, die in Not sind, durch den Trost, mit dem auch wir von Gott getröstet werden ...« (2 Kor 1,4).

Getröstete können trösten - und *sollen* trösten. Beflügelte können beflügeln – und *sollen* beflügeln. Jesus ist wieder einmal das beste Beispiel dafür.

Der Engel, der Jesus auf dem Ölberg tröstet, als ihn die Todesangst überkommt, würde sich mit Recht völlig missverstanden vorkommen, wenn wir in ihm bloß eine Art Trainer sähen, der dem abgekämpften Heiland das Handtuch hinhält und ihn schnell aufpäppelt, damit er nicht am Ende noch schlappmacht, bevor die entscheidende Endrunde beginnt. Nein, die Kraft des Trostes, die Jesus vom Vater allen Trostes durch den Engel vermittelt empfängt, ist so groß, dass er, der Leidende, noch in seiner letzten Stunde zu einem Trost spendenden Engel werden kann.

Lukas führt es uns gleichsam mit dem Holzhammer vor. Nur in *seinem* Evangelium erscheint der Engel, der den am Boden liegenden Jesus tröstet. Und nur in *seinem* Evangelium tröstet dann der am Holz hängende Jesus seinen Nachbarn, den so genannten rechten Schächer, mit den Worten: »Heute noch wirst du mit mir im Paradies sein ...« (Lk 23,43). Liebe zum Nächsten, wie sie konkreter und radikaler gar nicht mehr sein könnte. Der Energiestoß des Trostes wird weitergegeben.

Von den gekreuzigten Männern auf Golgatha zu den unter dem Hakenkreuz erniedrigten Männern und Frauen und Kindern in den KZ der Nazis ist ein weiter Weg. Wird der Energiestoß des Engels auch dort noch Wirkung zeigen?

Gerade dort, wo der Mensch dem Menschen zum grausamen Wolf geworden ist, ist der Mensch umso unausweichlicher aufgerufen, dem Menschen zum tröstenden Engel zu werden. Ein französischer Bauer hat ihn gehört, diesen unausweichlichen Ruf. Er *ist* zum rettenden Engel geworden.

Engel mit nur einem Flügel

»Engel mit nur einem Flügel« ist der Titel eines Liedes, in dem das Schicksal – nein, das wunderbare *Glück* – erzählt wird, das der aus Polen stammende französische Zeichner Roland Topor auf dem Transport nach Theresienstadt hatte.
Ich entnehme den Text einem Schulbuch für den Religionsunterricht und zitiere auch ohne weiteren Kommentar die einführenden Worte, mit denen dort den Schülerinnen und Schülern erklärt wird, was es mit diesem *»Engel mit nur einem Flügel«* auf sich hat.
Roland Topor, ein jüdisch-polnischer Zeichner und Autor aus Paris, wurde im Zweiten Weltkrieg als kleines Kind mit seinem Vater von der deutschen Geheimpolizei festgenommen. Mit dem Güterzug sollte er ins Konzentrationslager Theresienstadt gebracht werden. Sein Vater warf ihn aus dem Zug einem französischen Bauern zu. Dieser hat ihn großgezogen.
Der Vater überlebte das KZ und fand zehn Jahre danach seinen Sohn in Frankreich wieder.

Mitten im Krieg fährt ein Zug voller Juden
quer durch Frankreich Richtung KZ.
Volle Waggons,
dicht gedrängt stehn die Menschen,
kein Sitz, keine Bank und kein Bett.
Der Vater hält sein Kind,
und mit leiser Stimme singt er:

»Schlaf, Kindchen, schlaf
auf deinem gelben Stern,
schlaf, Kindchen, schlaf
auf deinem gelben Stern.«

Plötzlich hält der Zug auf offener Strecke,
weil ein Gegenzug ihn passiert.

Und er hält auch, weil in jedem Krieg
das Chaos regiert.
Der Vater schaut hinüber, und drüben sieht er
ein fremdes Gesicht und Augen, die verstehn,
ein fremdes Gesicht, aber Augen, die verstehn.
Und der Vater weiß genau,
dass am Ende der Reise
nur der Tod sie erwarten kann.

Wir sind Engel mit nur einem Flügel,
wir können nur fliegen,
wenn wir einander umarmen.
Engel mit nur einem Flügel,
komm flieg mit mir – umarme mich.

Und er winkt dem Gesicht im anderen Zug.
Er öffnet das Fenster, und dann
wirft er sein Kind durch die Luft
zu dem fremden Gesicht,
denn hier ist das Dunkel,
und da drüben,
da drüben ist vielleicht das Licht.

(Nach Konrad Beikircher, aus: Martin Jäggle u. a., Du traust mir was zu. Religion 4, herausgegeben vom Interdiözesanen Katechetischen Fonds, Wien 1997, © Konrad Beikirchner.)

III.
»Mache dich auf und werde licht …«
oder:
Die Engel gehen mit

Auf, werde licht,
denn es kommt
dein Licht, und die
Herrlichkeit des Herrn
geht leuchtend auf
über dir …

(Jes 60,1)

1. Das Unglaubliche geschieht

Plötzlich öffnet sich die Zimmerdecke und ein geflügeltes Wesen schwebt hernieder mit Glanz und Gepränge und erfüllt das Zimmer mit wogendem Dunst. Es rauschen die schleifenden Flügel. Ein Engel!, denke ich. Ich kann die Augen nicht öffnen, es ist zu hell, zu gleißend.
Nachdem er alles durchschweift hat, steigt er empor und entschwindet durch den Spalt in der Decke, nimmt alles Licht und Himmelblau mit sich fort. Dunkel ist es wieder.
Ich erwache. Mein Bild »Erscheinung« gibt diesen Traum wieder.
(Marc Chagall)

Bern, am 1. Dezember 1990. In den Räumen der Theologischen Fakultät der Universität hat soeben ein Festakt stattgefunden. Einem Mann wurde eine nicht alltägliche Auszeichnung zuteil. Man hat ihn zum Doktor der Theologie promoviert. Aber nicht, weil er ein entsprechendes Studium absolviert, alle vorgeschriebenen Prüfungen bestanden und eine von den wissenschaftlichen Autoritäten für gut befundene Dissertation verfasst hätte. Ganz im Gegenteil. Die Schweizer Gottesgelehrten haben es für würdig und recht befunden, einen *Nicht*theologen zum Ehrendoktor zu machen.
Der 77 Jahre alte Herr mit weißem Haar, der in der ersten Reihe sitzt, ist der Geehrte. Die meisten im Auditorium kennen ihn. Zumindest ist ihnen sein Name ein Begriff. Der frisch gebackene Doktor der Theologie ist ein Schriftsteller aus Deutschland. Aus dem *östlichen* Deutschland. Aus der ehemaligen DDR. Man kann ihm sicherlich so manches nachsagen, aber dass er mit Theologie und Kirche etwas am Hut haben könnte, hätte nicht einmal die Stasi vermutet, die ihn in seinem Haus in Berlin-Grünau seinerzeit lückenlos überwacht hat.
Andererseits hat dieser Mann – gerade als der utopische Sozialist und Atheist, der er ist – zwei Romane geschrieben, die bezeugen,

dass ihm die Fragen nach dem Woher und Wohin des Menschen durchaus nicht gleichgültig sind. »Der König David Bericht« heißt der eine Roman, der andere »Ahasver«.
Stefan Heym (1913–2001) tritt an diesem 1. Dezember im Jahr nach der Wende ans Rednerpult und beginnt seine Dankesrede mit folgenden Worten: »Wäre ein Engel des Herrn in all seiner Glorie mir plötzlich in meinem Arbeitszimmer erschienen mit einer persönlichen Botschaft von oben in der Höhe, ich hätte nicht überraschter sein können als bei Erhalt der Nachricht, dass die theologische Fakultät der Universität Bern beschlossen habe, mir den Titel eines Doctor honoris causa zu verleihen.«
Die einen wären höchst überrascht, wenn es tatsächlich Engel gäbe und ihnen einer begegnen würde. Für andere wiederum ist der Umgang mit einem Engel etwas ganz Natürliches, ja das Selbstverständlichste von der Welt. Aber nicht jeder, dem ein Engel begegnet, hat auf einen Engel gewartet.

»Wir kennen uns doch ...«

Engel kommen meist unverhofft. Eine Begegnung mit ihnen kann ziemlich irritierend sein, selbst für Personen, von denen man annehmen möchte, dass sie mit dem Heiligen auf Du und Du stehen. Immerhin wusste auch jene junge Frau aus Nazareth, die später den Ehrentitel »Mutter Gottes« erhalten sollte, nicht, wie ihr geschah, als das gänzlich Unerwartete in ihr Leben trat. Sie »erschrak«, heißt es in der Bibel, als plötzlich ein Engel zu ihr kam, und sie begann zu grübeln, was es wohl zu bedeuten haben könnte, von einem Boten Gottes angesprochen zu werden.
Wenn das am grünen Holz geschieht, dann braucht man sich nicht zu wundern, dass das Erlebnis einer Begegnung mit himmlischen Mächten nur umso mehr Verwunderung und Ratlosigkeit auslöst, wenn es jemandem widerfährt, der mit Religion überhaupt nichts am Hut hat und der bisher immer der Meinung war, keine Antenne für Engel zu haben.

Auch ich hatte nicht im Entferntesten geahnt, was mich erwarten würde, als ich eines schönen Tages an einer Haltestelle stand und auf die Straßenbahn wartete.
Plötzlich trat eine Frau auf mich zu und sagte lächelnd: »Wir kennen uns doch.«
»Ich glaube, Sie verwechseln mich mit jemandem«, erwiderte ich, denn ich war mir sicher, dass ich der Dame, die mich angesprochen hatte, noch nie zuvor begegnet war. Sie aber bewies mir, dass wir beide vor etlichen Jahren an der gleichen Universität gewesen waren und einander einige Male getroffen hatten.
Zwei flüchtige Bekannte aus längst vergangener Zeit standen also an derselben Straßenbahnhaltestelle und frischten alte Erinnerungen auf. Ich brauchte gar nicht viel über mich zu erzählen, denn meine Gesprächspartnerin wusste ohnehin über mich Bescheid. Ihr war bekannt, dass ich Bücher schrieb, und hin und wieder hatte sie die eine oder andere Sendung von mir im Radio gehört und mich sogar im Fernsehen gesehen.
Sie, sagte sie, sei Lehrerin geworden, sie unterrichte an einer Mittelschule, habe geheiratet und führe ein relativ bürgerliches Leben, seit drei Jahren habe sie ein Kind, einen Buben. Aber wir redeten dann doch mehr über verflossene Zeiten als über gegenwärtige Dinge, und als nach einigen Minuten meine Straßenbahn kam und ich mich verabschieden wollte, fragte sie mich mit einer, wie mir auffiel, leicht veränderten Stimme, ob ich nicht vielleicht eine Stunde Zeit hätte.
»Ich möchte dir etwas erzählen, was dich bestimmt interessieren wird«, sagte sie.
Möglicherweise hatte ich zu wenig rasch oder zu wenig erfreut genickt, jedenfalls fügte sie sofort entschuldigend hinzu: »Aber auch wenn es für dich vielleicht nicht so interessant sein sollte, für mich selbst wäre es ungeheuer wichtig, darüber sprechen zu können. Denn ich trage dieses Problem nun schon mehr als ein halbes Jahr lang mit mir herum, ohne jemandem davon erzählt zu haben, teils aus Scheu, überhaupt davon zu reden, vor allem aber, weil ich nicht weiß, wem ich so etwas erzählen könnte.«

Ich sagte, ich sei nicht sicher, ob ich ihr, falls es das sei, was sie von mir erwarte, einen brauchbaren Rat geben könne. Aber zuhören würde ich ihr gerne, und was die Zeit betreffe, so hätte ich sogar *zwei* Stunden Zeit, denn heute sei bloß mein Geburtstag, und da hätte ich bis zum Abend nichts Besonderes vor, und im Übrigen ehre mich ihr Vertrauen.

»Du musst wissen, dass ich nicht religiös bin«, sagte sie. »Ich bin zwar katholisch erzogen worden, aber habe seit meiner Schulzeit keine Kirche von innen gesehen – und dann passiert mir so etwas!«

»Ich verstehe«, erwiderte ich, obwohl ich natürlich nicht verstand, was genau sie meinte, und zu diesem Zeitpunkt überhaupt noch nicht wissen konnte, worauf sie hinauswollte. Ich wollte ihr lediglich zu verstehen geben, dass ich ihr Anliegen verstanden hätte, einfach mit jemandem ganz ungeniert über religiöse Probleme sprechen zu können, und dass sie bei mir diesbezüglich an der richtigen Adresse sei.

Und so kam es, dass mir diese Lehrerin, die so alt war wie ich, an diesem Spätnachmittag des Vorabends zum Dreikönigstag in einem kleinen Wiener Kaffeehaus erzählte, was sie im vergangenen Sommer, als sie zusammen mit ihrem Mann und ihrem Kind Urlaub machte, auf einem Campingplatz erlebt hatte, aber nicht recht wusste, was es eigentlich war, das sie da erlebt hatte.

Dies sind die Scherben, die meine Erinnerung an dieses unvermutete Zusammentreffen im Nachhinein zur Verfügung stellt. Vielleicht ergeben sie, zusammengesetzt, ein Gefäß, und wer damit etwas fassen kann, der fasse damit etwas.

Begegnung im Zelt

[*Aleph*]. – »Zu sehen«, sagte sie, »war nicht das Geringste. Ich riss die Augen auf und sah ängstlich um mich. Natürlich war mein erster Gedanke, ich hätte mich getäuscht, ich sei eben aus einem Alptraum erwacht, und mein Gehör spiele mir einen Streich.«

[*Bet*]. – »Dieses Klirren«, sagte sie. »Dieses phantastische Klirren, wie wenn Glas zerspringt, unendlich viel Glas in einem unendlich großen Raum. Es war, wie wenn mit riesigen Schritten jemand über Glas schreiten und bei jedem Schritt dieses Klirren von zerspringendem, splitterndem Glas verursachen würde. Dieses Klirren und dazu dieses Dröhnen.«

[*Gimel*]. – »Ich war hellwach«, sagte sie, »vollkommen wach, nicht vielleicht irgendwie schlaftrunken. Ich konnte alles deutlich wahrnehmen. Ich kroch zum Eingang des Zelts und steckte meinen Kopf hinaus. Der Campingplatz lag in völliger Ruhe, nur dann und wann ein Husten aus einem der Zelte, wie eben jemand im Schlaf hustet. Der Mond gab noch genügend Licht. Es dürfte zwischen zwei und halb drei Uhr nachts gewesen sein. Man konnte die Umrisse der Landschaft sehen. Aber da war überhaupt nichts Auffälliges. Von weiter drüben, von der Landstraße her konnte ich sogar Motorengeräusch vernehmen, ein, zwei Fahrzeuge, die um diese Zeit noch fuhren.
Verstehst du, ich konnte alles deutlich hören, was um mich war, und gleichzeitig hörte ich dieses Dröhnen, dieses Klirren, diese Schritte durch mich hindurch.«

[*Dalet*]. – »Nein«, sagte sie, weil ich sie danach gefragt hatte, ob sie religiös sei, »ganz und gar nicht. Das ist es ja eben, was mich so verwirrt. Wieso passiert mir so etwas und *was* eigentlich?«

[*He*]. – »Ist es möglich«, fragte sie, »dass das eine Begegnung mit Ihm war?«

[*Waw*]. – »Es kommt darauf an«, sagte ich, »was du als Erklärung akzeptierst. Die Frage ist nicht, was Wahrheit ist, sondern was du bereit bist, als Wahrheit gelten zu lassen.«

[*Sajin*]. – »Die anderen haben es übrigens auch wahrgenommen«, sagte sie. »Ich meine, mein Mann und mein Kind. Als es begonnen hat, hat das Kind, ohne wach zu werden, zu weinen begonnen, und auch mein Mann, der dicht neben mir lag, hat plötzlich gestöhnt und sich unruhig zur Seite gewälzt, als wolle er irgendjemandem ausweichen, aber wach geworden ist er nicht, und ich habe bis heute nicht mit ihm darüber gesprochen.«

[*Chet*]. – »Du hast ja selbst gesagt«, sagte ich, »dass du nicht daran denkst, einem Analytiker davon zu erzählen, weil du dir ausrechnen kannst, was er dir sagen wird, sagst du. Darum legst du auch so großen Wert darauf, festzustellen, dass du dir das Ganze nicht eingebildet hast, dass du wach warst, dass alles wirklich war und keine Wahnidee.
Aber was heißt wirklich? Bevor du etwas als wirklich ansiehst, hast du dich ja schon längst vorher dafür entschieden, einen bestimmten Bereich als Wirklichkeit anzuerkennen, und alles, was darin Platz hat, *wirklich* beziehungsweise alles, was darin *keinen* Platz hat, unwirklich zu nennen. Vor dem Wissen kommt der Glaube, nicht umgekehrt.«

[*Tet*]. – »Mein erster Gedanke«, sagte sie, »war, dass das jetzt ein Erdbeben ist. Aber es war kein Erdbeben. Der Boden vibrierte nicht. Es war nur dieser merkwürdige dröhnende Ton. Und obwohl ich wusste, dass es kein Erdbeben war, blieb ich trotzdem einige Zeit dabei, mir innerlich zu sagen, das ist jetzt ein Erdbeben, ein Erdbeben, ohne dass sich die Erde bewegt. Verstehst du, ich wusste ganz einfach nicht, was es war, was es sein *konnte*, wenn es kein Erdbeben war.«

[*Jod*]. – »Ein starker, heftiger Sturm, der die Berge zerriss und die Felsen zerbrach«, sagte ich, »ging dem Herrn voraus, heißt es in der Bibel. Doch der Herr war nicht im Sturm. Nach dem Sturm kam ein Erdbeben, doch der Herr war nicht im Erdbeben. Nach dem Erdbeben kam ein Feuer, doch der Herr war nicht im Feuer. Nach dem Feuer kam ein sanftes, leises Säuseln.«

[*Kaph*]. – »Für einen Menschen der Bibel«, sagte ich, »wäre es keine Schwierigkeit, dir dein Erlebnis zu erklären. Die Frage ist nur, ob dich eine Erklärung befriedigen wird, die dir abverlangt, an die Möglichkeit von Begegnungen mit Mächten und Gewalten zu glauben. Eher wirst du wohl bei einer anderen Erklärung Zuflucht suchen, als darauf verzichten wollen, in einer Welt zu leben, in der *keine* Engel vorkommen oder kein Gott. Nur gilt, verstehst du, das Gleiche auch für jede wissenschaftliche Erklärung. Denn auch die Wissenschaft kann nur akzeptieren, was im Koordinatensystem, das anzuerkennen sie sich entschlossen hat, Platz hat. Und wenn die Konsequenz aus deinem Erlebnis irgendetwas Transzendentes wäre, dann muss der Wissenschaftler, in dessen Koordinatensystem Transzendentes eben *nicht* Platz hat, die Voraussetzungen bezweifeln und dir, damit *sein* Weltbild nicht wankt, lieber nachweisen oder dir das Eingeständnis abverlangen, du habest dich getäuscht und das, was du erlebt zu haben behauptest, gar nicht wirklich erlebt, so dass auch nichts daraus folgen kann. Verstehst du nun, dass es gar keinen Sinn hätte, wenn ich dich beruhigen und dir versichern wollte, Gott sei dir begegnet? Genauso wenig Sinn hätte es, wollte ich dich beruhigen und dir versichern: Nein, nein, du kannst Gift darauf nehmen, dass das, was du erlebt hast, nichts mit einer Begegnung mit Gott zu tun hat.«

[*Lamed*]. – »Hast du dich«, sagte ich, »schon gefragt, ob du ihm überhaupt begegnen *möchtest?* Alle, sagen wir einmal, religiösen Genies, die von unmittelbaren Begegnungen berichtet haben, sind sich darin einig, dass es schmerzlich ist. Menschen mit religiöser Durchschnittsbegabung können froh sein, wenn sie zu einer indirekten Begegnung kommen, über einen Weg der Vermittlung. In der Bibel kannst du nachlesen, wie das Volk am Sinai Moses anfleht, lieber solle *er* mit ihnen reden und nicht Gott, denn sie würden es nicht aushalten, wenn Gott weiterhin direkt zu ihnen spräche.«

[*Mem*]. – »Du kennst«, sagte ich, »wahrscheinlich den Satz von den Ochsen, die sich, wenn sie Götter hätten, ihre Götter ochsenartig vorstellen würden, und die Pferde pferdeartig und die Katzen katzenartig. Die Bibel hält allerdings daran fest, dass die Menschen sich Gott nicht menschenartig vorstellen sollen, sondern dass Gott der ganz andere ist, von dem man sich kein Bild machen darf, keines aus Stein und keines aus gut gezimmerten Begriffen.«

[*Nun*]. – »Vielleicht«, sagte ich, »ist das Vernünftigste, das der Vernünftige tun kann, an die Grenze der Vernunft zu gehen und zuzugeben, dass die Vernunft nicht das Letzte ist.
Dort an der Grenze der Vernunft wird er dann wahrscheinlich den Anbetenden sehen, wie der vor der Wahrheit kniet, Aug in Aug mit ihr, und dann kann er sich dazuknien, wenn er schon so weit ist. Oder er kann auch noch darauf warten, bis ihn die Wahrheit sonst wie in die Knie zwingt.«

[*Samech*]. – »Gottesbeweise«, sagte ich, weil sie mich gefragt hatte, was ich davon halte, »sind nichts weiter als Denkspiele, die wir für die Schule, nicht fürs Leben lernen. Sie sind so richtig und so abwegig wie die Farbenlehre von Blinden, für sich genommen tönendes Erz und klingende Schellen.«

[*Ajin*]. – »Wenn du *mich* fragst«, sagte ich, »ich bin davon überzeugt, dass irgendwann einmal bei einem jeden Menschen der Moment kommt, wo er an das Absolute aneckt. Ich sage absichtlich *aneckt*, weil es eine harte Sache ist.«

[*Pe*]. – »Genau genommen hängt es von dir selbst ab«, sagte ich, »was für einen Glaubensakt du leistest. Ob du ja sagst zur Wirklichkeit oder ob du dich ihr verweigerst. Denn ob so oder so, du wirst nicht umhin können, dich der Wirklichkeit zu stellen.«

[*Zade*]. – »Akzeptieren«, sagte ich, weil sie mich gefragt hatte, ob ich eine Formel wüsste, »dass nicht *ich* es bin, der die Wirklichkeit ist, sondern der Wirklichkeit zutrauen, dass sie bei allem Hin und Her von Verwirklichen und Wieder*ent*wirklichen das bleibt, was wirklich ist, und darauf vertrauen, dass die Wirklichkeit *mich* meint, sich mir zuwendet und mir, wenn ich vergangen bin, als meine Zukunft erscheint. Aber das ist bloß abstrakt.«

[*Koph*]. – »In diesem gigantischen Dröhnen«, sagte sie, »habe ich es einen Moment lang bedauert, nicht beten zu können. Wie gern hätte ich dieser Wesenheit, dieser Gegenwart zugerufen: Ich bin da, ich habe dich gehört, ich habe dich begriffen! Aber das war es ja! Einen Schmarren hatte ich begriffen.«

[*Resch*]. – »Da fällt mir ein«, sagte ich, »wie Voltaire formuliert hat: Wir grüßen uns, aber wir reden nicht miteinander.«

[*Schin*]. – »Ich kann dir nicht sagen, was es war«, sagte ich, »aber sagen wir, es war ein Gruß. Du bist gegrüßt worden und du bist erschrocken, und nun denkst du nach, was dieser Gruß wohl bedeuten könne. Ist es so?«

[*Taw*]. – »Was immer es war, was du erlebt hast«, sagte ich, »vergiss nicht, morgen ist Erscheinung des Herrn.«

Eine Frau sieht Engel

Eine Frau erzählt einem Schriftsteller, wie es ist, wenn sie Engel sieht. Der Schriftsteller schreibt es auf. »Der Engel ruft mich und führt mich dahin und dorthin« – sagt die Frau. »Gar oft bin ich mit ihm auf der Reise. Er bringt mich zu Menschen, die ich kenne oder einmal gesehen habe, aber auch zu solchen, welche mir sonst ganz unbekannt sind. Er bringt mich selbst über Meer, aber das ist schnell wie ein Gedanke, und ich sehe dann so weit, so weit! Er war es, der mich zur Königin von Frankreich in ihr Gefängnis geführt hat.«

Der Schriftsteller, der aufschreibt, was ihm erzählt wird, heißt Clemens von Brentano. Im September des Jahres 1818 ist er von Berlin nach Dülmen gereist, wo Anna Katharina Emmerick lebt, von der man ihm erzählt hat. Er möchte mit eigenen Augen sehen, was es mit dieser »ehemaligen Nonne« auf sich hat, die die Wundmale Christi am Leib trägt. Der Ausdruck »ehemalige Nonne« ist irreführend. Die fromme Frau ist nicht aus ihrem Orden ausgetreten, sondern das Kloster, in dem sie gelebt hatte, gibt es nicht mehr. Es wurde aufgehoben.

Anna Katharina Emmerick und Clemens von Brentano leben in einer Zeit, in der Klöster aufgehoben werden. Es ist nicht zu übersehen und sie spüren es am eigenen Leib: Das abendländische Christentum ist in einem Gestaltwandel begriffen. »Progressive« Kräfte ziehen dorthin, »konservative« Kräfte versuchen zu bremsen und möchten am liebsten das Rad der Geschichte zurückdrehen. Später einmal wird man von »Verhängnis und Hoffnung der Neuzeit« reden, um das Doppelgesicht des Prozesses der Säkularisierung zu beschreiben. Eine *positive* Sicht des Phänomens, eine Würdigung der Sinnhaftigkeit dieses »Weltlichwerdens der Welt« liegt noch in weiter Ferne. In dieser Zeit sehen viele Gläubigen nur das Verhängnis, nicht die Hoffnung. Sie empfinden die Religionspolitik, zu der Aufhebungen von Klöstern gehören, als Teil einer schmerzlichen Situation, in der sie sich als gläubige Christen befinden. Übrigens sind es nicht nur die immer schon viel »konservativeren« Katholiken, die gleichsam unter Schock stehen. Auch vielen Protestanten weht der Zeitgeist viel zu kalt ins Gesicht. Die katholische Kirche erlebt eine restaurative Phase. Mit der gleichen emotionellen Kraft wie nach dem Zweiten Vatikanischen Konzil die Traditionalisten sehnen sich auch die damaligen Gläubigen zurück nach der vermeintlich heilen Welt der Kirche, wie sie früher war. Sie wissen zwar nicht, ob es je wieder so sein kann wie »früher«, sie sind sich aber völlig sicher: So wie es jetzt läuft, läuft es nicht gut.

Der Zahn der Aufklärung hat am Fleisch des überlieferten Glaubens zu nagen begonnen. Da und dort liegen schon die Knochen blank. Viele Gläubige meinen, man müsste versuchen, das Pendel in die andere Richtung ausschlagen zu lassen und die Aufklärung durch Gegenaufklärung zu überwinden. Aber ob das gelingen kann?

Clemens von Brentano ist einer von jenen, die es aufs Innigste wünschen. Seine Beziehung zur Religion ist stark von Gefühlen bestimmt. Nicht die Vernunft, sondern die Emotion ist die große Triebkraft seines Glaubens. Kein Wunder, dass in dieser religiösen Gefühlswelt wieder die *Engel* wichtig werden.

In einem längeren Gedicht schildert der Dichter seinen Lebensweg als einen Weg durch die Wüste. Er ist am Verdursten und erwartet den Tod. Da erscheint ihm – wie der von Abraham verstoßenen Hagar (vgl. Gen 16,7) – der »Engel der Wüste« und gibt ihm zu trinken.

Der Engel der Wüste

O Nacht ohn' Anfang und Ende!
Kein Stern, wohin ich mich wende,
kein Bogen, kein Pfeil, kein Ziel.
Da rang ich betend die Hände,
bis die Decke mir niederfiel.

Da fühlt' ich das Ziel mir gekommen,
die glühende Leiter erklommen,
ich schrie zu dem bitteren Stern:
»Der Herr hat gegeben, genommen
Gelobt sei der Wille des Herrn!«

Da hört' ich ein Flügelpaar klingen,
da hört' ich ein Schwanenlied singen,
und fühlte ein kühlendes Wehn
und sah mit tauschweren Schwingen
einen Engel in der Wüste gehn.

Und als ich ihn fragend begrüßte:
»Sag an, du Engel der Wüste,
wie find' ich den Wasserquell?«
Sprach er: »Wer treulich büßte,
der steht an der Brunnenschwell'.«

Und vor ihm kniete ich nieder,
er legte sein tauicht Gefieder
mir kühl um das glühende Haupt
und sang mir die Pilgerlieder.
Da hab' ich geliebt und geglaubt.

Da sah ich den Himmel wohl offen,
Ach Gott! Kühl herniedergetroffen
Kam die Gnade, die Segensflut,
Da konnte ich endlich auch hoffen,
Auf meines Erlösers Blut.

(Clemens von Brentano)

Clemens von Brentano hat ein massives Bekehrungserlebnis hinter sich. Er hat eine Generalbeichte abgelegt und lebt als selbstbewusster Christ der katholischen Kirche. Die stigmatisierte Mystikerin in Dülmen fasziniert ihn. Nicht zuletzt deshalb, weil er meint, die Visionen, die sie hat, könnten helfen, die historische Wahrheit der Evangelien zu beweisen.
Brentano wird gleichsam Emmericks Sekretär. Unermüdlich schreibt er alles getreulich auf, was sie ihm von ihren inneren Schauungen erzählt. Auch den folgenden Bericht über den vertraulichen Umgang mit dem Engel, den sie in ihren Visionen sieht.
»Wenn er zu mir kommt, mich auf irgendeine Reise zu leiten, sehe ich meist zuerst einen Glanz und dann tritt eine Gestalt plötzlich leuchtend aus der Nacht, wie etwa wenn eine Blendleuchte auf einmal in der Nacht geöffnet wird.
Wenn wir reisen, ist es Nacht über uns. An der Erde aber fliegt Schimmer. Wir reisen von hier durch bekannte Gegenden nach

immer ferneren aus, und ich habe die Empfindung ungemeiner Entfernung. Bald geht es auf geraden Straßen, bald quer über Felder, Berge, Flüsse und Meere. Ich muss allen Weg mit den Füßen messen, oft mit Anstrengung selbst Berge hinanklimmen. Meine Knie sind dann schmerzlich ermüdet, meine Füße brennen, ich bin immer barfüßig.

Bald mir voraus, bald neben mir schwebt mein Führer. Nie sehe ich, als bewegte er die Füße. Er ist sehr schweigsam, ohne viele Bewegung, außer dass er seine kurzen Antworten mit der Hand oder mit dem Neigen des Kopfes begleitet.

Er ist so durchsichtig und glänzend, oft ganz ernst, oft mit Liebe gemischt. Seine Haare sind schlicht, fließend und schimmernd. Er ist ohne Kopfbedeckung und trägt einen langen, blond schimmernden Priestertalar.

Ich rede mit ihm ganz dreist, allein ich kann ihm nie recht in das Gesicht sehen, so gebeugt bin ich vor ihm. Er gibt mir alle Weisung. Ich scheue mich, ihn viel zu fragen; es hindert mich das selige Genügen, wenn ich bei ihm bin. Er ist seinen Worten nach immer so kurz.

Ich sehe ihn auch in wachendem Zustande. Wenn ich für andere bete und er ist nicht bei mir, so rufe ich nach ihm, dass er zum Engel der anderen gehe. Oft auch sage ich, wenn er bei mir ist: Nun will ich bleiben, gehe du da und da hin und tröste!« *(P. Karl Erhard Schmöger: Leben der gottseligen Anna Katharina Emmerick. Dritte, verbesserte Auflage. Freiburg im Breisgau 1907. S. 50–51)*

Brentano spürt, dass die Botschaften dieses Engels auch für ihn wichtige Botschaften sind. Tröstende Botschaften, die er so notwendig braucht wie einen Schluck Wasser in der Wüste.

Der Dichter war kein Visionär wie Anna Katharina Emmerick, deren Visionen ihn faszinierten. Aber so wie sie, die eine sehr intensive Beziehung zu ihrem Engel hatte, bemühte auch er sich um eine intensive Beziehung zu *seinem* Engel. Clemens von Brentano bekannte: »Von allen Gefährten, die mich begleiteten, ist mir keiner so treu geblieben wie der Schutzengel.«

In der Bibel gibt es so genannte alphabetische Psalmen. Das sind kunstvoll komponierte Psalmen, bei denen jeder Vers mit einem anderen Buchstaben beginnt. Ich habe für die Schilderung meiner Begegnung mit einer Frau, die mir ein Erlebnis erzählt hat, das für sie wichtig war, ebenfalls die Buchstaben des hebräischen Alphabets benutzt. Warum? Wollte ich etwa einen Psalm schreiben? Wollte ich auf subtile Weise ausdrücken, dass alles, was wir tun, letztlich Gotteslob ist – selbst wenn der, der Gott lobt, gar nichts davon ahnt?

»Ich will dir danken aus ganzem Herzen, dir vor den Engeln singen und spielen« (Ps 138,1) – sagt der Psalmist. In diesem Psalm, der in der Bibel König David zugeschrieben wird, ist ausdrücklich von den Engeln die Rede. Gotteslob im Verein mit den wunderbaren Mächten, die mich umgeben. Wollte ich einen versteckten Hinweis geben, dass dies auch geschieht, wenn ich es nicht bewusst will? Sogar dann, wenn ich meine, gar nicht religiös zu sein? Obwohl doch jeder von uns ein Stück jener Erde ist, die da »laut und stark ihr Jubellied« singt, und obwohl diese Erde schon seit Milliarden Jahren von jener Sonne beschienen wird, die »nach alter Weise in Brudersphären Wettgesang« tönt und ihre vorgeschriebene Reise »mit Donnergang« vollendet.

Aleph. Bet. Gimel. Dalet. He. Stefan Heym. Marc Chagall. König David. Dietrich Bonhoeffer. Die Emmerick und ihr Brentano sowie der Alte aus Weimar. Faust aufs Auge. Mehr Licht. Koph. Resch. Schin. Taw.

Als ich mich an das unvermutete Zusammentreffen mit einer ehemaligen Studienkollegin an einer Straßenbahnhaltestelle und das anschließende Gespräch im Kaffeehaus zu erinnern versuchte, habe ich Bruchstücke meiner Erinnerung zu Tage befördert. Wie ein Archäologe, der in der Erde gräbt. Worte, die gefallen sind. Sätze, die gesagt wurden. Von ihr und von mir. Es war ein Gespräch über ein seltsames Erlebnis, das eine 30-jährige Frau während eines Urlaubs auf dem Campingplatz hatte. Nachts im Zelt.

Eine irritierende Begegnung. Ein religiöses Erlebnis einer nicht religiösen Frau. Ich habe die »Scherben« meiner Erinnerung nicht zusammengeleimt oder gekittet. Ich habe sie so gelassen, wie sie sind. Ich habe die Bruchstücke lediglich nummeriert. Die 22 Buchstaben des hebräischen Alphabets – von Aleph bis Taw – sind nicht nur sprachliche Zeichen, sie repräsentieren auch Zahlenwerte. Diese Nummerierung mag ungewöhnlich erscheinen, aber sie hat genau diesen Zweck: sie soll das Ungewöhnliche erscheinen lassen. Die Beschriftung der Bruchstücke macht darauf aufmerksam, dass es sich um *Bruchstücke* handelt. Die Scherben sind nichts weiter als Scherben. Kein Ganzes. Bei Gott nicht. Es ist bei weitem nicht alles gesagt, was man sagen könnte. Es sind Lücken da. Aber die Fragmente ergeben trotzdem etwas Ganzes. Die Frage ist nur, ob ich es sehe. Ob dieses Ganze *für mich* in Erscheinung tritt. Wir tragen den Schatz in »irdenen Gefäßen«, heißt es bei Paulus (2 Kor 4,7). »Irdene Gefäße« sind Gefäße, die leicht zerbrechen können. Auch Kostbares bleibt nicht ewig heil. Ich weiß von einer alten Gräfin, die sich, wenn eine Porzellanvase oder eine kostbare Schale zu Bruch ging, mit dem kleinen Spruch tröstete: »Ein irdisch Ding, zum Trauern zu gering!«
Es ist seltsam mit diesen Keramikgegenständen. So schnell sie kaputtgehen, so unverwüstlich sind ihre Scherben. Was würden die Archäologen anfangen, wenn gebrannter Ton vergänglich wäre wie Biomüll! *»Denn alles Fleisch«* hämmern uns Chor und Orchester im Deutschen Requiem ein, *»es ist wie Gras«*. Heute in herrlicher Blüte, morgen vom Winde verweht.
Der Schatz in irdenen Gefäßen. Auch Texte sind zerbrechliche Gefäße. Sie sind aus Bruchstücken zusammengesetzt. Aus Bruchstücken der Erinnerung. Aus Versatzstücken. Aus Buchstaben. Alpha, Beta, Gamma. Ix, Ypsilon, Zet. Alles ist nur »Stückwerk« auf dieser Welt. Auch wenn ich meinen Griffel beim Schreiben noch so sehr in Herzblut tauche, der Buchstabe ist tot. Und er bleibt tot. Da hilft nur der Geist, der lebendig macht. Der Geist des Lesers. Der den Sinn erfasst. Der mich versteht. Der Text allein ist Schall und Rauch.

Der Musiker im Bildungshaus bei adventlichem Glühwein und Lebkuchen hat es richtig gesagt. Ich kann mir den Mund fusselig reden, um jemandem zu erklären, wie Musik ist, aber wenn er »Schweinsohren« hat, ist es vergebliche Liebesmüh. Empfängnis durch das Ohr. Ich kann in der tollsten Sprache vom Sinn des Lebens reden, mit Menschen- und Engelszungen, aber es nützt nichts, wenn der andere diesen Sinn nicht sieht. Oder umgekehrt. Ich bin's. Ich habe das Brett vor dem Kopf. Ich stehe auf der Leitung. Oder noch umgekehrter: Ich bin's, ich sollte büßen. Ich verhindere mit meinem Geschwafel, dass der andere etwas begreift. Stanislaw Jerzy Lec, der alte Sarkast, hat es voll erfasst: »Vieles hätte ich verstanden, wenn man es mir nicht erklärt hätte.«

Der Versuch, tote Scherben zu einem lebendigen Ganzen zu fügen, ist ein vergeblicher Versuch. Aber er ist notwendig. Wir haben keine andere Möglichkeit, uns auszudrücken, als mit unzulänglichen Mitteln – besonders wenn es ums Ganze geht. Ums Eingemachte. Alles Reden ist nur ein Drumherumreden. Das, was man eigentlich sagen möchte, erscheint, wenn man Glück hat, zwischen den Zeilen. Oder es erscheint eben nicht.

Es ist wie beim Engel. Besser gesagt, es *ist* der Engel! Die Botschaft aus jenem Bereich, in dem es ums Ganze geht. Da meldet sich etwas bei mir zu Wort, und siehe da, es spricht mich an. Der Engel. Und husch, ist er schon wieder weg. Samt seiner Leiter. Und ich darf nicht einmal wissen, wie er heißt. Was fragst du mich nach meinem Namen? Finger weg, sonst verbrennst du! Noli me tangere. Gabriel und die Schwangere. Ich bin ganz Ohr. Wie erscheinen denn Engel? Wie erreichen mich ihre Botschaften? Was muss ich tun, damit sie kommen? Ich muss nichts tun. Ich *kann* gar nichts tun. Sie brauchen nicht zu kommen. Sie sind ohnehin schon da. Lichtgestalt hin oder her, der Engel ist die ganze Zeit da, und ich merke nichts von ihm. Es ist wie mit den Ultrakurzwellen beim Radio. Die tollste Musik ist da, und ich höre sie nicht. Kein Empfang. Da nützt auch das beste Ohr nichts.

Eines Tages kommt der Tag, an dem der Engel kommt. Ich brauche ihn nicht zu rufen. Er kommt von selbst. Irgendwann tritt er bei mir ein. Auf Bestellung geht da nichts. Erleuchtung, die auf Knopfdruck funktioniert, ist keine Erleuchtung. Nur Blendwerk. Weiche, Satan. Das Problem ist nicht, ob der Engel kommt. Das Problem ist vielmehr: Der Engel ist da, aber *ich* bin nicht da. Er ist da, aber ich sehe ihn nicht, höre ihn nicht, spüre ihn nicht. Und dann kommt der Moment, wo es funkt. Das Blitzlicht. Oder es klirrt und dröhnt in mir. Donner und Doria. Eine Erschütterung erfasst mich und geht durch mich hindurch. Eine Unruhe überkommt mich. Fragen, die mir noch nie wichtig waren, werden plötzlich wichtig. Jetzt will ich es aber wissen. Das kann doch nicht alles gewesen sein. Oder es blitzt und dröhnt überhaupt nichts. Die Stille sucht mich heim. Still und heimlich. Das ist noch unheimlicher. Fragen, die für mich immer so wichtig waren, werden plötzlich ganz unwichtig. Ohne dass irgend etwas geklärt wäre, sind meine Fragen plötzlich beantwortet. Der Engel hat mir gezeigt, wie es ist. Wo ich hinsoll. Wo ich suchen muss. Der Engel hat sein »Fürchte dich nicht« gesprochen. Ich bin wie verzaubert. Nichts ängstigt mich, nichts erschreckt mich. Eine ungeahnte Ruhe überkommt mich. Unfassbar. Ich bin getröstet, obwohl die Welt gar nicht heil ist.

Nichts soll mich ängstigen, nichts mich erschrecken? – Es ist in der Tat unfassbar! Draußen geht das Morden weiter, die Kinderschänder, die Selbstmordattentäter, business as usual. Und ich soll mich in der windgeschützten Kuschelecke gemütlich von dir schützen lassen? So haben wir nicht gewettet, mein lieber Engel! Engel, lass mich nicht allein – hörst du? Du verstehst schon. Lass mich bitte nicht *allein!* Schick mich schleunigst hinaus ins feindliche Leben! Dort muss ich kämpfen und streben und andern ein Engel sein. Denn ich bin ein Mensch. Hier ist nur Atempause. Aber dort ist mein Platz, dort habe ich zu tun.

Und der Engel versteht. Er gibt den Energiestoß an mich weiter, mit dem mich der große Billardspieler auf die Reise schickt. Der Engel gibt mir zu trinken und schickt mich in die Wüste. Und jetzt sagt er erst recht sein »Fürchte dich nicht!«.

Und ich gehe getröstet und bin beruhigt, dass ich weiterhin unru-

hig sein darf. Denn ich bin ein Mensch, und der, der mich geplant hat, wollte es nicht anders. Er fand das sogar gut.
Unruhig ist unser Herz, bis unser EKG beunruhigend wird. Aleph, Bet, Gimel, Dalet. Was fragst du mich nach meinem Namen. Ix, Ypsilon, Zet. Er ist wunderbar.

Die Engel machen Musik

Begreifen die Menschen das Leben? – Diese Frage drängt sich einer jungen Frau namens Emily auf, als sie im letzten Akt des Schauspiels »Unsere kleine Stadt« von Thornton Wilder Gelegenheit bekommt, einen Tag ihres Lebens noch einmal zu erleben. Sie kann sich selbst aussuchen, welchen.
Emily wählt einen glücklichen Tag, ihren zwölften Geburtstag – und ist todunglücklich, sich dabei zusehen zu müssen.
»Begreifen die Menschen jemals das Leben, während sie's leben?«, fragt sie den Spielleiter. – »Nein«, erwidert er. Und nach einer Pause fügt er hinzu: »Die Heiligen und die Dichter vielleicht, bis zu einem gewissen Grad.«
Bei den Dichtern hat der amerikanische Dramatiker in erster Linie an Shakespeare gedacht, seinen Kollegen aus dem elisabethanischen England, der so viel vom Leben gewusst hat und der auch viel vom Geheimnis der *Engel* gewusst hat.
Die verklärte Nacht, die Lorenzo und Jessica in der Komödie »Der Kaufmann von Venedig« erleben, ist eine der berühmten Liebesszenen der Weltliteratur. In ihr kommt William Shakespeare mit Worten von unübertrefflicher Poesie auf die Musik der Engel zu sprechen.

Wie süß das Mondlicht auf dem Hügel schläft!
Hier sitzen wir und lassen die Musik
zum Ohre schlüpfen. Sanfte Still' und Nacht,
sie werden Klänge süßer Harmonie.
Komm, Jessica! Sieh, wie die Himmelsflur

ist eingelegt mit Scheiben lichten Goldes!
Auch nicht der kleinste Kreis, den du da siehst,
der nicht im Schwunge wie ein Engel singt
zum Chor der hellgeäugten Cherubim.
So voller Harmonie sind ew'ge Geister;
nur wir, weil dies hinfäll'ge Kleid von Staub
ihn grob umhüllt, wir können sie nicht hören.
(William Shakespeare)

Ein Mann sieht ein Licht

Ein Mann sieht Engel. Das heißt, es ist zunächst noch nicht so recht klar, was es eigentlich ist, das er da sieht. Er glaubt zumindest, die *Spuren* von Engeln zu ahnen. Er hat den Eindruck, einen Abglanz von ihrem Glanz und ihrem Leuchten wahrzunehmen.
Der Mann sieht ein Licht. Aber dieses Licht scheint irgendwie anders zu sein als das Licht, das er kennt. Es mutet befremdlich an. So etwas hat er noch nie in seinem Leben gesehen. Ihm fällt auf, dass dieses Licht weit intensiver ist als ein irdisches Licht. Befindet er sich überhaupt auf der Erde? Was ist das nur für ein Licht? Glücklicherweise ist jemand da, der es ihm erklären kann. Dieses intensive Licht, das ihm so ungewohnt vorkommt, sei ein »Eldil-Licht«, wird dem Mann gesagt. Das Licht der »Eldila« sei es, was er sehe. Aber diese Erklärung nützt herzlich wenig, wenn einer nicht weiß, was Eldila sind – und der Mann weiß es leider genauso wenig wie wir.
»Was sind Eldila?«, fragt er. Aber nun ist der andere derjenige, der nicht versteht. Statt zu antworten, erwidert der Gesprächspartner mit einer Gegenfrage. »Willst du mir etwa sagen, Kleiner, auf eurer Welt gebe es keine Eldila?« – »Nicht, dass ich wüsste«, antwortet der Mann. »Aber was sind Eldila, und warum kann ich sie nicht sehen? Haben sie keine Körper?« – »Natürlich haben sie Körper«, bekommt er zur Antwort. »Es gibt viele Körper, die unsichtbar sind ...«

Es ist unverkennbar: Dieser Dialog über Engel und die Form, in der sie erscheinen, wird nicht auf der Erde geführt, sondern in einer anderen Welt. Allerdings nicht im Himmel über den Wasserflüssen Babylons oder über Patmos in der Ägäis. Die Welt, in der es Lichtwesen gibt, die *»Eldila«* genannt werden, ist eine Welt, die der unseren sehr ähnlich ist. Ransom – so der Name des Mannes, der sich nicht auskennt – befindet sich auf einem anderen Planeten.

Wir sind es gewohnt, diesen Planeten »Mars« zu nennen. In der Sprache seiner Bewohner wird er allerdings »Malakandra« genannt. Denn – wie wir zu unserer Überraschung erfahren: der Planet, der zwischen Erde und Jupiter um die Sonne kreist, ist bewohnt. Auf dem Mars hat sich in den Millionen von Jahren, die seit der Entstehung unseres Sonnensystems vergangen sind, nicht nur Leben entwickelt, sondern es gibt hier sogar *hoch entwickeltes* Leben. Die intelligenten Wesen, die den Mars bevölkern, sind, was ihre Intelligenz und überhaupt ihre ganze Einstellung zur Welt und all ihren Geschöpfen betrifft, uns irdischen Menschen, den Bewohnern von »Thulkandra«, nicht nur ebenbürtig, sondern sogar weit überlegen.

Clive Staples Lewis (1898–1963) wollte mit seinem Roman »Jenseits des schweigenden Sterns« keinen Science-Fiction-Roman schreiben. Das kann man schon daran erkennen, dass ihn genau das, was für diese Art von Literatur typisch ist, überhaupt nicht interessiert. Die Faszination der Technik, das Ausspinnen abenteuerlicher Phantasien über neue Möglichkeiten auf dem Gebiet der Naturwissenschaft, ungeahnte Energiequellen, die bisher nicht genutzt wurden, neue Mittel und Wege, um die Grenzen von Raum und Zeit zu überwinden – kurzum: all das, was Science-Fiction-Fans so lieben und was sie auch schon im Jahr 1938 geliebt haben, als *»Out of the Silent Planet«* erstmals veröffentlicht wurde, wird bei Lewis völlig vernachlässigt.

Dem Schriftsteller ging es offensichtlich um ganz andere Dinge. Bei ihm kommunizieren nicht integrierte Schaltkreise von Mikrochips miteinander, sondern Engel.

Clive Staples Lewis, der zu den großen Vertretern der christlichen Literatur in der ersten Hälfte des zwanzigsten Jahrhunderts gezählt wird, hat das Genre des abenteuerlichen Zukunftsromans als Vehikel benutzt, um einen *philosophischen* Roman zu schreiben. Er hat eine Fantasy-Story verfasst, um darin eine religiös inspirierte Utopie zu verpacken, weil er meinte, auf diese Weise lasse sich der Gegenentwurf zur bestehenden Welt, um den es ihm geht, am besten darstellen. Nichts Anderes und nichts Geringeres wollte C. S. Lewis bieten als einen solchen Gegenentwurf – ein *positives* Gegenbild zur modernen Zivilisation. Er wollte einen Weg aus der Krise zeigen, einen Ausweg aus der Sackgasse, in die die moderne Welt geraten ist, weil sie in blind materialistischem Fortschrittsglauben einen verkehrten Weg eingeschlagen hat.
In einem Brief, den er kurze Zeit nach Veröffentlichung des Romans geschrieben hat, hat der Autor verraten, welche Absichten er verfolgte. Er habe sich veranlasst gesehen, diesen Roman zu schreiben, erklärte Lewis, weil er entdeckte, dass einer seiner Schüler den Traum von der interplanetaren Kolonisation für bare Münze nahm. Ihn bekümmerte es, dass immer mehr Menschen, der *religiösen* Hoffnung entfremdet, in der »wissenschaftlichen« Hoffnung eine Art Strohhalm suchten, an den sie sich klammern konnten – die Vorstellung nämlich, dass der einzige Sinn des Universums darin läge, die Spezies Mensch fortzupflanzen –, so als ob sich auf diese Weise der Tod besiegen ließe. Dieser trügerischen Hoffnung wollte er die christliche Sicht der Dinge entgegenstellen.
Auf *»Jenseits des schweigenden Sterns«* ließ Lewis noch zwei weitere utopische Romane folgen, in denen eine ähnliche Thematik behandelt wird: *»Perelandra oder Der Sündenfall findet nicht statt«* und *»Die böse Macht«*.
Was vom Roman, der auf dem Mars spielt, gesagt wird, gilt für die gesamte »Space-Trilogie«. Die Phantasiewelt, die Clive Staples Lewis vor unserem geistigen Auge entstehen lässt, ist kein Selbstzweck. Es geht nicht um die spannende Schilderung atemberaubender Abenteuer, vielmehr lässt uns der Dichter einen Blick in eine *an-*

dere Welt tun, damit wir unsere *eigene* Welt mit anderen Augen zu sehen beginnen.

Dass die Engel dabei eine wichtige Rolle spielen, liegt in der Natur der Sache.

Der Blick in eine andere Welt

»Was sind Eldila?«, fragt Ransom seinen Gesprächspartner, der zu einer der drei Arten von vernunftbegabten Wesen gehört, die es auf dem Planeten »Malakandra« gibt. Er ist ein so genannter »Sorn«. Aber wie soll man einem Menschen, der nur über das begrenzte Vorstellungsvermögen eines Menschen verfügt, Dinge erklären, die dieses Vorstellungsvermögen überschreiten? Der Sorn versucht es trotzdem.

»Das Schnellste, was wir mit unsern Sinnen wahrnehmen, ist das Licht. Das Licht selbst sehen wir nicht eigentlich; wir sehen nur langsamer sich bewegende Dinge, die von ihm beleuchtet werden, so dass für uns das Licht eine Grenze bildet – das Letzte, was wir erkennen können, bevor die Dinge für uns zu schnell werden. Der Körper eines Eldil nun aber ist eine Bewegung, die so schnell wie das Licht ist. Man kann sagen, er bestehe aus Licht, aber nicht aus dem, was für den Eldil Licht ist. Sein ›Licht‹ ist eine noch schnellere Bewegung, die für uns ein Nichts ist; und was wir Licht nennen, ist für ihn etwas wie Wasser, etwas Sichtbares, etwas, das man berühren und worin man baden kann – vielleicht gar etwas Dunkles, sofern es nicht durch das Hellere beleuchtet wird ...« *(Clive Staples Lewis: Jenseits des schweigenden Sterns; Rowohlt, Reinbek bei Hamburg 1958. S. 89).*

Grundgedanke der drei Romane der »Space-Trilogie« ist es, die Welt so zu zeigen, wie sie hätte sein können und wie sie hätte *werden* können, wenn sie an einem entscheidenden Schnittpunkt eine vollkommen andere Entwicklung genommen hätte.

Der »Malakandra« genannte Planet – also der Mars – ist eine alte Welt, die schon eine längere Entwicklung hinter sich hat als die

Erde. Und eine *bessere*. Denn auf dieser Welt hat kein Sündenfall stattgefunden. Malakandra ist eine Welt, wie sie die Erde hätte sein können, wenn das Böse nicht in sie eingedrungen wäre.

Unser Heimatplanet hingegen ist durch den Sündenfall der ersten Menschen unter die Herrschaft des »Großen Krummen« geraten – mit welchem Namen niemand anderer gemeint ist als der Anführer der gefallenen Engel, die sich nicht damit zufrieden geben konnten, Gottes Ebenbilder zu sein, sondern die »sein wollten wie Gott«. Durch den Einfluss des Bösen ist die Erde zu einem »schweigenden Stern« geworden – zu »Thulkandra«. Als *schweigend* wird der Planet Erde deshalb bezeichnet, weil es keine Kommunikation zwischen dieser Welt und den anderen Welten in den Tiefen des Weltalls gibt.

Die Herrschaft des Großen Krummen, der sich den Absichten des höchsten Wesens – in der Sprache Malakandras »Maledil« genannt – widersetzt hat, hatte zur Folge, dass die sonst übliche Kommunikation zwischen den Welten und den Schutzgeistern, von denen sie beherrscht werden, unterbrochen ist.

Ransom findet sich also in den gleichen Kampf hineingestellt wie der Mensch der Bibel. Der moderne Mensch des zwanzigsten Jahrhunderts – dies will uns der Autor dieser Fantasy-Story mit seiner Geschichte sagen – befindet sich in genau der gleichen Auseinandersetzung zwischen Gut und Böse, die der Autor des Epheserbriefes gemeint hat, wenn er vom Anziehen einer Waffenrüstung (vgl. Eph 6,12) gesprochen hat.

Der Kampf, den es nach Auffassung der Bibel zu kämpfen gilt, richtet sich nicht gegen »Fleisch und Blut«, sondern gegen »Mächte und Gewalten« (Eph 6,12). Er ist ein realer Kampf, aber er wird auf der geistigen Ebene ausgetragen. Das heißt, es wird nicht mit Muskelkraft und Waffengewalt gestritten. Die Waffen in diesem Kampf sind *geistige* Waffen. Sie werden in bildhafter Sprache nach der Art jener Waffen beschrieben, die Soldaten in der Antike verwendet haben, und sofort geistig ausgedeutet: »Darum legt die Rüstung Gottes an, damit ihr am Tag des Unheils standhalten, alles vollbringen und den Kampf bestehen könnt. Seid also standhaft: Gürtet euch mit Wahrheit, zieht als Panzer die Gerechtigkeit an und als Schuhe die Bereitschaft, für das Evangelium vom Frieden zu kämpfen. Vor allem greift zum Schild des Glaubens! Mit ihm könnt ihr alle feurigen Geschosse des Bösen auslöschen. Nehmt den Helm des Heils und das Schwert des Geistes, das ist das Wort Gottes. Hört nicht auf, zu beten und zu flehen! Betet jederzeit im Geist!« (Eph 6,13–18)

Der Exeget Heinrich Schlier hat sich um ein angemessenes Verständnis dieser »Mächte und Gewalten« bemüht, von denen im Neuen Testament geredet wird. Er beschreibt sie als »die geistige Atmosphäre, in der die Menschen leben, die sie einatmen, von der sie ihr Denken, Wollen und Handeln bestimmen lassen«. Es ist ein Geist, der »von Menschen eingeatmet und durch sie in ihre Institutionen, in diese oder jene Verhältnisse aufgenommen« wird und sich in bestimmten Situationen verdichtet. Er wird so zu einem geschichtlich intensiven Geist, »dem sich kein Einzelner entziehen kann«, so Schlier wörtlich: »Man richtet sich dann nach diesem Geist, man empfindet ihn als selbstverständlich. Gegen ihn zu handeln oder zu denken und etwas zu sagen gilt als unsinnig oder gar als Unrecht oder Verbrechen« *(Heinrich Schlier: Mächte und Gewalten im Neuen Testament. Freiburg im Breisgau 1958. S. 29–30).*

Das Verblüffende an Clive Staples Lewis ist, dass er zwar ebenfalls Bilder wählt, um diesen Kampf zu beschreiben, dass er aber seine Bilder in diesem Fall wörtlicher nimmt als die Bibel die ihren. Das Gemeinsame zwischen dem, wie die Bibel diesen Kampf sieht und wie ihn ein christlicher Autor kurz vor Beginn des Zweiten Weltkriegs in Oxford beschrieben hat, besteht im Bewusstsein, dass der Mensch in diesem Kampf nicht allein gelassen ist, sondern Engel als Verbündete hat bzw. sich auch aktiv mit ihnen verbünden kann.

»Die Insel ist erfüllt von Eldila«, erfährt Ransom, als er zum Ort geführt wird, an dem er einem Lichtwesen namens »Oyarsa« begegnen soll. Auf dem Weg über diese Insel auf dem fremden Planeten hat der Mann, der vom »schweigenden Stern« kommt, ein eigenartiges Gefühl. Eigentlich möchte er die Insel anschauen, doch ihm kommt es vor, als wolle die Insel *ihn* anschauen. Mit anderen Worten: Ransom nimmt die Gegenwart der Engel wahr.

»Vielleicht könnte man es, auf leidlich blutlose Weise ausgedrückt, zusammenfassen, indem man sagt, die Oberfläche der Insel sei winzigen Abwandlungen von Licht und Schatten unterworfen gewesen, die nicht auf Wandlungen am Himmel beruhten. Wäre die Luft nicht still gewesen und das den Boden bedeckende Kraut zu kurz und fest, als dass es vom Wind hätte bewegt werden können, so würde er gesagt haben, es habe eine schwache Brise damit gespielt und im Schatten Lichtveränderungen hervorgerufen, wie ein Kornfeld auf Erden sie bezeigt.

Gleich dem silbrigen Klingen in der Luft entzogen auch diese Fußspuren des Lichts sich der Beobachtung. Wohin er am schärfsten schaute, waren sie am wenigsten zu gewahren: am Rand seines Blickfelds wimmelten sie umher, als wäre von dorther eine ganze, wirre Schar davon im Vordringen. Richtete er indessen den Blick auf eine einzelne, so diente gerade das dazu, sie zum Verschwinden zu bringen, und stets schien der winzige Lichtschimmer just die Stelle verlassen zu haben, auf die er den Blick richtete.

Er war sich nicht im Zweifel darüber, dass er Eldila ›sehe‹ – soweit er sie überhaupt zu sehen *vermochte.* Das ergriff ihn auf seltsame Weise. Es war nicht eigentlich unheimlich, nicht, als sei er von Geistern umgeben. Es war nicht einmal, als werde er heimlich beobachtet. Es war ihm eher zumute, als werde er von Wesen angeschaut, die ein Recht dazu besaßen. Was er empfand, wog leichter als Furcht. Es war darin etwas von Verlegenheit, von Scheu, von Unterwerfung, und es war vor allem eine tiefe Unsicherheit ...« *(Clive Staples Lewis: Jenseits des schweigenden Sterns. Übersetzt von*

Ernst Sander. Rowohlt-Taschenbuch Nr. 289, Reinbek bei Hamburg 1958. S. 103–104).

Und dann begegnet Ransom jenem Lichtwesen namens Oyarsa, der als eine Art Erzengel zum Schutz von Malakandra bestellt ist. Der Mann von der Erde sieht Oyarsa nicht, aber er hört, wie ihn der Engel mit einer »Stimme ohne Blut darin« anspricht – übrigens mit genau dem gleichen »Fürchte dich nicht«, wie wir es von den Engelerzählungen der Bibel her kennen.

»Was ängstigt dich, Ransom von Thulkandra?«, fragt Oyarsa. »Du, weil du anders bist als ich und ich dich nicht sehen kann«, erwidert Ransom. »Das sind keine triftigen Gründe«, sagt die Stimme. »Du bist auch anders als ich, und obwohl ich dich sehe, sehe ich dich sehr schwach. Doch glaub nicht, wir seien einander völlig ungleich. Wir sind beide Abbilder von Maleldil.«

Übrigens hat C. S. Lewis, der in seiner Space-Trilogie mit der größten Selbstverständlichkeit von der Existenz und vom Wirken der Engel erzählt, auch selbst Engelerfahrungen gehabt. In seiner Autobiographie berichtet er nicht nur von der Ekstase des »Glanzes im Gras« und von »sanften Träumen, gefüllt mit Versprechen«, sondern auch von einem »gefiederten Streicheln seltsamer Flügel«, das er empfunden hat. Aber trotz dieser Erfahrungen war er kein Ekstatiker, ja nicht einmal das, was man üblicherweise unter einem religiösen Menschen versteht.

C. S. Lewis ist in Sachen des Glaubens keinen geradlinigen Weg gegangen. In jungen Jahren, nachdem er den naiven Kinderglauben verloren hatte, war er – wie er selber gesteht – Atheist. Erst in reiferen Jahren wandte er sich dem Glauben zu. Zu diesem Zeitpunkt allerdings ganz bewusst und sehr entschieden.

Lewis hatte ein massives Bekehrungserlebnis, das ihn zum christlichen Glauben zurückführte. In seiner Autobiographie »Surprised by Joy« *(Clive Staples Lewis: Überrascht von Freude, Hamburg 1955)* hat er darüber berichtet: »Man muss sich mich vorstellen, allein in dem Zimmer im Magdalen College, Nacht um Nacht, wie ich, wann immer mein Gemüt auch nur für eine Sekunde von meiner Arbeit abwich, die stetige, unerbittliche Annäherung von Ihm spürte, dem ganz ernstlich ich nicht zu begegnen wünschte. Das, was ich so sehr fürchtete, war zuletzt über mich gekommen. Im Sommersemester 1929 gab ich nach und gestand ein, dass Gott wirklich Gott war, kniete nieder und betete: In jener Nacht war ich wohl der deprimierteste und widerspenstigste Konvertit von ganz England.«

Im Gelände der Poeten verborgen

»Die Phantasie ist der Mittelpunkt, in welchem das Allgemeine und das Sein, das Eigene und das Gefundensein, das Innere und Äußere vollkommen in eins geschaffen sind«, sagt der Philosoph Georg Wilhelm Friedrich Hegel (1770–1831) in seiner »Phänomenologie des Geistes«.

In diesem Sinne könnte man sagen: Wenn Dichter Phantasie einsetzen, um das Phänomen »Engel« zu beschreiben, dann tun sie das nicht, um ihrer Phantasie freien Lauf zu lassen, sondern um dem, woran sie glauben und was ihnen heilig ist, in der ihnen gemäßen Weise Ausdruck zu verleihen.

Ein Freund aus
Speyer am Rhein
schrieb mir mal:
»Wenn du den Engel suchst,
findest du ihn
im PoetENGELände.«

Ich fand ihn dort.

(©Hejo Müller)

Insofern besteht kein grundsätzlicher Unterschied zwischen den Engeln der Dichter und den Engeln der Propheten. Wir haben es bereits an einer Reihe von Beispielen gesehen: Auch die Autoren der Bibel arbeiten dichterisch, und den ernsthaften Versuchen der

Dichter wird man ebenso wenig das Prädikat »prophetisch« verweigern können.

Den *ernsthaften* Versuchen. Mit der Sichtung von unseriöser, oberflächlicher, lächerlicher oder unfreiwillig komischer Engeldichtung wollen wir gar nicht erst unsere Zeit verschwenden. Es geht, wie bereits gesagt wurde, um Unterscheidung der Geister. Unterscheidung der Geister heißt nicht Ghettos und Zäune errichten und falsche Berührungsängste kultivieren. Die Schweizer Theologen, die Stefan Heym mit dem Doctor honoris causae ehrten, haben es bewiesen. Der Flügel des Engels weht, wo er will.

Die Frage ist nicht: Wer darf mir etwas über Engel erzählen und wer nicht? Sondern: Spricht mich das, was mir über Engel gesagt wird, an und vermag es mich zu *inspirieren?* Und wenn es mich inspiriert, stellt sich die Frage, ob es ein guter Geist ist, der mich anweht – eine produktive Kraft, die mir eingehaucht wird und die mich produktiv macht, oder ob es ein Geist der Lebensverneinung und des Todes ist.

Der wahre Engel ist immer auf der Seite der Dinge, die stärker sind als der Tod. Lassen wir es uns von der Dichterin Marie Luise Kaschnitz (1901–1974) sagen:

Sagt mir doch nicht
Es gäbe keine Engel mehr
Wenn Ihr die Liebe gekannt habt
Ihre rosigen Flügelspitzen
Ihre eherne Strenge.

(Marie Luise Kaschnitz)

Wenn nicht mehr Zahlen und Figuren ...

»Wenn nicht mehr Zahlen und Figuren sind Schlüssel aller Kreaturen ...« – mit diesen Versen beginnt das berühmte Hohelied auf die Poesie von Novalis, mit dem der romantische Dichter ausdrücken wollte, wo die Grenzen der Möglichkeiten liegen, die Wirk-

lichkeit sprachlich zu benennen, und wie es vielleicht gelingen könnte, diese Grenzen zu *überschreiten*.
Es ist das uralte Problem: Man will etwas sagen, das sich eigentlich gar nicht sagen lässt. Theoretisch ist es unmöglich, aber praktisch doch nicht so ganz. Manchmal ereignet sich das Wunder der Verständigung. Und das Ungewöhnliche daran ist, dass es in diesem entscheidenden Moment auf die Worte gar nicht mehr ankommt. Es ist egal, was gesagt wird und *wie* es gesagt wird. Das Banalste kann das Weiseste sein.
Der Philosoph kann die Gedanken, die er ausgebreitet hat, wieder einpacken. Der Dichter kann seinen Laden dichtmachen. Seine herrlichen Wortkonstruktionen, an denen er lange gezimmert hat, sind nur das Gerüst, nicht das Haus. Der Engel braucht keinen Zimmermann. Die Axt ist im Haus, das »eine geheime Wort«, wie Novalis sagt. Dieses Wort, das gesagt werden muss und vor dem dann »das ganze verkehrte Wesen« fortfliegt.

Wenn nicht mehr Zahlen und Figuren
sind Schlüssel aller Kreaturen,
wenn die, so singen oder küssen,
mehr als die Tiefgelehrten wissen,
wenn sich die Welt ins freie Leben,
und in die Welt wird zurück begeben,
wenn dann sich wieder Licht und Schatten
zu echter Klarheit werden gatten
und man in Märchen und Gedichten
erkennt die ew'gen Weltgeschichten,
dann fliegt vor einem geheimen Wort
das ganze verkehrte Wesen fort.

(Novalis)

Aber dieses Wort sagt dann nicht mehr der Dichter. Auch nicht der Denker. Und nicht der Theologe. Das Leben sagt es. Und jeder versteht es. Denn es ist das allereinfachste der Welt. Sogar die Kinder verstehen es.

»Ich preise dich, Vater, Herr des Himmels und der Erde, weil du all das den Weisen und Klugen verborgen, den Unmündigen aber offenbart hast« (Lk 10,21), sagt Jesus.

Die Engel können ebenfalls ein Lied davon singen. Sie wissen, dass es beim Gotteslob nicht darauf ankommt, viele Worte zu machen. Heilig, heilig, heilig, singen sie. Oder Halleluja. Und wenn sie nicht singen, dann spielen sie. Dienstlich Johann Sebastian Bach, aber wenn sie unter sich sind, Mozart. So hat es der Theologe Karl Barth immer wieder gesagt: »Wenn ich mir vorstellen soll, was die Engel in der Gegenwart des Herrn wohl musizieren, dann kann ich mir nur denken: Sie spielen Bach. Ich bin aber sicher, dass sie, wenn sie unter sich sind, Mozart spielen, und dass ihnen dann der liebe Gott besonders gerne zuhört.«

2. Bruder Engel und Schwester Seele

Fakt ist, dass ich
von meinem Freund
Hans von Stahnsdorf
erfahren habe, es gäbe da
eine Hebamme, die ihm
glaubhaft versichert hätte,
dass sie jedes Mal …

dass bei jeder Geburt
eines Kindes
ein Engel zu sehen sei,
der sich zärtlich …

(mehr sagte sie nicht)

(©Hejo Müller)

Etwas beginnt. Es fängt an zu leben. Vorher war es nicht da. Jetzt ist es plötzlich da. Das Kind. Das Licht der Welt. Der Lichtblick. »Es kam ein Engel hell und klar …« Manche sehen es. Manche sehen es nicht. Eine Hebamme hat es gesehen. Die Sterbeforscherin Elisabeth Kübler-Ross hat es ebenfalls gesehen. »Was die Kirche den kleinen Kindern hinsichtlich ihrer Schutzengel erzählt, beruht auf Tatsachen«, sagte sie, »denn es ist bewiesen, dass jeder Mensch von seiner Geburt bis zu seinem Tod von Geistwesen begleitet wird.«

Mit dem Schutzengel auf Du und Du

Rom, 9. März 1925. Der Platz vor der Kirche, die der heiligen Franziska geweiht ist, bietet einen ungewöhnlichen Anblick. Auf

ihm sind eine Menge Autos geparkt. Aus heutiger Sicht wäre es eine Augenweide für Oldtimer-Freunde. Damals waren es die neuesten Modelle. Nicht nur Personenkraftwagen, sondern auch Omnibusse und Motorräder stehen in Reih und Glied, festlich geschmückt wie das Vieh beim Almabtrieb. Sie sind die »Helden« der Zeremonie, die heute stattfindet. Besser gesagt: des zweiten Teils der Zeremonie.
Sie werden erst gesegnet, wenn der erste Teil der Zeremonie zu Ende ist, der momentan in der Kirche stattfindet. Der Kardinal verliest ein päpstliches Dekret. Die heilige Franziska Romana ist zur Schutzpatronin der Auto- und Motorradfahrer ernannt worden. Der heilige Christophorus hat eine »Kollegin« bekommen.
Dieser Festtag der heiligen Franziska ist auch ein Festtag der Engel. Ihr Schutz ist im Straßenverkehr genauso vonnöten. Schon strömt die Menge ins Freie. Die Segnung der Fahrzeuge beginnt. Laut spricht der Zelebrant das Segnungsgebet.

> *»O Herr und Gott! Erhöre gnädig unser Flehen und spende mit deiner Rechten deinen Segen diesen Fahrzeugen und bringe mit ihnen in dauernde Verbindung deine heiligen Engel, auf dass sie alle Fahrgäste stets aus jeglicher Gefahr schützend befreien.«*

Die heilige Franziska von Rom (1384–1440) hatte einen guten Kontakt zu ihrem Schutzengel. Sie hat ihn gesehen, hat in seiner Gegenwart Hausarbeit verrichtet und hat durch ihn Warnungen erfahren, wenn ihr Gefahren drohten.
Franziska war eine Tochter aus gutem Haus und konnte nicht immer, wie sie wollte. Eigentlich war es schon von klein auf ihr innigster Wunsch, ins Kloster zu gehen, aber ihre Familie – das römische Adelsgeschlecht de Bussi – ließ es nicht zu. So musste sie schon als Teenager heiraten. Die Ehe war fruchtbar. Francesca schenkte ihrem Gatten Lorenzo de Ponziani sechs Kinder und erwies sich als Musterbild einer christlichen Hausfrau und Mutter. Sie sorgte für den standesgemäßen gesellschaftlichen Rahmen im Haus und ließ es an nichts fehlen. Allerdings verbrachte sie jede

freie Minute in der Mansarde, die sie sich als Gebetskämmerchen eingerichtet hatte, und führte auf diese Weise eine Art klösterliches Leben mitten im Alltag.
Eine Pestepidemie veränderte ihr Leben von Grund auf. Ihr Mann und ihre Kinder wurden von der Pest dahingerafft. Nun war die visionär begabte Franziska eine allein stehende Witwe und ungebunden. So konnte sie sogar noch Ordensfrau werden, wie sie das immer gewünscht hatte.
»Allein stehend« war Franziska von Rom freilich nur im bürgerlichen Sinn. Mit ihrem Schutzengel stand sie zeitlebens auf Du und Du.
Das Gleiche gilt von Gemma Galgani (1878–1903), einer Italienerin, die in der zweiten Hälfte des 19. Jahrhunderts lebte, 1933 selig und 1940 heilig gesprochen wurde. Diese Frau, die nur 25 Jahre alt wurde, hatte ebenfalls einen innigen Kontakt zu ihrem Schutzengel. Man nannte Gemma Galgani eine »Tochter der Passion«. Sie hatte die Wundmale Jesu am Körper, trug aber nicht bloß, wie andere Stigmatisierte, die Nagelwunden an Händen und Füßen sowie die Seitenwunde am Körper, sondern auch die Wundmale der Dornenkrone und der Geißelung.
Gemma Galgani, deren Vorname »der Edelstein« bedeutet, war mit den Engeln vertraut. Ihr Schutzengel, den sie leibhaftig vor sich sah, war für sie wie ein älterer Bruder. Er sprach mit ihr, gab ihr gute Lehren und wies ihr den Weg. In ihren Tagebuchaufzeichnungen kann man Details darüber lesen. Am 29. Juli 1900 notierte sie zum Beispiel: »Bis gestern blieb ich in einem Zustand, ohne mich sammeln zu können, aber mein Schutzengel war bei mir und gab mir Kraft. Ich muss auch sagen, dass ich am Samstag keinen Hunger hatte, er aber wies mich an zu essen. So hat er es auch heute Morgen, am Sonntag, gemacht. Keinen Abend unterlässt er es, mich zu segnen – und auch, wenn nötig, zu tadeln.«
Der Beichtvater der Heiligen war zunächst skeptisch, als ihm Gemma von der sichtbaren Gegenwart ihres Engels erzählte, und beobachtete sie genau. Er selbst konnte den Schutzengel nicht sehen, aber er sah, in welchem Zustand sie sich befand, als sie ihn

sah. Er stellte fest, dass sie jedes Mal, wenn sie die Augen erhob, um den Engel anzublicken und mit ihm zu sprechen, den Gebrauch der Sinne verlor. In solchen Momenten konnte man Gemma anfassen, schütteln oder gar mit einem spitzen Gegenstand stechen, ohne dass sie etwas spürte. Wenn sie den Kontakt zu ihrem Schutzengel beendet hatte, kam sie wieder zu sich und verhielt sich wieder völlig normal.

Jeanne d'Arc und die Würde der Engel

Der 1. März 1431 war ein Donnerstag. In der fünften öffentlichen Sitzung im Inquisitionsprozess ging es um die Visionen, die die Angeklagte hatte. Im Verlauf des Verhörs stellt der Richter der 19-jährigen jungen Frau eine Frage über das Aussehen des heiligen Michael. Die Absicht ist klar. Er möchte die Jungfrau verunsichern und theologisch aufs Glatteis führen. Sie hat behauptet, der Engel sei ihr erschienen. Nun gut, aber wie sah er aus, was hatte er an. »War er nackt?«, fragt der Richter.

Die »Jungfrau von Orleans«, wie man sie nennt, lässt sich nicht aus der Ruhe bringen. Sie reagiert überaus schlagfertig. Sie antwortet mit einer Gegenfrage: »Meint Ihr, Gott habe nichts, ihn zu kleiden?«

Der Richter lässt sich ebenfalls nicht aus der Ruhe bringen. In Wahrheit ist der Prozess gegen Jeanne d'Arc ein politischer Prozess. Sie muss und wird auf dem Scheiterhaufen landen.

Dass der Prozess gegen sie nur wenige Jahre später wieder aufgerollt wird und die Richter zu einem völlig anderen Urteil kommen als ihre Kollegen von früher, macht Jeanne nicht mehr lebendig. Ein paar Jahrhunderte später – im Jahr 1920 – wird die Visionärin heilig gesprochen.

Davon ahnt man im Jahr 1431 noch nichts. Oder wenn man es ahnt, tut es nichts zur Sache. Für viele ist Jeanne schon damals eine Heilige. Ihre Visionen erscheinen ihnen echt. Das Gericht ist anderer Meinung, und nur die zählt. Mögen die Stimmen, die die

Jungfrau gehört hat, und die Visionen, die sie gehabt hat, auch noch so echt sein und gute Früchte gezeitigt haben, für die Inquisition ist das Mädchen eine Ketzerin. Ein Gremium von Theologen hat ein Gutachten vorgelegt, und laut diesem Gutachten hat Jeanne d'Arc die Engel »beleidigt«.

Am 23. Mai 1431 sagt Monseigneur Cauchon zur Angeklagten: »Johanna, wir werden Euch bestimmte Punkte darlegen lassen, in denen Ihr nach dem Urteil der Theologischen Fakultät und der Fakultät des kanonischen Rechts der Universität Paris geirrt und versagt habt. Wir ermahnen und beschwören Euch, abzulassen von den Freveln und Irrtümern, Euch zu bessern und zu ändern und Euch der Korrektur und dem Urteil unserer heiligen Mutter, der Kirche, zu unterwerfen.«

Das in lateinischer Sprache abgefasste Gutachten wird im Original verlesen und für Jeanne d'Arc in Passagen übersetzt und erläutert, damit sichergestellt war, dass die Angeklagte auch versteht, was die Herren von der Sorbonne über sie geschrieben haben.

»Du hast gesagt und behauptet, Johanna, dass du etwa seit deinem dreizehnten Lebensjahr Offenbarungen und Erscheinungen von Engeln, dem heiligen Michael, dem heiligen Gabriel, der heiligen Katharina und der heiligen Margareta gehabt und dass du sie mit deinen leiblichen Augen häufig gesehen habest; dass jene oft mit dir gesprochen und sprechen und dir mehrfach Weisungen gegeben, die in deinem Prozess niedergelegt sind.

Was diesen Artikel angeht, so haben die Gelehrten der Universität Paris und andere die Art der Offenbarungen, den Zweck der Erscheinungen erwogen sowie den Inhalt der geoffenbarten Dinge und deine Person. Sie sind der Meinung, dass diese Dinge Lügen, Verführungen und Missetaten, dass diese Offenbarungen und Erscheinungen Aberglaube, Sinnestäuschungen sind, böse und vom Teufel.

Du hast gesagt, dass dein König ein Zeichen erhielt, woran er erkannte, dass du von Gott gesandt seist, nämlich, dass der heilige Michael, begleitet von einer Schar von Engeln – wovon einige Flügel hatten, andere Kronen, unter denen auch die heilige Katharina und die heilige Margareta waren –, mit dir ins Schloss Chinon kam; dass alle mit dir zusammen die Stufen des Schlosses erklommen bis zu dem Gemach deines Königs. Und der Engel überreichte dem König die kostbarste Krone aus reinstem Gold. Und der Engel verneigte sich vor dem König und erwies ihm seine Reverenz. Und einmal hast du gesagt, als der König das Zeichen erhielt, war er allein. Ein andermal hast du gesagt, dass die Krone, die du das Zeichen nennst, dem Erzbischof von Reims übergeben wurde, der sie deinem König in Gegenwart zahlreicher Fürsten und Herren, deren Namen du genannt, weiterreichte. Was diesen Artikel angeht, so halten ihn die Gelehrten für unwahrscheinlich, verlogen, verführerisch, vermessen und die Würde der Engel beleidigend ...«

Im Theaterstück »Winzige Alice« von Edward Albee heißt es einmal: »Die Geschichte der Kirche lehrt, dass die Hälfte ihrer Heiligen Märtyrer waren, die entweder für oder durch die Kirche den Märtyrertod starben.« Im Fall von Jeanne d'Arc trifft beides zu. Sie starb sowohl *durch* die Kirche als auch *für* die Kirche. Dieselbe Kirche, die sie unter ganz bestimmten politischen Bedingungen als Ketzerin aburteilte und dem »weltlichen Arm« zur Hinrichtung übergab, hat sie später unter anderen politischen Bedingungen auch zur Ehre der Altäre erhoben.

»Sie verkehrt mit den Engeln ...«

Nie formell heilig gesprochen, aber seit Jahrhunderten als Heilige verehrt, zählt Hildegard von Bingen (1098–1179) ebenfalls zu den bedeutendsten Seherinnen der Kirchengeschichte. »Das Licht, das ich erblicke«, sagte sie, »ist an keinen Ort gebunden. Es ist heller als die von der Sonne durchleuchtete Wolke. Ich nenne es den Schatten des lebendigen Lichtes.« Die Äbtissin war schon über siebzig Jahre alt, als sie ihre innere Erfahrung mit diesen Worten beschrieb, um anderen, die dergleichen nicht kennen, wenigstens eine Ahnung davon zu geben.

»Seit meiner Kindheit, wo meine Gebeine, meine Nerven und Adern noch ohne Kraft waren, bis auf den heutigen Tag, wo ich schon das siebzigste Jahr überschritten habe, sehe ich immer dieses Licht in meiner Seele. Wenn es Gott gefällt, dann steigt meine Seele in diesem Licht zur Höhe des Himmels in die Lüfte zu den Wolken und in einen neuen Lichtkreis.«

Was sie in den Visionen, die sie in solchen Zuständen hatte, sah und hörte, sah und hörte sie in ihrem Inneren. Sie nahm es nicht mit ihren Sinnesorganen wahr. Hildegard hatte Visionen, aber sie war keine überspannte Schwärmerin, die sich alles Mögliche einbildete, um sich interessant zu machen. Hildegard war eine nüchterne Frau und konnte das eine von dem anderen unterscheiden. In ihren Ekstasen würde sie »nicht mit den leiblichen Ohren« hören, sagte sie, sondern alles in ihrer »von Gott erleuchteten Seele« wahrnehmen. »Die Augen meines Leibes bleiben offen, nie werden sie durch eine Entzückung geschlossen. Ich sehe all das in wachem Zustand, Tag und Nacht, während ich von Krankheiten gequält werde.«

Der frühchristliche Schriftsteller Tertullian (um 160–220) berichtet von den Erfahrungen einer Frau, die – tausend Jahre vor Hildegard von Bingen – vergleichbare Erfahrungen gemacht hat. Tertullian hat diese Visionärin persönlich gekannt.

»Es befindet sich gegenwärtig bei uns eine Mitschwester, welcher die Gnadengaben von Offenbarungen zuteil geworden sind, die sie in der Kirche während der Sonntagsfeier durch Verzückung im Geiste erhält«, schreibt er in seiner Abhandlung über die Seele *(Tertullian: »De anima«, 9).*

»Sie verkehrt mit den Engeln, zuweilen auch mit dem Herrn. Sie sieht und hört Geheimnisse, unterscheidet zuweilen die Herzen, und gibt denen, die es verlangen, Heilmittel. Ferner auch, je nachdem, ob Abschnitte der Heiligen Schrift gelesen, Psalmen gesungen oder Anreden gehalten werden, empfängt sie davon Anregungen für ihre Visionen.

Zufällig hatte ich einmal etwas, ich weiß nicht mehr was, über die Seele vorgetragen, als über diese Schwester der Geist kam. Hinter-

her sagte sie, wie sie es für gewöhnlich zu tun pflegte, was sie geschaut hatte.«
Tertullian zitiert die Aussage wörtlich. »Unter anderem wurde mir die Seele in leiblicher Gestalt gezeigt und der Geist geschaut, aber nicht entleert und in hohler Beschaffenheit, nein, sondern so, dass er sich auch festhalten zu lassen versprach, zart, lichtartig, luftfarben und in vollkommen menschlicher Gestalt«, sagte diese frühchristliche Visionärin, die wie Tertullian in Karthago im Norden von Afrika zu Hause war.

Die beiden Augen der Seele

»Zwei Augen hat die Seel': eins schauet in die Zeit, das andre richtet sich hin in die Ewigkeit.« Auf diese einprägsame Formel hat der schlesische Mystiker Angelus Silesius die Erfahrung gebracht, die schon viele Mystiker gemacht haben.
In einer Zeit, als das Wort »Guru« noch ein Fremdwort war, wurden spirituelle Lehrer »Meister« genannt. Meister Eckehart (1260–1327), der selbst einer war, sagte in einer Predigt: »Die Meister sagen, die Seele habe zwei Antlitze. Das obere schaut allzeit Gott, und das niedere Antlitz sieht etwas nach unten und lenkt die Sinne. Das obere Antlitz aber, welches das Höchste der Seele ist, steht in der Ewigkeit und hat nichts zu schaffen mit der Zeit und weiß nichts von der Zeit noch vom Leibe. Und ich habe zuweilen gesagt, in ihm liege so etwas wie ein Ursprung alles Guten verdeckt und wie ein leuchtendes Licht, das allzeit leuchtet, und wie ein brennender Brand, der allzeit brennt.«
Nicht nur im Christentum gibt es dieses »zweite Auge« der Seele oder dieses »zweite Gesicht« – egal, wie man die Fähigkeit des Menschen nennen mag, sich selbst zu transzendieren und in den »ganz anderen« Bereich des Ewigen und Göttlichen einzutauchen. Es ist ein so allgemein menschliches Phänomen, dass es eigentlich in den religiösen Traditionen aller Kulturen in irgendeiner Form auftaucht. Die Seele, die sich selbst sieht. Der Mensch,

der im außergewöhnlichen Zustand der Ekstase ein lichtes Bild vor sich hat, in dem er seine Seele gleichsam als einen geistigen Doppelgänger erlebt.
Vom Standpunkt der Religionswissenschaft aus gesehen ist es sicher nicht unsinnig, in dieser Erfahrung den Ursprung der Schutzengelvorstellung zu vermuten. Umso weniger unsinnig ist es, den Glauben an die Realität des Schutzengels auf dieses Phänomen zu beziehen und von hierher aufzuschlüsseln.
Der Schutzengel, der mir zur Seite gestellt ist, hat mit *mir* zu tun. Er ist *mein* Engel. Aber nicht in der Weise, wie ein Beamter in einer Behörde. Der Schutzengel ist kein himmlischer Büroangestellter im Außendienst, Abteilung Personenschutz, mit besonderer Berücksichtigung kritischer Situationen im Straßenverkehr und Unfällen aller Art, der für meinen Fall zuständig ist – und wenn er gerade keine Zeit hat oder anderweitig beschäftigt ist, dann übernimmt ein anderer meinen Fall.
Mein Engel ist *mein* Engel und *nur* mein Engel. Meine Art und Weise, Kontakt mit dem Ewigen aufzunehmen. Meine Möglichkeit, Botschaften von Gott zu empfangen. Mein direkter Draht zum Himmel. Mein »Standbein« in der jenseitigen Welt. Oder was der Bilder noch mehr wären. Meine »Himmelsleiter«.
Eine originelle Variante des Schutzengelglaubens finden wir bei Don Bosco. Wie sagte doch Rudolf Otto Wiemer so schön über die Engel? »Es müssen nicht Männer mit Flügeln sein ...« Man könnte den Gedanken weiterführen: Es müssen nicht einmal immer *Männer* sein ... Wenn jedes Geschöpf dieser Welt – nicht nur der Sperling auf dem Dach, der nicht ohne Wissen und Willen des himmlischen Vaters vom Dach fällt, sondern auch die Lilie auf dem Feld – so etwas wie einen direkten Draht zum Ursprung alles Lebens hat, warum sollte nicht auch ein Hund ein Bote der Nähe Gottes werden können?

Ein Engel namens »Grigio«

Der heilige Johannes Bosco hatte einen Schutzengel besonderer Art. Er hieß »Grigio« und konnte bellen. Man könnte sagen, ein Hund war sein Schutzengel, oder man könnte auch sagen, sein Schutzengel war ein Hund.

Don Bosco selbst sagte Letzteres. Sein Schutzengel habe ihn beschützt, indem er die Gestalt eines Hundes annahm, und ihn vor Überfällen und Angriffen geschützt.

Tatsache ist: Wenn Don Bosco als Seelsorger in finsterer Nacht ans Krankenlager eines Sterbenden gerufen wurde und ihm in den dunklen Gassen Turins zwielichtige Gestalten auflauerten, um ihn auszurauben, dann war Grigio zur Stelle und verstand es, sich Respekt zu verschaffen.

Er war nicht das Schoßhündchen des liebenswürdigen Heiligen. Er ließ sich nicht hätscheln. Aber er war da, wenn er gebraucht wurde. Man sah Grigio nie etwas fressen, er tauchte aus dem Nichts auf und verschwand wieder so geheimnisvoll, wie er gekommen war.

3. Fürchte dich nicht

In jener Gegend lagerten Hirten auf freiem Feld und hielten Nachtwache bei ihrer Herde.
Da trat der Engel des Herrn zu ihnen, und der Glanz des Herrn umstrahlte sie. Sie fürchteten sich sehr.
Der Engel aber sagte zu ihnen: Fürchtet euch nicht!

(Lk 2,8-10)

Eines Tages war das Sofa leer. Sonst war hier jeden Morgen das freundliche Gesicht einer älteren Dame zu sehen gewesen. Eine Dame mit kreideweißem Haar, die wunderbar erzählen konnte. Stundenlang konnte sie erzählen, ohne dass sie müde wurde, und stundenlang konnte man ihr zuhören, ohne dass man müde wurde. Und das Schönste war: Sie erzählte immer die Wahrheit.
Die Märchen, die die Großmutter erzählte, waren nämlich alle wahr. Das konnte man schon daran erkennen, dass sie immer das Gleiche tat, wenn sie mit einer Geschichte fertig war. Da legte sie ihr Strickzeug weg und ihrer kleinen Enkelin die Hand auf den Kopf, und dann sagte sie: »Und das alles ist so wahr, wie ich dich sehe und du mich siehst.«

Die Frau auf dem Sofa

Heute saß sie nicht auf ihrem Sofa. Das Strickzeug war weggeräumt. Heute konnte sie nicht sehen, wer zu ihr ins Zimmer kam. Die freundlichen Augen der Großmutter waren geschlossen. Sie lag ganz still da und rührte sich nicht. Sie schien sehr müde zu sein. Den Kindern wurde gesagt, die Großmutter wäre »dahingegangen«. Bald würden Leute kommen, um sie wegzutragen und dorthin zu bringen, wo sie ihre letzte Ruhestätte haben würde.
Das Mädchen begriff. Es war ja kein dummes Mädchen und au-

ßerdem kein *kleines* Mädchen. Es war schon fünf Jahre alt und wusste schon viel vom Leben. Die über alles geliebte Frau mit dem kreideweißen Haar rührte sich nicht, weil sie sich nicht mehr rühren *konnte*. Die Großmutter konnte die Augen nicht mehr aufmachen und keine Geschichten mehr erzählen. Sie war dahingegangen.

Das Mädchen hatte begriffen, dass die Großmutter tot war. Aber das Mädchen konnte nicht begreifen, wie das Leben weitergehen könnte – wie dieser Tag zu Ende gehen sollte, ohne Großmutter. Das Herz tat ihm weh, wie es ihm noch nie im Leben wehgetan hatte.

»Als ich fünf Jahre alt war, hatte ich einen großen Kummer. Das war, als meine Großmutter starb. Bis dahin hatte sie jeden Tag auf dem Ecksofa in ihrer Stube gesessen und Märchen erzählt. Ich weiß es nicht anders, als dass Großmutter dasaß und erzählte, vom Morgen bis zum Abend, und wir Kinder saßen still neben ihr und hörten zu.«

So berichtet das Mädchen Jahrzehnte später, inzwischen selbst eine große Erzählerin geworden, über dieses Ereignis. Das Mädchen war Selma Lagerlöf (1858–1940).

»Ich erinnere mich an den Morgen, an dem das Ecksofa leer stand und es unmöglich war, zu begreifen, wie die Stunden des Tages zu Ende gehen sollten. Daran erinnere ich mich. Das vergesse ich nie« *(Selma Lagerlöf: Christuslegenden, München – Leipzig 1921)*.

Auch in ihrem späteren Leben, sagte die Dichterin, habe es keinen Schmerz gegeben, der dem großen Kummer gleichkam, den sie empfand, als ihre Großmutter starb. Es sei der größte Schmerz in ihrem Leben gewesen. Die Erinnerung an diese Frau, von der sie gelernt hatte, wie wichtig es ist, dass der Mensch lernt, die Engel zu sehen, war die kostbarste Erinnerung ihres Lebens.

Feuerschein in der Nacht

Weihnachtsabend im Hause Lagerlöf. Die kleine Selma und ihre Großmutter sind allein zu Hause. Alle anderen Familienmitglieder sind in die Kirche gefahren, nur die Jüngste und die Älteste mussten daheim bleiben – die eine, weil sie noch zu klein, und die andere, weil sie schon zu alt ist. Beide sind sehr betrübt, weil sie nicht zum »Mettegesang« fahren konnten und die Weihnachtslichter in der Kirche nicht sehen werden. Doch das Licht der Heiligen Nacht kommt trotzdem zu ihnen. Die Großmutter lässt es erstrahlen. Durch die Kraft des Erzählens.

An diesem Abend, der der letzte Weihnachtsabend ihres Lebens sein sollte, erzählt die Großmutter ihrer vierjährigen Enkelin eine Geschichte, in der ein Mann vorkommt, der Feuer braucht.

Er geht in die dunkle Nacht hinaus und klopft überall an. Bei jedem Haus sagt er das Gleiche: »Ihr lieben Leute, helft mir. Mein Weib hat ein Kind geboren, und ich muss Feuer anzünden, um sie und den Kleinen zu wärmen.«

Aber es ist schon spät und kalt. Alle schlafen in dieser Nacht. Niemand hört ihn. Was bleibt dem Mann also übrig? Er geht weiter und weiter. Er braucht Feuer, um seine Frau und sein Kind zu wärmen.

Das Spannende an dieser Geschichte ist, dass wir nicht sofort wissen, dass es eigentlich nur der heilige Josef sein kann, der hier durch die kalte Nacht zu den Menschen geht, in der Hoffnung, dass sie die Kälte unwirksam machen und ihr Feuer mit ihm teilen. Zu sehr sind wir mit dem »echten« Ablauf der Ereignisse vertraut, um meinen zu können, der Zimmermann aus Nazareth, Umstände halber zur Zeit in einem Stall in Bethlehem wohnhaft, könnte hier gemeint sein.

Wir ahnen zwar, dass in dieser Geschichte irgendwann das *echte* Jesuskind auftauchen wird, aber zunächst sieht es so aus, als würde irgend ein paralleles Schicksal erzählt. Ein Mann, dem es ebenso erging wie dem trauten hochheiligen Paar in der stillen heiligen Nacht.

Was für Erfahrungen wird der Mann machen, dieser Mensch wie du und ich, dem es ähnlich zu ergehen scheint wie der heiligen Familie?
Mitten im kalten Winter, wohl zu der halben Nacht, kommt ein Kind in die Welt und braucht Wärme und Liebe. Werden die Menschen Erbarmen haben und ihr Feuer mit den notleidenden Armen teilen?
Der Mann geht weiter und immer weiter durch die finstere Nacht. Dann sieht er in der Ferne einen Feuerschein. Es ist genau das, was er sucht, genau das, was er braucht. Das Feuer hat ein alter Hirte angezündet. Seine Schafe liegen rund ums Feuer und schlafen.
Der Hirte ist wach. Er bewacht seine Herde. Auch Hunde hat er, die ihm beim Bewachen behilflich sind. Drei große Hunde. Sie schlafen ebenfalls. Aber da sie gute Hunde sind, werden sie auf der Stelle wach, als ein Fremder ins Revier eindringen will, und werden sofort aktiv.
Das heißt, sie versuchen es. Aber es gelingt ihnen nicht. Der Hirte sieht es mit wachsendem Ärger. Die drei Kläffer wollen bellen und bringen keinen Ton hervor. Sie stürzen auf den Mann los und schnappen nach ihm, können ihn aber nicht beißen. Bedrohlich funkeln ihre scharfen weißen Zähne im Feuerschein, aber irgendeine Macht scheint stärker zu sein. Ihr Biss bleibt aus.
Der Mann will weitergehen, zum Feuer hin, aber die dicht um das Feuer liegenden Schafe weichen ihm nicht aus. Auch das ist sehr seltsam.
»Da stieg der Mann auf den Rücken der Tiere und wanderte über sie hin dem Feuer zu«, erzählt die Großmutter der kleinen Selma, »und keines von den Tieren wachte auf oder regte sich.«
Der Hirte ist nicht gerade ein vertrauenserweckender Typ. Er wird als »alt« und »mürrisch«, »unwirsch und hart gegen alle Menschen« beschrieben. Jetzt sieht er den Augenblick gekommen, selbst einzuschreiten.
Ohne die Erzählung zu verfälschen, könnten wir uns sogar noch hinzudenken, dass er es *ungern* tut – aber er tut es. Denn was sollte er anderes machen? Die Hirtenpflicht gebietet es ihm. Er hat

schließlich eine Herde zu verteidigen. Er unterliegt dem Sachzwang.

Aber egal, aus welchen Gründen dem nordischen Cowboy der Colt locker im Gurt sitzt – möglicherweise greift er auch aus purer Aggressionslust an oder weil er weiß, dass es besser ist, wenn man in solchen Fällen den Erstschlag führt –, er nimmt seinen Hirtenstab und schleudert ihn auf den Mann.

Man darf sich das Ganze so vorstellen, wie es bei Richard Wagner geschieht. »Parsifal«, zweiter Akt. Als der böse Zauberer Klingsor sieht, dass nichts anderes mehr hilft, um den reinen Toren aufzuhalten, der in sein Reich eindringen will, wirft er den heiligen Speer nach ihm. Doch diese ehrwürdige Reliquie, die einst in der Hand des römischen Hauptmanns war, um dem toten Jesus die Seitenwunde zuzufügen, taugt nicht als Waffe.

Aber eine gute Waffe wäre dieser Stab zweifellos. Es ist ein »langer, spitziger Stab«, den der Hirte sausen lässt. Aber wie schon die Hunde ist auch er vernünftiger als sein Herr, weiß die Großmutter: »Und der Stab fuhr zischend gerade auf den Mann los, aber ehe er ihn traf, wich er zur Seite und sauste an ihm vorbei weit über das Feld.«

Wäre der Hirte – was wir leider nicht voraussetzen dürfen – ein Bibelkenner, dann würde ihm auffallen, dass sich sein Stab in ein Zeichen anbrechenden Heils in der Endzeit verwandelt hat. So wie dann Schwerter zu Pflugscharen umgeschmiedet werden, hat sich der spitze Stab gleichsam selbst umgeschmiedet und ist, statt den Mann zu verwunden, wie eine Pflugschar in die Erde gefahren.

Außerdem würde der Hirte, wäre er bibelfest, gleichzeitig an die Geschichte mit Bileam denken. Ihm würde klar werden, warum sein Hirtenstab nicht ans Ziel kam, sondern ausgebüxt ist wie eine falsch programmierte Mittelstreckenrakete. Nämlich aus dem gleichen heilvollen Grund, aus dem dem Unheilpropheten die Eselin nicht gehorcht hat (Num 22,23). Das Tier sah den Engel, den der Seher *nicht* sah.

Aber der Hirte, der vielleicht nie einen Religionsunterricht be-

sucht hat – geschweige denn einen guten, wundert sich bloß. Das heißt, bald wundert er sich über nichts mehr.
Der mürrische Typ hat zwar noch nicht gemerkt, dass er gegen eine Himmelsmacht ankämpft, die stärker ist. Aber dass er keine Waffe mehr hat, um sich zu wehren, das merkt er. Kein Stecken und kein Stab ist zur Hand, um zu verhindern, dass der andere, der sein Feuer will, bei ihm eindringt.
Mit dem gleichen Sprüchlein, das er schon den anderen sagte, spricht der Mann den Hirten an. Er brauche dringend Hilfe. Sein Weib habe eben ein Kind zur Welt geboren etc. Kurz und gut: der Fremde appelliert an das gute Herz eines Mannes, der eben noch die Lanze gegen ihn geschleudert hat, und versucht ihm klar zu machen, dass man in dieser lebensfeindlichen Welt Feuer braucht, um das Dunkel zu erhellen und die Kälte zu besiegen. Und er bittet den Hirten, ihm Feuer zu geben.

Das Wunder der Wandlung

Der Hirte, so erzählte es Selma Lagerlöfs Großmutter, »hätte am liebsten nein gesagt«. Aber als er daran denkt, wie die Hunde und die Schafe und der Stab reagiert haben, besinnt er sich eines anderen und erwidert: »Nimm, so viel du brauchst!«
Noch ist sein Herz nicht besiegt, ganz im Gegenteil. Die eine Waffe – seinen spitzen Stab – hat er sich selbst aus der Hand geschlagen, die andere aber hat er noch: seine spitze Zunge.
Als der Hirte sieht, dass der Mann offensichtlich gar nicht ausgerüstet ist, um das Feuer in Empfang zu nehmen, das er ihm geben könnte, flötet er plötzlich süße Töne.
»Nimm, so viel du brauchst«, sagt er, und der hämisch verschwiegene Subtext lautet: »Ohne Kohlenschaufel und Kübel wirst du dir an meinem Feuer sowieso nur die Finger verbrennen, mein Lieber!«
Außerdem hat ihm ein kurzer Seitenblick gezeigt, dass das Feuer bereits heruntergebrannt ist. Die Peinlichkeit, sein Feuer eventuell

mit dem Fremden *teilen* zu müssen, erübrigt sich dadurch von selbst.

Aber mit seiner Heuchelei schubst sich der Dummkopf nur noch mehr in die Richtung, in die er eigentlich gar nicht gehen will. Wie Bileam merkt er nicht, dass er gegen Engel ankämpft.

Der Fremde jedoch ist nicht heikel. Er sagt nicht: »Was man mir nicht *gern* gibt, braucht man mir überhaupt nicht zu geben. Danke, ich hab schon!« Sondern er nimmt auch die geheuchelte Nächstenliebe, als wäre sie echt. Und siehe da, sie verwandelt sich und verhält sich wie *echte* Liebe: Ihr Feuer verbrennt nicht, es wärmt.

Als der Hirte immer noch nicht begreift, und noch einmal, höhnisch und hämisch, zum Mann sagt: »Nimm, so viel du brauchst«, da geschieht das Wunder der Wandlung.

Es gibt kein brennendes Scheit mehr, das der Mann wie eine lodernde Fackel aus dem Feuer holen könnte. Vom Feuer des Hirten ist nur noch ein großer Gluthaufen da. Dem Mann bleibt gar nichts anderes übrig, als mit bloßen Händen zuzugreifen und die glühenden Kohlen aus der Asche zu graben.

Aber, o Wunder: Weder versengt sich der Feuerholer die Hände noch versengt er seinen Mantel, in dem er die heiße Ware verfrachtet. Der Mann trägt die feurigen Kohlen davon, »als wenn es Nüsse oder Äpfel gewesen wären«, erklärt die Großmutter dem vierjährigen Kind – und die kleine Selma begreift.

Und auch wir, die ein wenig weiser und klüger sind, haben noch Kinderherz genug in uns, um es zu begreifen. Der Mann nimmt, was ihm nur halbherzig gegeben wurde, als wäre es ihm von *ganzem* Herzen gegeben worden, und dadurch werden die glühenden Kohlen, mit denen man eigentlich ohnehin nichts Richtiges anfangen kann – Messer, Gabel, Scher' und Glut sind als Spielzeug für Kinder tabu! –, plötzlich zu den größten Köstlichkeiten, die sich denken lassen: zu Süßigkeiten, wie sie das Christkind bringt!

Endlich funkt es auch beim begriffsstutzigen und liebesstutzigen Hirten. Der Engel hat ihn schon berührt. Wir merken es daran, dass plötzlich Fragen für ihn wichtig werden, die er sich früher nie gestellt hat. Und obwohl er sich vermutlich nicht als einen religiösen Menschen definieren würde, sind es *religiöse* Fragen, die er stellt.

Die Verblüffungspädagogik des Engels

Der Hirte hat nicht nur keinen gediegenen Religionsunterricht genossen, sondern wohl auch oft und gern gerade dann die Schule geschwänzt, wenn Ethik und Lebenskunde auf dem Stundenplan stand. So kann er natürlich nicht wissen, was Weiseren und Klügeren keineswegs verborgen bleibt: dass seine Fragen die gleiche Stoßrichtung haben wie die rituelle Kinderfrage in der jüdischen Osternacht, wenn das Wunder des Auszugs aus ägyptischer Finsternis und Sklaverei gefeiert wird.

»Was kann dies für eine Nacht sein, wo die Hunde nicht beißen, die Schafe nicht erschrecken, die Lanze nicht tötet und das Feuer nicht brennt?«, fragt sich der Mann. Und da er sich die Frage nicht selbst beantworten kann und den Engel, der sie ihm beantworten könnte, noch nicht sieht, ruft er den Fremden zurück.

»Was ist dies für eine Nacht?«, fragt er ihn – und fügt noch eine Zusatzfrage an, mit der er verrät, dass er bereits begriffen hat, *was* passiert ist, und nun noch wissen möchte, *warum*.

»Was ist dies für eine Nacht? Und woher kommt es, dass dir alle Dinge Barmherzigkeit erweisen?«

Der Fremde, von dem wir zu wissen glauben, dass es der heilige Josef ist – aber wer weiß, vielleicht ist es in Wirklichkeit ein Engel, der in Gestalt des galiläischen Zimmermanns unterwegs ist –, der Fremde reagiert wie ein Engel.

Mit der typischen Verblüffungspädagogik, wie sie himmlischen Boten eigen ist, erwidert er: »Das kann ich dir nicht sagen, wenn du es nicht selber siehst.«

Der Hirte, dem Geheimnis auf der Spur, überlegt nicht lange, sondern lässt Schafe und Hunde am heruntergebrannten Feuer zurück und geht dem Mann, dem er Feuer gegeben hat, nach.

Und da sieht er die Not, in der sich die Familie befindet. Der Mann, dessen Frau soeben eine Kind zur Welt gebracht hat, hat nicht einmal eine Hütte. Mutter und Kind müssen in einer Berggrotte liegen, wo es nichts gibt als nackte, kalte Steinwände.
Das kann der Hirte, der bisher so hartherzig war, nicht mit ansehen. Der Bann ist gebrochen. Schnell holt er ein Schaffell aus seinem Ranzen hervor und gibt es dem fremden Familienvater. Und in dem Moment, als dieser die karitative Sachspende entgegennimmt, kommen die Engel.
Nein, sie *kommen* nicht. Sie treten bloß in Erscheinung. Sie brauchen nicht zu kommen, denn sie waren ohnehin schon längst da. Aber – so erklärt es die Großmutter ihrer Enkelin und Selma Lagerlöf uns Lesern – »in demselben Augenblick, in dem er zeigte, dass auch er barmherzig sein konnte, wurden ihm die Augen geöffnet, und er sah, was er vorher nicht hatte sehen, und hörte, was er nicht hatte hören können«.
Dem Hirten von Bethlehem erscheinen die Engel. Er hört, wie sie mit lauter Stimme verkünden, dass in dieser Nacht der Heiland geboren ist, der die Welt von ihren Sünden erlösen wird.

Nicht von oben herab

Das Aufregende an der Geschichte *»Die heilige Nacht«* aus Selma Lagerlöfs »Christuslegenden« ist, dass es sich keineswegs um eine so naive, fast läppisch anmutende, märchenhafte Weihnachtsgeschichte handelt, wie man auf den ersten Blick meinen könnte, sondern dass hier die weihnachtliche Botschaft im Grunde viel radikaler vermittelt wird als in der vergleichsweise sachlich nüchternen Variante des Lukasevangeliums.
Die Hirten dort bekommen es »von oben« mitgeteilt. Auch wenn es nicht gerade eine amtliche Verlautbarung ist, der imperiale Gestus der Verkündigung ist unübersehbar.
Die Night-Performance, die die Engel für die Hirten auf dem Feld inszeniert haben, ist nicht von schlechten Eltern. Auch wenn man

im Zeitalter großartiger Video-Shows und Powerpoint-Präsentationen sicherlich manches noch ein wenig verbessern könnte: von dieser hell erstrahlenden Nacht mit vielstimmig gemischtem Chor, nicht mit Menschen-, sondern garantiert echten Engelszungen, Hi-Fi-Sound live und Quadrophonie zum Quadrat, könnten sich Regisseure diverser Events bei diversen Weltjugendtreffen mit oder ohne Papst durchaus einiges abgucken.
Allerdings – und das ist der springende Punkt: Von dem, was in den Herzen der Hirten vorgeht, erfahren wir im klassischen Weihnachtsevangelium nichts. Freuen sie sich? Wir wissen es nicht. Dass es um eine »große Freude« geht, behaupten bloß die Engel. Die Hirten sind nur die Zuhörer. Wir haben keine Möglichkeit zu überprüfen, ob sie es auch so empfinden, wie es ihnen »von oben« eingeredet wird.
Gewiss, sie werden aktiv und machen sich »eilends« auf die Beine. Aber ihr Motiv, aus dem heraus sie sich in Bewegung setzen, muss nicht die besagte Freude sein. Es könnte auch Neugierde sein.

Knüppeldicker als das Original

Der durch den Spiegel einer anderen Geschichte erfolgte Rückblick auf die Bibel zeigt einen überraschenden Befund. Die Botschaft des altehrwürdigen Weihnachtsevangeliums ist gar nicht so eindeutig, wie wir immer geglaubt haben. Wir können alles Mögliche aus dem Text herauslesen und mehr noch in ihn hineinlesen – so sehr, bis wir alles komplett missverstehen. – Aber das wollen wir ja Gott sei Dank nicht.
Wir wollen aber auch nicht übersehen, was wir bei dieser Gelegenheit gleichsam nebenbei entdeckt haben: dass auch die Texte der Bibel fragile Gebilde sind – zerbrechliche Gefäße, in denen der Schatz der Botschaft getragen wird.
Selma Lagerlöf, die die Weihnachtsgeschichte so indirekt und im Tonfall der Märchentante erzählt, dass man meinen könnte, sie sei von der Bibel so weit weg wie der Osterhase vom Auferstande-

nen, verkündet die Weihnachtsbotschaft zu guter Letzt viel knüppeldicker als das erhabene Original. Ihre Legende »Die heilige Nacht« sagt mit einer Anschaulichkeit, die jedes Kind begreift, diese frohe Nachricht weiter: »Erschienen ist die Güte und Menschenfreundlichkeit Gottes, unseres Retters« (Tit 3,4).

Und sie ist viel näher bei Jesus. Denn sie vergisst nicht zu sagen, dass ohne Nachfolge und Umkehr Menschwerdung nicht möglich ist.

Wer nicht weiter in Kälte und Finsternis leben will, muss den *neuen* Menschen anziehen. Genau in dem Moment, in dem der heuchlerische Hirt seinen Schafspelz abgibt, ist er kein böser Wolf mehr, sondern ein Mensch.

Das Wunder der Wandlung ist das Wunder der Liebe. Sie ist das Feuer, das den Eisberg zum Schmelzen bringt. An ihr führt kein Weg vorbei. Die Geschichte sagt es ganz brutal: Glüht in dir nicht das Feuer der Liebe, dann können vierzehn Engel um dich stehen oder hundertvierundvierzigtausend – du wirst sie nicht sehen! Du hast kein Auge für sie, kein Ohr für die Botschaft. Du bist ein ärmerer Hund als ein Hund.

Am Höhepunkt der emotional sehr berührenden Wiedererkennungsszene in der Oper »Elektra« von Richard Strauss fragt Orest seine Schwester Elektra: *»Die Hunde auf dem Hof erkennen mich, und meine Schwester nicht?«*

Selma Lagerlöfs Legende stellt die gleiche Frage: Was ist los mit dir, Mensch! Die unvernünftige Kreatur merkt es eher als du? Die Schafe und die Hunde des Hirten, alle Tiere, die ihr Herz auf dem rechten Fleck haben, und die Eselin Bileams sehen die Engel – und du *nicht?*

Mensch, lass dich doch nicht von deinen Mitgeschöpfen beschämen! Horch auf die Engel. Vertrau ihrer Botschaft. Fürchte dich *nicht.*

Fürchte dich nicht

Fürchte dich nicht,
denn du hast Würde.
Du bist kein Niemand,
du hast einen Namen.
Der Schöpfer der Welt
ist dein Vater.

Fürchte dich nicht
vor der Zukunft,
denn du bist
und du wirst bleiben.
Dein Schöpfer hat dich
nicht aus dem Nichts
ins Dasein gerufen,
um dich dann wieder
ins Nichts zu stoßen.

Fürchte dich nicht
vor der großen Enttäuschung,
denn du hast festen Grund
unter den Füßen.
Der, dem du glaubst,
ist treu und verlässlich.

Fürchte dich nicht
vor der Kälte,
denn die Liebe ist
ein feuriger Brand,
nichts kann sie löschen.

Fürchte dich nicht
vor dem Hass,
denn du kannst gut sein.

Du musst nicht beharrlich
die Bosheit vermehren
und immer von neuem
Gleiches mit Gleichem
vergelten.

Fürchte dich nicht,
in den Abgrund zu fallen.
Wo du auch bist,
sind seine Hände.

Fürchte dich nicht
vor dem letzten Gang
durch die finstere Schlucht.
Du gehst nicht zugrunde,
sondern du gehst
zu deinem Grund.

Fürchte dich nicht
vor dem Ende.
Deine Wunden werden heilen
und deine Tränen
werden getrocknet.

Fürchte dich nicht
vor der Wende.
Deine Niederlagen
werden sich
in Siege verwandeln
und du wirst auferstehn.

Fürchte dich nicht
vor dem Auferstehn,
denn dich erwartet
Freude und Licht.

(©Josef Dirnbeck)